LA GUÍA COMPLETA SOBRE
ALBAÑILERÍA
y Mampostería

Incluye trabajos decorativos de concreto

Creative Publishing
international

MINNEAPOLIS, MINNESOTA
www.creativepub.com

Contenido

Creative Publishing
international

El grupo de Home Improvement:

Presidente y Director: Ken Fund

Editor y Director: Bryan Trandem
Editor Administrador: Tracy Stanley
Editor Principal: Mark Johanson
Editor Redactor: Jennifer Gehlhar

Director Creativo: Michele Lanci-Altomare
Directores Principales de Diseño: Jon Simpson, Brad Springer
Administrador de Diseño: James Kegley

Director de Fotografía: Steve Galvin
Coordinador de Fotografía: Joanne Wawra
Director de Escenografía: Bryan McLain
Asistente de Escenografía: Cesar Fernandez Rodriguez

Administradores de Producción: Laura Hokkanen, Linda Halls
Traducción al idioma Español: Edgar Rojas, EDITARO
Editor en Español: María Teresa Rojas, Edgar Rojas
Diagramación: Edgar Rojas, EDITARO

Estuco y chapados

Piedra natural

Reparar y mantener

Información sobre el catálogo en publicación de la Biblioteca del Congreso

La Guía Completa sobre Albañilería y Mampostería

ISBN-13: 9781589234918
ISBN-10: 158923491x

La Guía Completa sobre Albañilería y Mampostería
Creado por: Los editores de Creative Publishing international, Inc.,
en colaboración con Black & Decker. Black & Decker® es una marca
registrada de Black & Decker Corporation y es usado bajo licencia.

Introducción

Las piedras y rocas son un material muy popular en la construcción. Entre los muchos beneficios se resaltan su versatilidad, belleza, resistencia al fuego y al ruido, y sin lugar a duda, la extraordinaria durabilidad. Mientras muy pocos imaginamos que nuestras casas durarán por siglos, cuando escogemos piedras para su construcción, estamos escogiendo un material que tiene exactamente esa capacidad. Algunas de las estructuras más veneradas en el mundo —el Taj Mahal, las Pirámides de Egipto, el Coliseo de Roma, la Gran Esfinge de Giza— han superado innumerables generaciones con la habilidad de resistir el paso del tiempo.

En el pasado, los trabajos en piedra eran considerados como obras de expertos, pero ese concepto ya no se tiene en cuenta en el mundo moderno. Hoy día, los productos y herramientas avanzadas contribuyen a que los proyectos con estos materiales estén al alcance tanto de expertos como de aficionados. En el interior de estas páginas, encontrará información para trabajar y hacer reparaciones de materiales como el concreto, ladrillos, bloques, estuco, y piedras naturales.

A través de *La Guía Completa sobre Albañilería y Mampostería*, nuestro propósito es ayudarlo a entender los fundamentos para trabajar con piedras para que pueda llevar a cabo proyectos en su vivienda. Le recomendamos que inicie cualquier trabajo importante consultando su inspector de construcción local sobre las normas y regulaciones en su localidad. Consiga todos los permisos requeridos y suministre todas las inspecciones necesarias. Cuando todo haya terminado, usted y su familia quedarán satisfechos de haber cumplido con las reglas y requisitos exigidos.

La sección de "Verter concreto" en las páginas 14 a 97, presenta las herramientas, materiales y técnicas básicas necesarias para verter concreto, y luego lo guía paso a paso a través de proyectos básicos, como crear bases, andenes, escalones, losas, y otros trabajos más sofisticados, como la construcción de la entrada de un garaje, o la creación de una encimera en concreto.

En la páginas 100 a 165, la sección de "Ladrillos y Bloques", presenta las herramientas, materiales y técnicas básicas utilizadas cuando se trabaja con estos elementos. Los proyectos en este capítulo incluyen la construcción de paredes de concreto, paredes de bloques de retención, y también bases de soporte. Aprenderá sobre trabajos con cemento y proyectos en seco, y encontrará instrucciones sobre cómo construir escaleras con escalones prefabricados.

"Estucos y Enchapados", las páginas 168 a 201, presentan las herramientas y técnicas básicas para instalar enchapados en piedra, y luego se enfoca en proyectos sobre la aplicación de estuco, pegamentos de superficies con cemento, enchapados y losas, y embaldosado sobre superficies de cemento.

La sección de "Piedras naturales", en las páginas 204 a 235, contiene valiosos consejos de cómo manejar y trabajar con piedra cortada, piedra en losa, y otros tipos de rocas, para mostrar su belleza natural. Las paredes, andenes o patios, ofrecen vistosos ejemplos del arte creativo de trabajar con piedras.

La "Reparación y mantenimiento", en las páginas 238 a 293, le enseña cómo mantener y reparar concreto, ladrillos y bloques, estuco y piedras.

Finalmente, el "Glosario" encontrado en las páginas 294 y 295, suministra las definiciones de muchos términos poco conocidos. Las "Tablas de conversiones, en las páginas 296 y 297, presenta las conversiones métricas para diferentes unidades de medidas.

En *La Guía Completa sobre Albañilería y Mampostería*, encontrará la información necesaria conocer para disfrutar del eterno arte de la mampostería.

AVISO A LOS LECTORES

Para una mayor seguridad, sea cuidadoso, precavido y utilice el buen sentido común cuando siga los procedimientos descritos en este libro. La editorial y Black & Decker no pueden asumir ninguna responsabilidad por daños causados a la propiedad ni a las personas debido al mal uso de la información aquí presentada. Las técnicas mostradas en la obra son de característica general para varios tipos de aplicaciones. En algunos casos, será necesario el uso de técnicas adicionales no presentadas en el libro. Siempre siga las instrucciones de los fabricantes incluidas en los productos ya que al apartarse de las instrucciones podría cancelar las garantías. Los proyectos a lo largo de esta obra varían según los niveles de conocimiento requeridos: algunos quizás no son apropiados para el usuario promedio, y otros pueden requerir de asistencia profesional. Consulte el departamento de construcción de su localidad para los permisos de construcción, códigos, y otras normas y reglas relacionadas con su proyecto.

Vistosos trabajos de piedra y concreto para la casa

En su estado natural, el concreto y las rocas son quizás los materiales más básicos que puede conseguir para la construcción. Pero, si agrega un poco de imaginación y algo de trabajo, quedará impresionado de los resultados que puede alcanzar con estos simples elementos. Los proyectos presentados a continuación son apenas un ejemplo de la belleza de las rocas y piedras.

El estuco (a la derecha) es un acabado para paredes muy popular y durable que aprovecha muchos de los beneficios de los materiales de piedra en general.

Los bloques, ladrillos, pavimentos y la piedra natural encuentran su función en esta variedad de diseños de exteriores. Aquí, se presenta dos paredes de retención (una con piedra cortada, y la otra con bloques intercalados y una cubierta de piedra en laja), la entrada pavimentada con concreto y ladrillo enchapado, todo entremezclado con plantas y rocas decorativas.

La cerámica de arcilla natural, junto con una pared para jardín de ladrillo separada por un borde de baldosas de cerámica de color claro, ayudará a resaltar y complementar todos los tonos y colores.

Las lajas de piedra (a la derecha) permiten agregar acabados creativos en lugar de utilizar sólo elementos de concreto en tonos grises. En este caso, la separación de las lajas es cubierta con gravilla compactada.

La superficie de los patios (abajo) construida con piedra en losa es muy reconocida por su durabilidad y las diferentes y agradables formas en su diseño.

Una cocina al exterior es una adición perfecta para incorporar elementos de piedra en el jardín. En este ejemplo, el estuco es utilizado para cubrir la estructura del asador que reposa sobre baldosa de arcilla que se extiende sobre toda la superficie.

Las lajas de piedra apiladas sin ningún tipo de pegamento, es una técnica flexible de construcción que genera resultados naturales incomparables. Aún cuando necesitan de un mantenimiento regular, la ausencia de pegamento permite que se ajusten durante los períodos de enfriamiento y calor que podrían derrumbar una pared de cemento.

Las superficies pavimentadas en concreto (arriba) vienen en muchas formas y tamaños que le permiten crear variedad de diseños casi que ilimitados.

El concreto fundido puede ser usado como una fuente de decoración en el jardín. En este caso, la maceta fue fundida en un balde de cinco galones.

Las superficies para caminar o andenes construidas con concreto no necesitan ser derechas o uniformes. Las curvas dan una visión agradable a este material fuerte y durable.

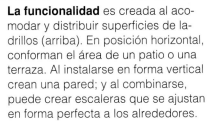

La funcionalidad es creada al aco-modar y distribuir superficies de la-drillos (arriba). En posición horizontal, conforman el área de un patio o una terraza. Al instalarse en forma vertical crean una pared; y al combinarse, puede crear escaleras que se ajustan en forma perfecta a los alrededores.

Los enchapados de ladrillos transfor-man las bases de concreto de estas columnas (a la izquierda) en elementos vistosos y elegantes.

Las plataformas de concreto cuadradas y rectangulares (arriba) pueden dar un acabado encantador y llamativo, al igual que una superficie en curva, cuando son combinadas con creatividad.

Los cuadrados expuestos sobre esta superficie de concreto (derecha) dan un aspecto distinguido al diseño del jardín al ser separados por hileras de ladrillos.

La enorme presencia de las láminas de concreto es usada para resaltar tales elementos sobre el patio y chimenea. Las líneas simples y tonos monocromáticos son resaltados agradablemente por la vegetación que la rodea, y dan al patio un distintivo aspecto oriental.

Verter concreto

Trabajar con concreto

Durable, versátil y económico, el concreto puede ser configurado en una gran variedad de estructuras y formas a lo largo de la casa y el jardín. Utilizando tinturas, ácidos y herramientas especializadas de estampado, es posible crear superficies decorativas con apariencias únicas y distintivas.

La creación de bases de concreto es el primer paso para muchos de los proyectos en el jardín —incluyendo cercas, paredes, cobertizos, terrazas o toldos— y es una excelente introducción para trabajar con este material. Crear una pequeña superficie de concreto en un andén o patio, es una buena forma de aprender a hacer ese tipo de terminados. Los proyectos tales como entradas de garajes o patios grandes generan un mejor resultado cuando ya ha acumulado algo de experiencia en el manejo y acabado del concreto, y cuando tiene suficiente ayuda para realizarlos.

La preparación y planeación son las claves para el éxito en proyectos de este tipo. Verter el concreto entre temperaturas de 50° y 80° F. genera el mejor acabado atractivo y duradero, y cuando se consideran los pasos en orden y con el cuidado necesario contemplados en las siguientes páginas.

Una buena preparación da como resultado menos demoras en los momentos críticos y le da tiempo para lograr un mejor acabado (evitando confusión o pérdida de materiales y herramientas). Antes de iniciar la mezcla y verter el concreto, asegúrese que el marco de la estructura esté bien instalado para soportar la presión y el peso de la mezcla a que será sometido, y que esté bien sujetado. Estructuras de una altura mayor a 4 ó 5" deberán ser unidas con alambre. Las vigas en las mismas deberán estar bien apretadas para que el agua no corra a través de ellas.

Uno de los aspectos más difíciles en el terminado del concreto es saber el momento que está listo. Muchos tratan de acelerar el proceso con resultados negativos. Espere hasta que el agua de exceso haya desaparecido, y hasta que el concreto esté algo endurecido, antes de mojar la superficie. Una buena señal es cuando las huellas dejadas sobre la superficie son lo suficientemente ligeras para no poder identificar la clase de zapatos que está usando. En ese momento, el concreto ya está listo.

Componentes del concreto

Los ingredientes básicos del concreto son los mismos ya sea si son mezclados por usted mismo, comprado pre-mezclado, o suministrado por una compañía especializada. El cemento básico es el agente de pegado. Contiene piedra caliza triturada y otros elementos de mezcla. La arena y la combinación de otros agregados adicionan volumen y fortaleza. El agua activa el cemento, luego se evapora, permitiendo que el concreto se seque en una masa sólida. Al variar la cantidad de los ingredientes, los expertos pueden crear concreto con propiedades especiales diseñadas para situaciones específicas.

Herramientas y materiales

Tener éxito en el proceso de verter y terminar el concreto depende en parte de contar con las herramientas correctas. Necesitará herramientas especializadas que le ayuden a preparar el lugar, y luego verter, manipular y finalizar la mezcla. Es razonable comprar herramientas que usará de nuevo, pero también puede alquilar aquellas especializadas en centros de materiales para construcción.

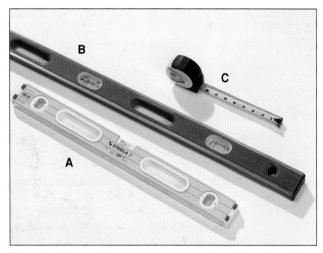

Entre las herramientas para preparar los sitios de trabajo, e instalar y nivelar estructuras de concreto, se incluyen un nivel de 2 pies (A), de 4 pies (B), y cinta métrica (C).

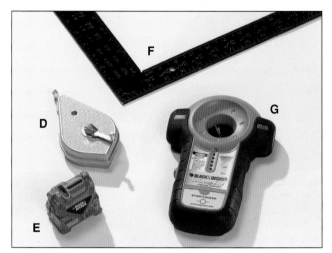

Otras herramientas útiles incluyen una cuerda con tiza (D), un nivel láser (E), o una combinación de nivel láser con un localizador de vigas (G), y una escuadra de carpintero (F).

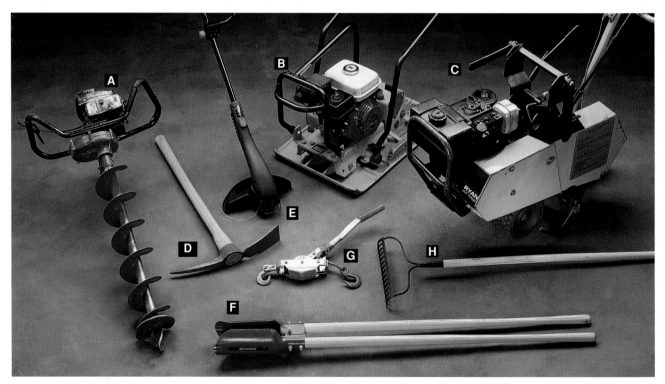

Las herramientas de jardín para preparar el terreno para proyectos con concreto incluyen: una excavadora eléctrica (A) para abrir huecos para instalar postes y bases; una aplanadora mecánica (B) y una cortadora de vegetación (C) para la preparación de una entrada de garaje u otra gran superficie. Entre las herramientas más pequeñas se incluyen: una pica (D) para excavar terreno duro o rocoso; una podadora mecánica (E) para cortar maleza y yerbas antes de excavar; una excavadora manual (F) cuando sólo tiene unos pocos huecos para abrir; una palanca (G) para mover grandes objetos (como rocas) sin un levantamiento excesivo; y un rastrillo (H) para mover pequeñas cantidades de tierra y desperdicios.

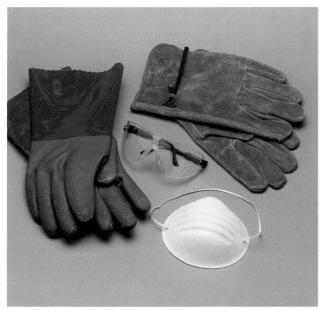

Entre las herramientas y equipo de seguridad se incluyen: Máscaras protectoras para respiración, guantes, gafas de seguridad, botas largas de caucho. Siempre use gafas protectoras cuando maneje concreto seco o mezclado. Estas mezclas son altamente alcalinas y pueden quemar los ojos y la piel.

Entre las herramientas de mezclado y vertido se incluyen: Un azadón y una caja para mezclar pequeñas cantidades de concreto; una manguera para jardín y un balde para medir y transportar agua; y una mezcladora mecánica para concreto de tamaño mediano (entre ½ y 1 pie cúbico).

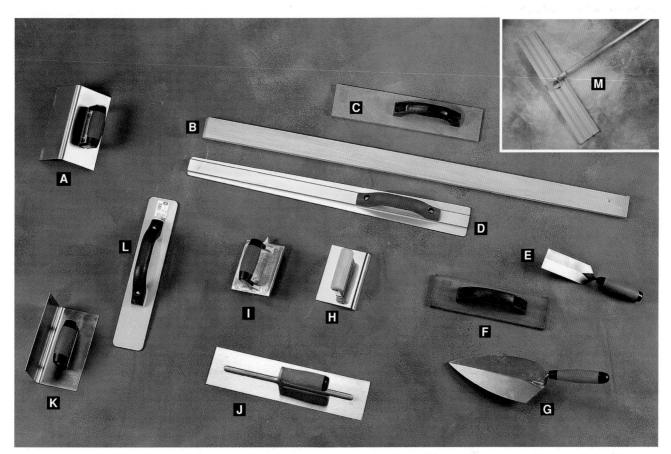

Entre las herramientas de acabado se incluyen: Llana para esquinas exteriores (A); madero para suavizar superficies (B) y remover concreto fuera de lugar; fraguador grande de madera (C); codal o llana de aluminio (D) para suavizar concreto; palustre de punta cuadrada (E) para terminados; llana estándar de madera (F); palustre para albañilería (G); llana esquinera (H) para formar bordes; fraguador para formar uniones de control (I); palustre metálico (J); llana para esquinas interiores (K); llana de magnesio (L); y fraguador de mango largo (M) para suavizar superficies grandes.

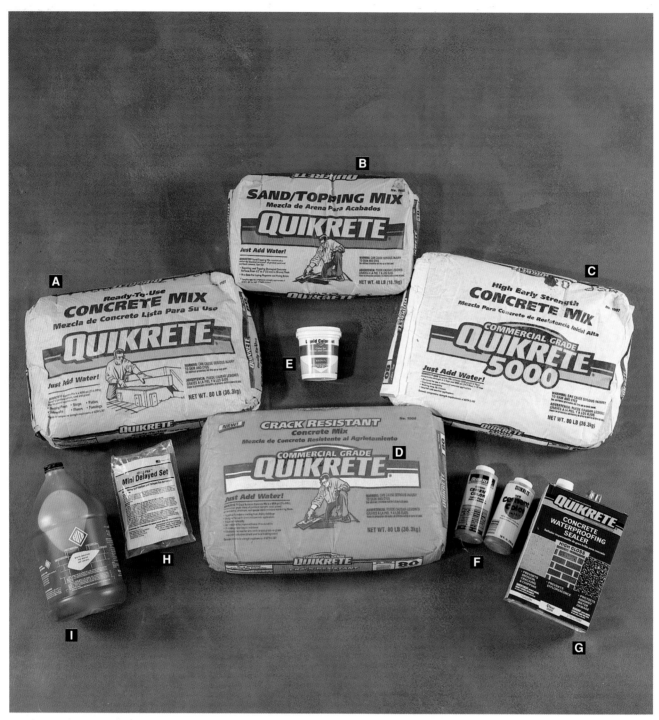

El concreto mezclado, que viene por lo general en bolsas de 40, 60 y 80 libras, contiene todos los componentes del mismo. Sólo necesita agregar agua, mezclarlo y aplicarlo. Hay muchas marcas ofrecidas en los centros de construcción. Los más comunes son: de uso general (A), que es el menos costoso y utilizable en la mayoría de los casos; la mezcla de arena (B) que no contiene agregados y es usada para estructuras poco profundas (menos de 2" de espesor) y a veces es llamada mezcla de superficie; mezcla de temprana y alta fortaleza (C) con agentes que aceleran rápidamente su capacidad de resistencia alcanzando 5.000 libras por pulgada cuadrada después de 28 días. Esta mezcla es ideal para patios, entradas a garajes, y encimeras de concreto. Otras bolsas de cemento comunes incluyen elementos de fibra de refuerzo, de secado rápido, y resistentes a las grietas (D).

Los aditivos de concreto incluyen colorantes en polvo (E), y pigmentos líquidos (F) que se agregan a la mezcla para crear colores vívidos; sellador (G) para ayudar a retener el agua durante la cura del concreto fresco. Hay otros productos que se agregan a las mezclas y son usados por profesionales (por lo tanto difíciles de conseguir). Aquí se incluyen elementos que retardan el tiempo de cura (H), y mezcla para el invierno (I) que reduce el tiempo que el concreto tiene que estar protegido contra el congelamiento.

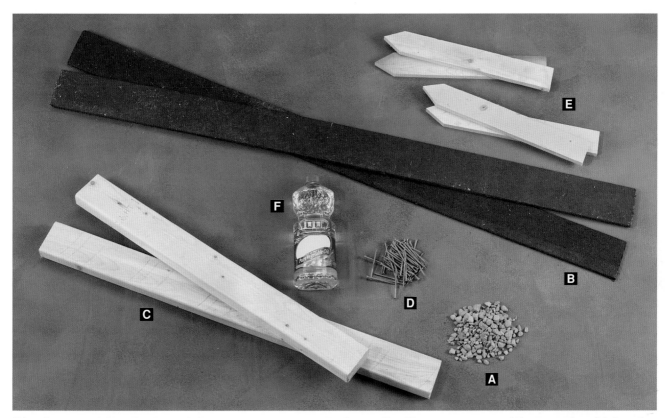

Entre los materiales para las sub-bases y estructuras se incluyen: Gravilla para compactar (A) para mejorar el drenaje debajo de la estructura de concreto; tiras de fibra impregnadas con asfalto (B) para evitar que el concreto se pegue a las estructuras adyacentes; maderos (C) y tornillos de 3" (D) para construir la estructura; estacas (E) para mantener la estructura en su lugar; y aceite vegetal (F) u otro agente aceitoso para facilitar el removido de la estructura de madera.

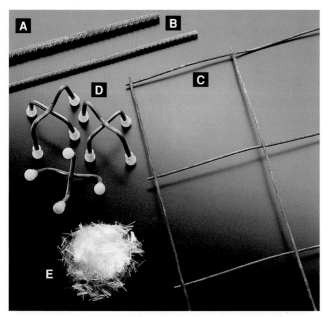

Materiales de refuerzo: Varillas de metal (A y B) disponibles en tamaños desde el #2 ($\frac{1}{8}$" de diámetro) hasta el #5 (de $\frac{5}{8}$") para reforzar placas de concreto (como en andenes y paredes de ladrillo). La malla de metal (C) es más común en cuadrantes de 6 × 6". Para las superficies más extendidas, como patios; accesorio de apoyo (D) para sostener la maya de metal; aditivo de fibra (E) para fortalecer áreas pequeñas que tienen poco uso.

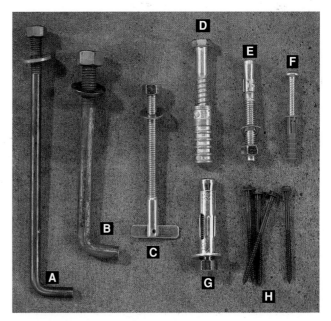

Los herrajes y sujetadores para concreto permiten unir elementos al concreto y otras superficies similares. Es más eficiente instalar los herrajes sobre el concreto fresco para que se cure alrededor del mismo. Aquí se presentan: Tornillos en forma de "J" (J-bolts) con tuercas y arandelas (A, B); ancla en forma de "T" removible (C); ancla de metal (D); sujetadores de compresión (E, G); anclaje sujetador de plástico para uso liviano (F); tornillos con capa de acero autoperforante (H).

Planear proyectos de concreto

Existen dos pasos básicos para planear y diseñar proyectos con concreto. Primero que todo, sea imaginativo en la creación de ideas que lo ayuden a desarrollar un plano atractivo y una práctica estructura. Segundo, aplique los principios básicos de construcción para crear un plan sólido que cumpla con los códigos de su localidad.

Una buena forma de crear ideas es prestar atención dondequiera que vaya. Observe proyectos similares en vecindarios cuando camina o maneja su auto. Ponga atención a los detalles y generalidades. Una vez haya establecido un plan, pruebe el diseño usando una manguera o un lazo para delinear las áreas del proyecto. Tenga presente que las buenas estructuras tienen en cuenta el tamaño y la escala, la ubicación, el declive y drenaje, los refuerzos, la selección de material, y la apariencia final. También es recomendable considerar su grado de experiencia y habilidad, especialmente si no ha trabajado en este tipo de proyectos lo suficiente.

Finalmente, dibuje un plano del proyecto. Si es uno simple, esquemas sencillos pueden ser adecuados. Si es necesaria la adquisición de permisos, el inspector de construcción solicitará dibujos en detalle. Siempre consulte con su departamento de construcción al inicio del proceso. De cualquier forma, los dibujos lo ayudan a identificar, evitar, o confrontar posibles problemas en su proyecto.

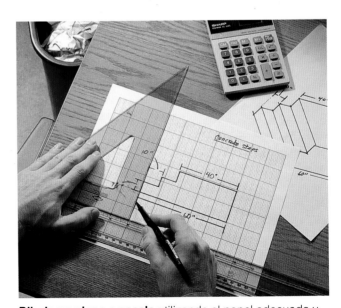

Haga pruebas de su proyecto antes de comprometerse con la idea. Utilice un lazo o una manguera para demarcar el área de trabajo. Coloque separadores donde sea necesario para mantener medidas iguales y acertadas.

Dibuje un plano a escala utilizando el papel adecuado y los utensilios de dibujo necesarios. Los dibujos del plano lo ayudan a eliminar fallas en el diseño y a estimar correctamente la cantidad de material necesario.

Calcular y ordenar los materiales

Los planos y dibujos son muy valiosos especialmente cuando llega el momento de estimar la cantidad de materiales a utilizar. Calcule el largo y ancho del proyecto en pies y luego multiplique las dimensiones para obtener el área cuadrada. Mida el espesor en pies (4 pulgadas es igual a $\frac{1}{3}$ de pie), luego multiplique los pies cuadrados por el espesor para obtener los pies cúbicos. Por ejemplo, 1 pie × 3 pies × $\frac{1}{3}$ de pie = 1 pie cúbico. 27 pies cúbicos es igual a 1 yarda cúbica.

Los radios de cubrimiento para verter el concreto son determinados por el espesor de la placa o superficie. El mismo volumen de concreto cubrirá menos área si el espesor de la placa es incrementado.

Ahora, después de haber hecho los cálculos, es hora de comprar la mezcla u ordenar el concreto. En el caso de proyectos que requieren entre media y una yarda cúbica, compre mezcla lista para usar y prepare el concreto en una mezcladora de concreto mecánica. Al comprar la mezcla, puede estimar que un bulto de cemento va a producir cerca de $\frac{1}{2}$ pie cúbico de concreto.

Si sus cálculos estipulan que el proyecto va a requerir más de una yarda cúbica de concreto, ordene concreto pre-mezclado para que sea transportado al lugar de trabajo.

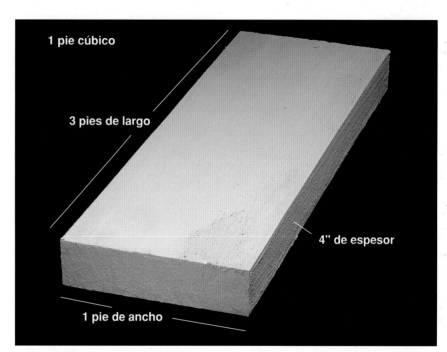

Calcule los materiales requeridos basándose en las dimensiones del proyecto.

Cubrimiento del concreto		
Volumen	Espesor de la placa	Área de la superficie
1 yarda cúbica	2"	160 pies^2
1 yarda cúbica	3"	110 pies^2
1 yardas cúbica	4"	80 pies^2
1 yarda cúbica	5"	65 pies^2
1 yarda cúbica	6"	55 pies^2
1 yarda cúbica	8"	40 pies^2

Esta tabla muestra la relación entre el espesor de placa, el área de la superficie y el volumen.

El concreto mezclado llevado al sitio del proyecto es la única opción en trabajos grandes, como entradas a garajes o fundición de paredes. Por lo general, expertos caminan sobre el concreto fresco, pero si usted no tiene experiencia, no interfiera en la labor.

Comprar mezcla lista para instalar

En el caso de proyectos grandes de concreto (una yarda cúbica o más), ordene el concreto ya mezclado para que sea transportado al sitio de trabajo. Aún cuando este concreto es más costoso que mezclarlo usted mismo, le ahorrará tiempo y le asegurará consistencia a lo largo de toda la superficie.

En las regiones con climas severos, este tipo de concreto tiene otra ventaja: su interior contiene billones de celdas de aire microscópicas. Estas celdas proveen pequeños espacios donde el agua puede expandirse sin hacer daño a medida que se congela. Esto hace que el concreto sea altamente resistente a congeladas severas e incrementa su durabilidad y facilidad de aplicación.

Consulte con otros usuarios para seleccionar un distribuidor confiable y de buena reputación. Antes de ordenar el concreto, prepare el lugar por completo. Una vez esté listo, consulte al distribuidor sobre la cantidad y el tipo de concreto necesitado, y establezca las condiciones de entrega. Confirme la cantidad y hora el día anterior a la entrega.

También, antes del día de entrega, despeje el camino para los trabajadores que suministrarán el concreto. Determine dónde desea estacionar el vehículo de transporte y marque con estacas y un camino provisional el recorrido de las carretillas que llevarán la mezcla al sitio de trabajo. Si la entrada al garaje es de asfalto o de concreto que está averiado o agrietado, estacione el vehículo en la calle para evitar más daño.

En el momento de la entrega, solicite el recibo correspondiente al conductor del vehículo. Éste debe indicar la hora en que el concreto fue mezclado. Si han pasado más de 90 minutos, no acepte la entrega.

Prepare el lugar de trabajo para que todo esté listo en el momento que llegue el vehículo de transporte. El conductor estará listo para suministrar la mezcla, así que debe estar preparado con su equipo de carretillas.

La buena preparación del lugar de trabajo es una de las claves para un proyecto exitoso. La paciencia y atención a los detalles en el momento de excavar, construir la estructura, y crear la sub-base correcta, aseguran que la obra terminada estará a nivel, será estable, y durará por muchos años.

Técnicas básicas

El primer paso en cualquier proyecto de concreto es preparar el lugar de trabajo. Los pasos básicos son:

1) Demarque el sitio del proyecto usando estacas y cuerdas.

2) Despegue el área de trabajo y remueva toda la maleza.

3) Excave el lugar para instalar la sub-base, las bases (si es necesario), y el concreto.

4) Instale la sub-base para crear drenaje y estabilidad, y construya las bases (si es necesario).

5) Construya e instale la estructura reforzada de madera.

La preparación correcta del terreno varía según el proyecto y lugar. Instale una sub-base con gravilla compactable. Algunos proyectos requieren que las bases sean instaladas por encima de la línea de congelamiento del terreno, mientras que otros (como andenes) no lo requieren. Consulte su inspector de construcción local sobre los requerimientos específicos de su proyecto.

Si el terreno de construcción tiene un declive de más de una pulgada por pie, tendrá que remover o adicionar tierra para nivelar la superficie. Un especialista en este tipo de terrenos o el inspector de construcción pueden aconsejarlo en cómo preparar un terreno en declive.

Todo lo que necesita:

Herramientas: Lazo, escuadra de carpintero, martillo manual para rocas, cinta métrica, cuerda con tiza, nivel de cuerda, pica, cortador de grama, regla triangular, nivel, carretilla, pala, aplanadora de mano, sierra circular, taladro.

Materiales: Madero de 2 × 4, tornillos de 3", gravilla compactable, aceite vegetal u otro agente aceitoso.

Consejo de seguridad:

Contacte las compañías locales de servicios para marcar las líneas eléctricas o de gas antes de iniciar cualquier excavación en este u otro proyecto.

Consejos para preparar el lugar del proyecto

Mida el declive del terreno de construcción para establecer si necesita nivelar el suelo antes de iniciar el proyecto. Primero, clave estacas a cada extremo del área. Amarre una cuerda entre las estacas y use un nivel de cuerda para ver si está a nivel. Mida la distancia desde la cuerda hasta el suelo en cada estaca. La diferencia de medidas (en pulgadas), dividida por la distancia entre las estacas (en pies), le dará el declive (en pulgadas por pie). Si el declive es mayor a un pie por pie, deberá nivelar el terreno.

Excave un hueco de prueba a la profundidad planeada para evaluar las condiciones del terreno y tener una mejor idea de qué tan fácil va a ser la excavación. El terreno arenoso o suelto necesitará ser corregido. Consulte un especialista de terrenos.

Corte lateral

Sub-base de gravilla compactada

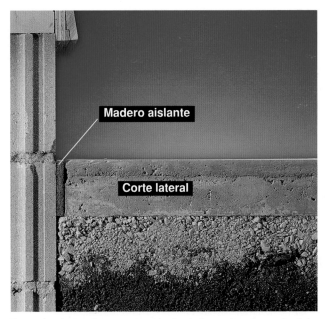

Madero aislante

Corte lateral

Agregue una sub-base de gravilla compactada para crear un cimiento nivelado y estable para el concreto. La gravilla compactada también mejora el drenaje, una consideración importante si está construyendo sobre un terreno arcilloso. En la mayoría de los casos, extienda una capa de gravilla de unas 5" de espesor y use una aplanadora para compactarla a unas 4" en total.

Cuando vierta el concreto al lado de las estructuras, instale una tira impregnada con asfalto de ½" de gruesa sobre la estructura para evitar que el concreto se pegue a la misma. La tira crea una capa aislante permitiendo que la estructura se mueva independientemente y disminuyendo el riesgo de daño.

Cómo demarcar y excavar el sitio de construcción

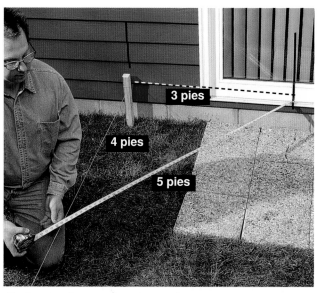

1 Señale aproximadamente el sitio de construcción usando una manguera o un lazo. Utilice una escuadra de carpintero para crear líneas perpendiculares. Para marcar el sitio exacto, clave estacas cerca a las esquinas de la marca temporal. El objetivo es cuadrar las estacas para que queden afuera del sitio de construcción y alineadas con los bordes del mismo. En lo posible, utilice dos estacas clavadas a un pie de distancia de las esquinas. NOTA: En proyectos construidos cerca a edificaciones permanentes, dicha estructura establecerá el lado del proyecto.

2 Conecte las estacas con cuerdas, las cuales deben seguir el demarcado del proyecto. Para comprobar que las cuerdas están cuadradas, utilice el método triangular 3-4-5: Mida y marque puntos a 3 pies de distancia desde la esquina a lo largo de la cuerda, y a 4 pies a lo largo de las cuerdas que se cruzan en la esquina. Mida la distancia entre los puntos y ajuste la posición de las cuerdas hasta que la distancia entre los puntos sea exactamente 5. Si pide ayuda será más fácil.

3 Mueva las estacas, si es necesario, para acomodarlas a la posición correcta. Mida todas las esquinas con el método 3-4-5 y haga los ajustes hasta que toda el área de trabajo quede exactamente cuadrada. Esto puede ser un proceso tedioso y largo, pero es muy importante para el buen logro del proyecto, en especial si planea construir sobre la superficie de concreto.

4 Conecte un nivel de línea a una de las cuerdas para usar como referencia. Ajuste la cuerda de arriba hacia abajo hasta que quede a nivel. Ajuste las otras cuerdas hasta que también queden a nivel, comprobando que las cuerdas que se cruzan se tocan unas a otras. Esto asegura que están a la misma altura del nivel del piso.

5 La mayoría de las superficies de concreto deben tener algo de declive para dirigir el agua hacia afuera, en especial si están cerca de la casa. Para crear el declive mueva las cuerdas de nivel en los lados opuestos del área hacia abajo sobre las estacas (la línea más baja debe quedar lejos de la casa). Para crear un declive estándar de ⅛" por pie, multiplique la distancia entre las estacas de un lado (en pies) por ⅛. Por ejemplo, si las distancias están separadas a 10 pies de distancia, el resultado debe ser ¹⁰⁄₈ (1¼"). Por lo tanto moverá las cuerdas hacia abajo 1¼" en las estacas de las puntas.

6 Inicie la excavación removiendo la capa de grama. Utilice un cortador especial de grama si desea usarla otra vez, y plántela de nuevo lo más pronto posible. De lo contrario use una pica de punta cuadrada para removerla. Excave la tierra por lo menos 6" desde las cuerdas de nivel para acomodar los maderos de la estructura de 2 × 4. Es posible que tenga que remover las cuerdas en este paso.

7 Utilice una vara de medición como guía durante la excavación del lugar. Primero, mida hasta el suelo desde la parte superior de la cuerda de declive. Adicione 7½" a esa medida (4" para el material de sub-base y 3½" para el espesor del concreto si está usando estructuras de 2 × 4). Marque la distancia total sobre la vara de medición en una punta. Remueva la tierra con una pala. Utilice la vara para comprobar que el fondo de la excavación es consistente (a igual distancia desde la cuerda de medición) en todos los puntos. Compruebe las medidas de los puntos centrales con una regla triangular y un nivel colocado sobre el terreno.

8 Instale la capa de sub-base (si el proyecto no requiere de bases de punto de congelamiento). Vierta una capa de 5" de espesor de gravilla para compactar, y presiónela hasta que quede comprimida a un espesor de 4". NOTA: La sub-base se debe extender al menos 6" más allá del borde de la excavación.

Cómo construir e instalar los maderos de la estructura

1 El molde es un marco de madera, por lo general hecho de maderos de 2 × 4, instalado alrededor del sitio donde se verterá el concreto para crear el espesor final. Corte maderos de 2 × 4 para el molde, siguiendo las medidas del proyecto.

2 Utilice las cuerdas de medición que demarcan el proyecto como puntos de referencia para instalar los maderos. Comenzando con el más largo, coloque los maderos dejando los bordes interiores directamente debajo de las cuerdas.

3 Corte varias piezas de 2 × 4 de al menos 12" de largo para usarlas como estacas. Corte la punta en ángulo, y clave cada una en intervalos de 3 pies en los bordes externos del marco de madera. Use las estacas para soportar cualquier unión en los maderos del marco.

4 Clave las estacas al marco de la estructura con tornillos de 3". Coloque el nivel sobre ambos bordes y úselo como guía a medida que clava las estacas al madero opuesto para que quede a nivel con el primero. En proyectos grandes, use las cuerdas como guía principal para establecer la altura de todos los maderos de la estructura.

5 Después de nivelar y clavar las estacas a los maderos, clave tornillos de 3" en las esquinas. Cubra el interior del marco con aceite u otro aditivo para evitar que el concreto se pegue. Consejo: Clave puntillas al exterior de la estructura para marcar el sitio donde se van a controlar las uniones (para evitar grietas), más o menos a intervalos de 1½ del total del espesor de la placa (pero no más de 30 veces su espesor).

Consejos para instalar refuerzos de metal

Use madera contrachapada (arriba a la izquierda) para construir marcos grandes en proyectos como escaleras de concreto. Junte las piezas de contrachapado y sujételas con soportes de 2 × 4 clavados a estacas en los lados. **Utilice las paredes de la trocha como marco (abajo a la izquierda)** cuando construya bases para verter concreto. Utilice marcos de madera normal en la parte superior de las bases cuando construya con ladrillo o bloques, en el caso de dejar visible la base. **Diseñe curvas (arriba a la derecha)** con lámina de ⅛" unida a las esquinas interiores del marco. Clave estacas de soporte detrás de la curva.

Consejos para instalar refuerzos de metal

Corte las barras de refuerzo de acero con una sierra recíproca equipada con una cuchilla para cortar metal (cortar la barra con una sierra manual tomará de 5 a 10 minutos por corte). Use tijeras para metal para cortar la malla de alambre.

Entrelace las uniones de las barras por lo menos 12" y amárrelas con alambre de alto calibre. Entrelace también las mallas a 12".

Deje por lo menos 1" de espacio entre el borde de la malla de refuerzo y el borde del marco. Use accesorios de apoyo o pedazos pequeños de concreto para elevar la malla desde el piso. Debe quedar al menos a 2" por debajo del borde superior del marco.

Trocha
de drenaje

Evitar problemas de drenaje

Si la superficie del terreno se inclina en la dirección del proyecto, o si el terreno tiene un drenaje insuficiente, tome las medidas del caso para evitar problemas en el futuro. Puede eliminar declives rellenando las áreas bajas con tierra. Si va a construir una placa de concreto en este tipo de superficie, proteja la parte inferior de la placa cubriendo el terreno con un revestimiento de polietileno de 6 mm. En grandes áreas, excave una trocha en forma de canal para dirigir el agua hacia un área de desagüe.

Todo lo que necesita:

Herramientas: Estacas para el jardín, pala, aplanadora de mano.

Materiales: Tierra fresca, lámina de polietileno de 6 mm. de espesor, tela para jardín, gravilla gruesa, tubería de drenaje perforada, contenedor para el desagüe.

El agua estancada puede dañar el concreto, en especial si se permite que impregne la base. El drenaje es la clave para evitar este problema. En áreas grandes con declive, puede mejorar el drenaje construyendo una zanja de poca profundidad llamada trocha de drenaje, para canalizar el agua lejos del concreto. En otros casos, soluciones más simples como rellenos de tierra (abajo a la izquierda), y un rollo de polietileno (abajo a la derecha), son de gran ayuda).

Consejos para el drenaje

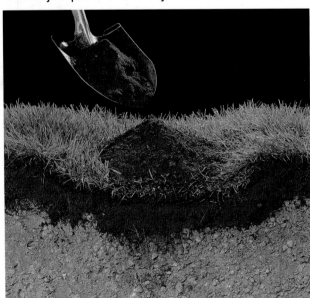

Llene la superficie de pequeñas áreas bajas con tierra. Distribúyala uniformemente y luego aplánela con una aplanadora y agregue más tierra si es necesario.

Una capa de polietileno colocada sobre la parte baja del terreno de un andén o entrada de garaje puede proteger la placa de concreto de los efectos de la humedad.

Cómo construir una trocha de drenaje

1 Utilice estacas para demarcar la ruta de la trocha que dirigirá el agua hacia el sitio de desagüe. Debe estar ubicada más abajo que cualquier punto del problema. Remueva la grama a lo largo de la ruta y colóquela a la sombra (puede utilizarla de nuevo cuando haya terminado la trocha).

2 Excave una trocha de 6" de profundidad de tal forma que la inclinación vaya dirigida hacia el sitio de desagüe, y sus paredes y fondo queden en forma llana.

3 Termine la trocha colocando la grama una vez más sobre la misma. Luego moje el área con bastante agua para probar el drenaje.

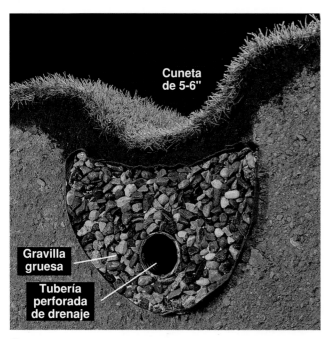

OPCIÓN: En caso de problemas severos de drenaje, abra una zanja de 2 pies de profundidad inclinada un poco en la dirección del desagüe. Cubra la trocha con tela para jardín. Distribuya una capa de 2" de gravilla gruesa o roca de río sobre el fondo de la trocha y luego instale una tubería perforada de drenaje sobre la gravilla. Cubra la tubería con 5" más de gravilla y cubra todo con la tela de jardín. Cubra la zanja con la grama y tierra fresca (izquierda). Instale el contenedor para el desagüe a la salida de la tubería para canalizar el agua y prever la erosión (derecha).

Muy mojado

Muy seco

Correcto

Mezcla de concreto

Una buena mezcla es esencial para un buen trabajo con concreto. La combinación perfecta tiene la humedad suficiente para quedarse en su mano cuando la aprieta, y la sequedad perfecta para mantener su forma. Si está muy seca, será difícil de aplicarla y no dará la apariencia de un terminado suave y liso. Una mezcla muy húmeda, se caerá del palustre y puede causar grietas y otros defectos en la superficie terminada.

Cuando mezcle el concreto en el lugar de trabajo, compre bultos de concreto seco pre-mezclado y agregue agua. Siga las instrucciones para la mezcla y tenga en cuenta exactamente de cuanta agua agrega para que quede uniforme de un bulto a otro. Nunca mezcle menos de un bulto lleno debido a que es posible que ingredientes importantes puedan acumularse en el fondo.

En proyectos pequeños, mezcle el concreto en carretillas o cajas especiales. En trabajos grandes, alquile o compre una mezcladora mecánica. Tenga en cuenta que la mayoría de estas máquinas no deben llenarse más de la mitad de su capacidad.

Al mezclar concreto, mientras más agua agregue, menos será su fortaleza. Si necesita concreto aguado para cubrir las esquinas de la estructura, agregue un elemento de pegante de látex o acrílico para reforzarlo en lugar de adicionar agua. Mezcle el concreto hasta que todos los ingredientes secos estén mojados. No se sobrepase.

No siempre es necesario mezclar el concreto cuando se instalan postes para barandas, cajas de correo, lámparas o patios de juegos. Mezclas especiales en seco están diseñadas para ser fáciles de usar: simplemente aplique la mezcla al interior del hueco y adicione agua siguiendo las instrucciones del fabricante.

Todo lo que necesita:

Herramientas: Mezcladora mecánica, carretilla o caja de mezclado, azadón, tarro de 5 galones, guantes, máscara protectora, gafas de seguridad.

Materiales: Mezcla de concreto, agua, aditivos deseados.

Cómo mezclar el concreto a mano

1 Vacíe el bulto de concreto pre-mezclado dentro de una caja especial o en una carretilla. Abra un hueco en el centro de la mezcla y luego agregue agua dentro del mismo. Comience con un galón de agua limpia por cada bolsa de concreto de 60 libras.

2 Comience a mezclar con un azadón y agregue agua hasta que logre una buena consistencia. Tenga en cuenta los sobrantes que se acumulan en las esquinas. No se sobrepase en la mezcla. También tenga en cuenta cuánta agua ha agregado en la primera tanda para tener una buena idea cuando mezcle las siguientes.

Cómo mezclar el concreto con una mezcladora mecánica

1 Llene el contenedor con un galón de agua por cada 60 libras de concreto que va a usar en la tanda. Para la mayoría de las mezcladoras, tres bolsas son aceptables. Eche la mitad del agua. Antes de iniciar la mezcla, revise las instrucciones de operación.

2 Adicione todos los ingredientes secos e inicie la mezcla por un minuto. Vierta agua a medida que la necesite hasta que alcance la consistencia apropiada, y mezcle por tres minutos más. Incline el contenedor sobre una carretilla para vaciar la mezcla. Enjuague el interior de inmediato.

Instalar el concreto

Instalar o verter el concreto requiere de echarlo sobre el marco de la estructura, luego nivelarlo y suavizarlo con herramientas especiales. Después que la superficie esté nivelada y suavizada, se cortan las piezas para controlar las uniones y se redondean las esquinas. Una atención especial en estos momentos dará como resultado un acabado profesional. NOTA: Si desea agregar un acabo especial, lea la sección "Finalizar y curar el concreto", en las páginas 38 y 39, antes de iniciar el proyecto.

> **Todo lo que necesita:**
>
> Herramientas: Carretilla, azadón, pala, martillo, palustre, fraguador (estándar, para formar uniones de control, y para las esquinas).
>
> Materiales: Concreto, contenedor para la mezcla y agua, maderas de 2 × 4.

Comience a verter el concreto en el punto más alejado del sitio de mezcla, y continúe aplicándolo en dirección trasera.

Consejos para verter el concreto

No sobrecargue la carretilla. Ensaye con arena o mezcla en seco para encontrar el volumen ideal a transportar. Esto también le dará una buena idea de cuántas cargas necesitará para completar el trabajo.

Coloque maderos sobre los marcos de la estructura para crear un camino para la carretilla. Evite afectar el sitio del trabajo instalando rampas como soporte. Compruebe que hay una superficie plana y estable entre el sitio de la mezcla y la estructura.

Cómo verter el concreto

1 Llene la carretilla con concreto fresco. Compruebe que tiene un camino definido y seguro desde el sitio de mezcla hasta el lugar de destino. Siempre llene la carretilla desde el frente. Si la llena por un lado se puede voltear.

2 Vierta el concreto en tandas espaciadas y en forma igual. Comience al extremo final de la estructura, y eche el concreto de tal forma que quede una pulgada más arriba del borde de los marcos. No lo vierta muy cerca de los bordes. **NOTA:** Si está usando una plataforma, mantenga despejado el área de transporte.

3 Continúe echando las cargas de concreto junto a la anterior y alejándose de la primera carga. No trate de echar más concreto del que puede transportar a la vez. Ponga atención en la mezcla para asegurarse que no se está endureciendo antes de comenzar a distribuirla.

4 Distribuya la mezcla en forma pareja usando un azadón para concreto. Use esa herramienta hasta que la mezcla quede casi plana y apenas un poco arriba del borde del marco. Remueva el exceso de concreto con una pala.

(continúa)

Cómo verter el concreto (continuación)

5 Introduzca de inmediato la cuchilla de la pala entre el borde del marco y la mezcla para remover burbujas de aire atrapadas que pueden debilitar el concreto.

6 Golpee los marcos con un martillo o con la cuchilla de la pala para ayudar a compactar la mezcla. Esto también hace que los agregados se esparzan hacia los bordes para dar un acabado fino al concreto. Esto es muy importante especialmente cuando se construyen escaleras.

7 Utilice un madero para emparejar de 2 x 4 (lo suficientemente largo para que descanse sobre ambos lados del marco) para remover excesos de concreto antes que aparezca residuos de agua. Muévalo en vaivén de derecha a izquierda y manténgalo derecho a medida que trabaja. Si quedan pequeñas honduras sobre la superficie, agregue un poco de mezcla fresca sobre esas áreas y pase el madero de nuevo.

8 Corte las uniones de control en los sitios marcados (paso 10, página 52) con un palustre, usando un madero de 2 x 4 como guía. Las uniones de control son diseñadas para controlar las grietas de las placas a medida que se van compactando naturalmente. Sin este tipo de controles, la placa puede crear grietas y daños.

9 Espere hasta que el exceso de agua desaparezca (derecha), y empareje con movimientos arqueados, con el borde principal de la llana hacia arriba. Pare cuando la superficie quede suave.

Función del agua de residuo:

Trabajar en el momento preciso es la clave para lograr un acabado atractivo en el concreto. Cuando se vierte, los elementos pesados se hunden poco a poco dejando una capa delgada de agua, o residuo, sobre la superficie. Para lograr un buen acabado, es importante dejar que el agua se seque antes de proseguir con el siguiente paso. Siga estas reglas para evitar problemas:

• Distribuya y empareje el concreto, y construya las uniones de control (pasos 5 a 8), inmediatamente después de verterlo y antes que aparezca el agua. De lo contrario es posible que se formen grietas o se derrumbe la superficie.

• Deje que el agua de residuo se seque antes de suavizar o crear las esquinas. El concreto debe estar lo suficientemente compacto para que la presión de una pisada no deje huella de más de ¼" de profundidad.

• No sobre-suavice el concreto porque puede hacer que más agua

reaparezca. Pare de suavizar (paso 9) cuando aparezca un brillo, y continúe cuando desaparezca.

NOTA: El residuo de agua no aparecerá cuando se aplica concreto con burbujas de aire como aditivo, el cual es usado en regiones donde las temperaturas a menudo bajan más allá del punto de congelamiento

10 Una vez se ha secado el agua de residuo, forme una ranura a lo largo del corte de control de las uniones (paso 8), usando un madero derecho de 2 × 4 como guía. Quizás tenga que hacerlo varias veces hasta crear un superficie suave.

11 Vaya dándole forma al borde del concreto con una llana esquinera para darle un acabado suave. También es posible que tenga que hacerlo repetidas veces para hacer desaparecer las marcas dejadas por la ranura o el fraguador esquinero.

Elementos agregados expuestos. Aplicar este tipo de decoraciones a las superficies de concreto fresco crea un efecto atractivo con muchas opciones de diseño. La foto de arriba muestra diferentes materiales y la forma como son usados como terminados sobre las superficies.

El terminado de escoba. Después de acabar la superficie, barra el concreto con una escoba. Espere hasta que la superficie esté firme al tacto para darle un acabado más fino y resistente al clima.

Finalizar y curar el concreto

Finalizar y curar el concreto son pasos críticos en el proceso final de estos proyectos. Aquí se asegura que el concreto alcance su máxima fortaleza y permanezca libre de defectos que pueden afectar su apariencia. Hay muchas teorías sobre la forma de cómo curar el concreto, pero en general, es aconsejable mantener el concreto mojado y cubierto con plástico por lo menos una semana.

Un acabado decorativo agrega una agradable apariencia al concreto. Los elementos agregados expuestos son comunes en los acabados de patios y andenes. El terminado de escoba es ideal para aumentar la tracción. Las formas estampadas son populares para imitar ladrillo y otros materiales. Una manera de crear ideas es caminar por su vecindario para observar otros trabajos similares. Después que el concreto se ha curado por completo, deberá ser tratado con el sellador apropiado.

Todo lo que necesita:

Herramientas: Escoba, carretilla, pala, llana de magnesio, estándar y para las esquinas, manguera, brocha para limpiar.

Materiales: Rollos de plástico, material agregado expuesto, agua.

Cómo curar el concreto

Mantenga el concreto mojado y cubierto por lo menos una semana para maximizar su fortaleza y minimizar los defectos de la superficie. Levante la cubierta de plástico de vez en cuando y moje el concreto para que se cure lentamente.

Cómo crear un terminado con elementos agregados

1 Aplique la placa de concreto. Después de suavizar la superficie con un madero derecho, deje que el agua de residuo desaparezca. Luego, distribuya el elemento agregado (limpio y lavado) en forma pareja usando un azadón o con la mano. Esparza una capa delgada del material —hasta 1" de espesor—. En agregado de mayor tamaño, mantenga una separación entre las rocas más o menos del tamaño de las mismas.

2 Presione el agregado con un madero para emparejar, y luego alise la superficie con un fraguador de magnesio hasta que las piedras queden cubiertas con una capa delgada de cemento. No se sobrepase en la emparejada. Si aparece agua de residuo, deje de emparejar hasta que se seque el agua. Si está cubriendo un área grande, tápela con plástico para evitar que se seque muy rápido.

3 Corte el control de las uniones y empareje los bordes. Deje descansar el concreto de 30 a 60 minutos, luego rocíe por secciones y bárralas con una brocha para quitar el concreto que cubre el agregado. Si la brocha mueve algunas de las rocas, póngalas de nuevo en su lugar y barra más tarde. Cuando pueda barrer sin mover las rocas, rocíe y barra la superficie completa para exponer el agregado. No deje que el concreto se seque por mucho tiempo porque será difícil barrerlo.

4 Después que el concreto se ha curado por una semana, quite la cubierta y rocíe toda la superficie con una manguera. Si quedan residuos de concreto, trate de removerlos con una brocha. Si no funciona, lávela con una solución de ácido muriático, y lávela de inmediato con agua. Opción: Después de tres semanas, aplique un sellador para material agregado expuesto.

Colocar postes sobre el concreto

Ya sea si está sosteniendo una cerca, un buzón de correo, o una cesta de baloncesto, el poste se sostendrá sólido, firme y derecho por muchos años si lo ancla con concreto. Las bases de concreto para postes son fáciles de crear y protegen la madera y el metal del óxido y pudrimiento.

Los postes que sostienen estructuras como una terraza, por lo general deben ser sostenidos por bases que sobrepasan la línea de congelamiento del suelo. Consulte su inspector local de construcción para determinar los requisitos para su proyecto.

Todo lo que necesita:

Herramientas: Pala, excavadora manual, barra de excavar, aplanadora manual, sierra, taladro, martillo manual para rocas, nivel, palustre.

Materiales: Gravilla, mezcla de concreto, maderas de 2 × 4, postes de madera, tornillos, sellador (para postes).

El concreto de secado rápido no requiere mezclarse, y es ideal para instalar postes. Sólo llene el hueco del poste con el concreto seco y luego agregue agua. Si está planeando darle forma a la parte superior de la base, mezcle el concreto, pero trabaje rápido porque algunas de esas mezclas se solidificarán en unos 20 minutos.

Consejos para instalar los postes

Para combatir el pudrimiento, use cedro, ciprés o madera de pino tratada a presión para los postes. Cubra las puntas que corta con un sellador para madera antes de colocarlas sobre el concreto. Déle forma a las puntas o cúbralas con tapas para evitar que el agua penetre y pudra la madera.

Para ajustar los postes de metal, construya un cerco con maderas de 2 × 4. Ensamble las partes con tornillos de 3" y colóquelo en la mitad del poste. Use estacas para mantener el cerco en posición. Nivele a plomo el poste y conecte soportes en dos lados adyacentes del cerco.

Cómo colocar un poste sobre concreto

1 Excave un hueco tres veces más ancho que el diámetro del poste, y a ⅓ de profundidad del largo del poste,
más 6". Use una excavadora manual para la mayoría del
trabajo, y una barra de excavación para sacar rocas y tierra suelta compactada.

2 Vierta 6" de gravilla suelta en el fondo del hueco para
crear el drenaje adecuado. Aplane la gravilla con una
aplanadora manual o un poste.

3 Coloque el poste en el hueco. Instale dos soportes de 2 × 4 en sus
lados adyacentes. Compruebe que
está a plomo. Clave una estaca en la
tierra cerca del final de cada soporte y
clávelos a las mismas.

4 Llene el hueco hasta 4" por debajo
del nivel del suelo con mezcla
de concreto de secado rápido. Compruebe una vez más que el poste está
a plomo y adicione la cantidad de
agua recomendada. Cuando se seque,
cubra la base con tierra o grama.

Opción: Para protección adicional
contra el pudrimiento, mezcle el
concreto y sobrellene el hueco un
poco. Usando un palustre, déle forma
cónica al concreto para hacer que el
agua corra lejos del poste.

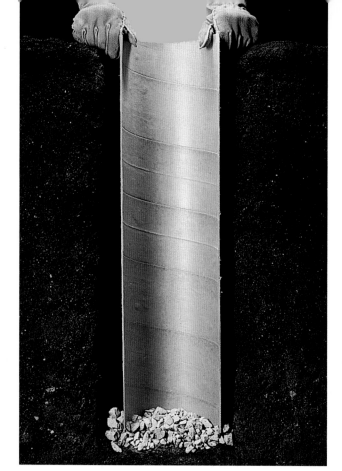

Para instalar los tubos de cartón para los pilares de concreto, abra huecos con una excavadora manual o eléctrica. Vierta de 2 a 3" de gravilla suelta en el fondo para crear el drenaje, luego corte e inserte el tubo de cartón dejando unas 2" de sobra sobre la superficie. Llene las paredes exteriores con tierra para sostenerlo en posición vertical.

Pilares de concreto

Los pilares de concreto de las bases soportan el peso de las estructuras exteriores, como terrazas, arcos o toldos. Consulte los códigos locales para determinar el tamaño y profundidad de las bases requeridas en su localidad. En climas fríos, las bases deben estar más profundas que la línea de congelamiento.

Para ayudar a proteger los postes contra daños causados por el agua, las bases deben quedar al menos a 2" sobre el nivel del suelo. Los tubos para crear bases permiten extender su altura por encima del nivel del terreno.

En lugar de enterrar tornillos en forma de "J" en el concreto fresco, puede usar anclajes para concreto como alternativa, o tornillos cubiertos con resina epóxica diseñados para trabajos con concreto.

Antes de excavar, consulte las compañías de servicios de su localidad para establecer si hay enterradas líneas eléctricas, de teléfono, de gas o de agua que puedan interferir en la labor.

Todo lo que necesita:

Herramientas: Excavadora manual o eléctrica, cinta métrica, sierra para podar, pala, sierra recíproca o manual, nivel, azadón, palustre, cepillo viejo de dientes, plomada, navaja, carretilla.

Materiales: Tubos de cartón para las bases de 8", cemento común "Portland", arena, gravilla, tornillos en forma de "J", retazos de maderos de 2 × 4.

Cómo verter el concreto en los pilares de cartón

1 Instale los tubos de cartón (arriba) y mezcle el concreto. Vierta la mezcla lentamente al interior del tubo usando un palustre. Llene más o menos la mitad del tubo. Use una vara larga para presionar la mezcla para sacar burbujas de aire acumuladas. Termine de verter el concreto hasta el borde del tubo.

2 Nivele la mezcla pasando un madero de 2 × 4 sobre la superficie del tubo en forma de vaivén. Agregue concreto en los puntos bajos.

3 Inserte el tornillo en forma de "J" en ángulo en el centro de la base. Introdúzcalo lentamente y moviéndolo un poco para eliminar cualquier acumulación de burbujas. Deje de ¾" a 1" de tornillo expuesto en la superficie. Limpie cualquier residuo de concreto usando un cepillo viejo de dientes.

4 Use un nivel para comprobar que el tornillo en "J" está a plomo. Si es necesario, ajústelo y aplique más concreto. Deje curar la mezcla y corte el exceso del tubo de cartón con una navaja.

Cómo instalar tornillos de anclaje con resina epóxica

1 Después que la base se ha curado por lo menos 48 horas, marque el sitio de los tornillos. Perfore un agujero con un taladro eléctrico y una broca para concreto del mismo diámetro que el tornillo de anclaje. Use una escuadra triangular para alinear verticalmente el taladro, establezca la profundidad del hueco para que el anclaje sobresalga de ¾" a 1" a 1" sobre la superficie de la base. Después de perforar, limpie el agujero con una aspiradora.

2 Enrolle la punta del tornillo con cinta de ¾" a 1" como referencia. Inserte la resina epóxica en el hueco con la jeringa especial suministrada por el fabricante. Aplique lo suficiente para que una pequeña cantidad rebose el hueco cuando se introduzca el tornillo. Inserte el tornillo de inmediato; la resina comienza a secarse apenas es inyectada. Compruebe la altura del tornillo y deje secar la resina de 16 a 24 horas. Si es necesario, corte el tornillo con una sierra recíproca con una cuchilla para cortar metal.

Las bases son requeridas por los Códigos de Construcción para las estructuras de concreto, piedra, ladrillo y bloque que se juntan a otras estructuras permanentes o que exceden la altura especificada por los códigos locales. Las bases de congelamiento se extienden entre 8 y 12" debajo de la línea de congelamiento. Las placas de cimiento, por lo general de 8" de espesor, pueden ser recomendadas para estructuras bajas individuales construidas con argamasa o concreto vertido. Antes de iniciar el proyecto, consulte con su inspector de construcción sobre las recomendaciones para las bases y los requisitos en su localidad.

Bases para paredes individuales

Las bases crean un cimiento estable para las estructuras de concreto, roca, ladrillo o piedra. También distribuyen el peso de misma en forma balanceada evitando que se hundan o que se muevan durante los cambios de temperatura en las estaciones.

La profundidad requerida para la base es por general determinada por el *nivel de congelamiento* del piso, el cual varía según la región. La línea de congelamiento es el punto más cerca a la superficie del terreno que no se congela. En climas fríos es más o menos de 48" o más profunda. Las bases de congelamiento (diseñadas para evitar que las estructuras se muevan en temperaturas bajo cero) deben extenderse 12" por debajo de la línea de congelamiento. Su inspector de construcción local puede determinar ese nivel en su respectiva región.

Todo lo que necesita:

Herramientas: Lazo, escuadra de carpintero, martillo manual para rocas, cinta métrica, cuerda, nivel, pala, sierra para podar, regla triangular, nivel de cuerda, carretilla, pica, aplanadora manual, sierra circular y recíproca, fraguador, taladro.

Materiales: Mezcladora de concreto, agua, varillas de acero #3, alambre calibre 16, maderos de 2 × 4, tornillos de 3", gravilla compactable, aceite vegetal u otro aditivo para evitar el pegado.

Consejos para la planeación:

- Explique en detalle la estructura a su inspector local para determinar si es necesaria la construcción de bases, y si necesitan a su vez refuerzos. En algunos casos, pueden usarse bases de 8" de espesor si existe una buena sub-base para crear suficiente drenaje.

- Mantenga las bases separadas de las estructuras adyacentes instalando un madero aislante (ver página 25).

- En proyectos pequeños, considere verter el concreto de la base y la estructura como una sola unidad.

- Un proyecto con varias paredes, como una estación para cocinar, puede requerir de una base flotante (ver página 140).

Opciones para crear bases

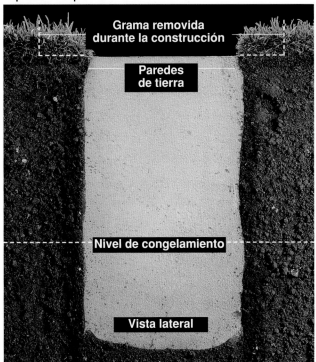

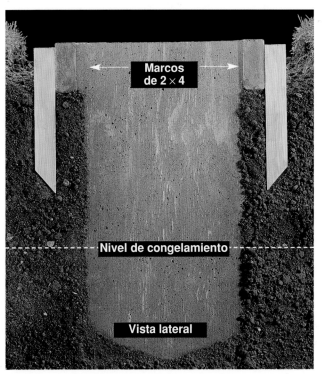

Para verter el concreto, utilice las paredes de la tierra como estructura, remueva la grama a su alrededor y empareje el concreto con un madero a ras de tierra, y sobre los bordes de la trocha.

En el caso de ladrillo, bloques y piedras, construya el hueco con marcos de madera nivelados. Descanse el madero sobre el borde del marco para emparejar el concreto y dejar una superficie plana lista para instalar los anclajes.

Consejos para construir las bases

Construya las bases el doble de ancho de la pared o estructura que van a soportar. También se deben extender por lo menos 12" más allá del extremo del área del proyecto.

Adicione las varillas de anclaje si va a verter concreto sobre la base. Después que el concreto se estabilice, introduzca varillas de 12" a 6" de profundidad dentro de la placa. Los anclajes de metal irán a sostener la estructura soportada.

Cómo verter concreto en una base

1 Haga una demarcación inicial de la base usando una manguera o un lazo. Use estacas y cuerda para marcar el lugar.

2 Corte la grama 6" más allá del borde total de la base, luego excave la trocha a una profundidad de 12" por debajo del nivel de congelamiento.

3 Construya e instale el marco para la base con maderos de 2 × 4, alineándolos con cuerdas. Clave las estacas en su lugar y ajústelas con un nivel.

Variación: Si la base se encuentra junto a otra estructura, como el cimiento de la casa, coloque una placa impregnada con fibra de asfalto en la trocha para crear un espacio aislante entre la base y el cimiento. Cúbralo con algún adhesivo para concreto para mantenerlo en su lugar.

4 Construya dos mallas con varillas #3 para reforzar la base. Para cada malla, corte dos piezas 8" más cortas que la longitud de la base, y dos piezas 4" más cortas que la profundidad de la misma. Una todas las piezas formando un rectángulo con alambre de calibre 16. Coloque las mallas boca arriba sobre la trocha dejando 4" de espacio entre la maya y el borde del marco. Cubra la parte interior del marco con aceite vegetal o con otro aditivo aceitoso para facilitar el despegado.

5 Mezcle y vierta el concreto hasta el tope del marco (ver páginas 34 a 36). Empareje la superficie con un madero de 2 × 4 hasta que quede suave y a nivel.

6 Cure el concreto por una semana antes de construir sobre la base. Remueva el marco y rellene el terreno a su alrededor.

Andenes

Instalar concreto en los andenes es uno de los proyectos más prácticos que puede llevar a cabo en su casa. Una vez haya excavado y vertido el concreto, podrá llevar a cabo proyectos mucho más grandes, como patios y entradas de garajes, con toda confianza.

El concreto instalado en los andenes es por lo general muy durable y práctico. Aquí no se requiere de una base, pero necesitará remover la grama y excavar a lo largo del sitio de trabajo. La profundidad de la excavación varía en cada proyecto, y depende también del espesor del material, más el espesor de la arena o la gravilla compactable para la sub-base. La sub-base suministra una superficie más estable que el terreno mismo, además de crear el drenaje necesario para que el agua corra y no se acumule debajo del andén.

Para mayor información sobre los pasos a seguir, y sobre las técnicas más efectivas, consulte las secciones "Planear los proyectos de concreto" y "Técnicas básicas", en las páginas 20 a 39.

Todo lo que necesita:

Herramientas: Nivel de cuerda, martillo, pala, sierra para podar, carretilla, aplanadora manual, taladro, nivel, madero para emparejar, regla triangular, cuerda, fraguador, palustre, llana esquinera, escoba con cerdas duras.

Materiales: Estacas para jardín, varillas, accesorios de apoyo, maderos de 2 × 4, tornillos de $2\frac{1}{2}$" y 3", mezcla de concreto, sellador de concreto, placa aislante, gravilla compactable, adhesivo para construcción, puntillas.

Consejos para construir un andén de concreto

Utilice una podadora para quitar la grama de la superficie del terreno de construcción. Estas máquinas realizan cortes parejos y se pueden alquilar en centros especializados. La grama extraída puede plantarse en cualquier parte del jardín.

Instale las estacas y las cuerdas cuando demarque el andén, y tome las medidas desde las cuerdas para asegurar que los lados queden derechos y a una profundidad uniforme.

Opciones para canalizar el agua lejos del andén

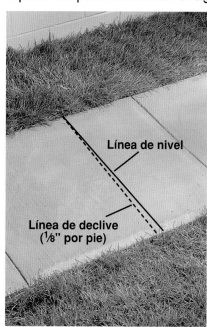

Línea de nivel

Línea de declive (⅛" por pie)

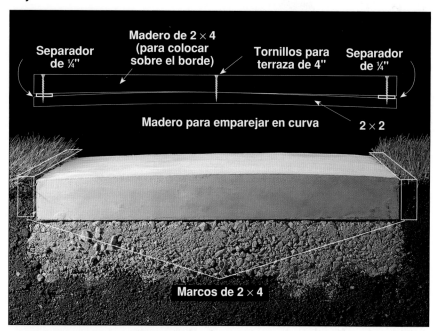

Separador de ¼"

Madero de 2 × 4 (para colocar sobre el borde)

Tornillos para terraza de 4"

Separador de ¼"

Madero para emparejar en curva

2 × 2

Marcos de 2 × 4

Construya un declive sobre el andén hacia fuera de la casa para evitar que el agua dañe el cimiento o el sótano. Marque el sitio del andén con una cuerda, y luego baje la cuerda exterior para crear un declive de ⅛" por cada pie (ver página 27).

Construya el andén en forma de cono para que el centro quede elevado ¼" en comparación con los bordes. Esto evitará que el agua se acumule sobre la superficie. Diseñe un madero en curva cortando dos listones de 2 × 2 y 2 × 4, lo suficientemente largos para apoyarlos sobre los marcos opuestos del andén. Junte y clave los listones, y luego inserte un separador de ¼" en cada esquina. Junte las partes con tornillos para terraza de 4" clavados en el centro y en las puntas. El madero de 2 × 2 quedará curvado en el centro. Empareje el concreto con el borde en curva hacia abajo.

Cómo construir un andén de concreto

1 Haga una demarcación del andén, incluyendo todas las curvas. Clave estacas y conéctelas con una cuerda. Diseñe el declive si es necesario. Remueva la grama sobrepasando las medidas unas 6". Excave el lugar con una pala 4" más profundo que el espesor del concreto. Siga las marcas de las cuerdas para mantener el declive consistente.

2 Vierta una capa de 5" de espesor de gravilla compactable para crear la sub-base del andén. Compáctela hasta crear una capa simétrica de 4" de espesor.

3 Construya e instale el marco del borde con maderos de 2 × 4 (ver página 28). Junte las puntas en el ángulo correcto. Instálelos con los bordes internos a ras con las cuerdas de medición. Clave el marco con tornillos para terraza de 3", y clave estacas en el lado externo a cada 3 pies de distancia. Clave las estacas al marco con tornillos para terraza de 2½". Use un nivel para confirmar que el marco tiene el declive deseado. Clave estacas en cada lado de las curvas en ángulo.

4 Adhiera una placa aislante a los escalones, cimiento de la casa, u otra estructura permanente adjunta al andén. Use pegamento para concreto.

OPCIÓN: Refuerce el andén con varillas de acero #3. En el caso de un andén de 3 pies de ancho, instale dos secciones de varillas separadas a igual distancia al interior de la estructura. Utilice accesorios para soportarlas, y compruebe que las varillas están al menos 2" por debajo del borde superior del marco. Doble las varillas paralelas a las curvas y sobrepóngalas 12" en las puntas. Marque los sitios para crear las uniones de control (para ser cortadas con el borde de una llana más tarde) clavando puntillas sobre la cara externa del marco a más o menos cada 3 pies de distancia.

5 Fabrique la mezcla y viértala a lo largo del área de trabajo. Utilice un azadón para concreto para distribuirla en forma pareja por todos lados.

6 Después de verter todo el concreto, pase la cuchilla de una pala a lo largo del borde interno del marco, y luego golpee el exterior del mismo con un martillo para ayudar a compactar el concreto.

(continúa)

Cómo construir un andén de concreto (continuación)

7 Construya un madero para emparejar en curva (ver página 49) y úselo para crear la forma de un cono cuando esté emparejando la superficie del concreto. **NOTA:** Si tiene ayuda, será más fácil de hacer este paso.

8 Suavice la superficie con una llana. Corte las uniones de control en los sitios marcados usando un palustre y un madero derecho como guía. Deje secar la mezcla hasta que el agua de residuo desaparezca.

9 Empareje los bordes del concreto pasando una llana esquinera a lo largo del marco. Suavice las marcas dejadas por la llana con un fraguador. Levante un poco el borde de la llana y fraguador a medida que trabaja.

10 Después que el agua de residuo haya desaparecido, marque una canal a lo largo de la unión de control con un madero derecho de 2 × 4 como guía. Use un fraguador para suavizar las marcas de cualquier herramienta.

11 Fabrique una textura no resbaladiza barriendo con una escoba limpia de cerdas duras sobre toda la superficie. Si desea crear un efecto de acabado como piedras o ladrillos, vea las páginas 76-77. Evite sobreponer las marcas dejadas por la escoba.

12 Cubra el andén con una capa de plástico y deje secar el concreto por una semana: Levante el plástico de vez en cuando y moje la superficie para que el concreto se cure lentamente.

13 Remueva la estructura del marco, luego llene el espacio dejado con tierra o grama. Si lo desea, aplique sellador al concreto siguiendo las recomendaciones del fabricante (foto anexa).

Dentro del diagrama:

Profundidad del descanso
mínimo = puerta + 12"

Altura del escalón

Profundi de la contrahu

6"–8"

Altura total

10"–12"

Distancia total

Los escalones de concreto nuevo dan un acabado fresco y una limpia apariencia a la vivienda. Si los escalones viejos no son estables, reemplácelos con unos de concreto con superficie no resbalosa, dan mayor seguridad.

Escalones y descansos

Diseñar escalones requiere de ciertos cálculos y varios ensayos. Con tal que el diseño cumpla con los requisitos de seguridad, puede ajustar elementos como la profundidad del descanso y las medidas de los escalones. Crear un rápido dibujo del proyecto lo ayudará en su trabajo.

Antes de derrumbar los escalones viejos, mídalos para comprobar si cumplen con los requisitos de seguridad. Si ese es el caso, puede usar esas medidas como referencia para construir los nuevos. De lo contrario, haga el diseño desde el principio para que el nuevo diseño no repita los errores anteriores.

En el caso de construir más de dos escalones, necesitará un pasamanos. Consulte con el inspector de construcción sobre los requisitos.

Todo lo que necesita:

Herramientas: Cinta métrica, mazo, pala, taladro, sierra recíproca, nivel, cuerda, aplanadora manual, herramientas para mezclar concreto, sierra de vaivén, abrazaderas, regla o regla triangular, llana, fraguador, escoba.

Materiales: Maderos de 2 × 4, malla de varillas de acero, alambre, accesorios de apoyo, adhesivo para construcción, gravilla compactable, material de relleno, madera de contrachapado para uso exterior de ¾" tornillos para terraza de 2", placa aislante, varillas #3, estacas, masilla de silicona, aceite vegetal u otro agente aceitoso.

Cómo diseñar los escalones

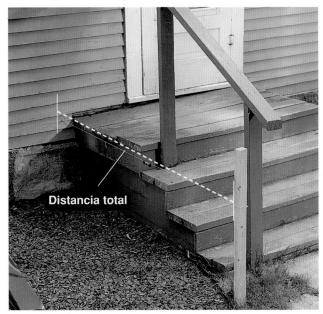

1 Conecte una cuerda de medición al cimiento de la casa a 1" por debajo del marco inferior de la puerta. Clave una estaca en el punto donde la base del escalón inferior va a descansar. Amarre el otro extremo de la cuerda a la estaca y use un nivel para nivelarla. Mida la longitud de la cuerda —esa medida es la profundidad total (o *distancia*) de los escalones—.

2 Tome la medida desde la cuerda hasta el nivel del suelo para determinar la altura total, o *elevación*, de los escalones. Divida la distancia entre el número estimado de pasos. La altura de cada escalón debe ser entre 6" y 8". Por ejemplo: Si la altura total es de 21", y planea construir tres escalones, la altura de cada uno será de 7" (21 dividido 3), lo cual cumple con los requisitos de seguridad establecidos.

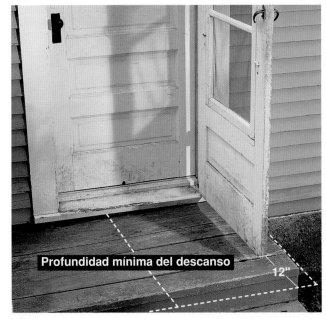

3 Mida el ancho de la puerta y adicione por lo menos 12". El resultado es la profundidad mínima que debe tener en cuenta para el descanso de las escaleras. La profundidad del descanso, más la profundidad de cada contrahuella debe ser igual a la distancia total de los escalones. Si es necesario, puede incrementar la distancia total moviendo la estaca más lejos de la casa o aumentando la profundidad del descanso.

4 Haga un esquema general de la escalera manteniendo estas sugerencias en cuenta: cada contrahuella debe tener de 10 a 12" de profundidad, con una elevación entre 6 y 8", y con el descanso de 12" más profundo que el ángulo creado por la puerta. Ajuste las partes de los escalones si es necesario, pero mantenga las proporciones establecidas. Dibujar un plano final toma tiempo, pero vale la pena hacerlo con cuidado.

Cómo construir escalones de concreto

1 Destruya la estructura antigua de la escalera. Si es de concreto, utilice los escombros como material de relleno en la nueva escalera. Use equipo protector, incluyendo gafas y guantes, cuando haga la demolición.

2 Excave trochas de 12" de ancho a la profundidad requerida para las bases. Ábralas perpendicularmente al cimiento de la casa y a 3" más allá del borde exterior de los escalones. Instale la maya de acero (ver página 29) como refuerzo. Coloque las placas aislantes contra la pared de la casa en cada trocha y sosténgalas con un poco de pegante.

3 Después que el agua residual desaparezca, introduzca barras de 12" de largo a 6" de profundidad, dejándolas a 12" de distancia, y centradas en cada dirección. Deje 1 pie de espacio libre en cada punta.

4 Después que el agua residual desaparezca, introduzca barras de 12" de largo a 6" de profundidad, dejándolas a 12" de distancia, y centradas en cada dirección. Deje 1 pie de espacio libre en cada punta.

5 Deje curar las bases por dos días, luego excave el área entre ellas a 4" de profundidad. Instale una capa de gravilla compactable de 5" de espesor para crear la sub-base y aplánela hasta que quede a nivel con las bases.

6 Transfiera las medidas del dibujo sobre una placa de madera contrachapada para uso exterior de ¾" de espesor. Haga los cortes con una sierra de vaivén. Ahorre tiempo en este paso sujetando dos piezas de contrachapado con abrazaderas y haciendo sólo un corte. Adicione ⅛" por pie de atrás hacia adelante en la sección de descanso de la estructura.

7 Corte la madera para la elevación del escalón a la medida indicada. Corte los bordes inferiores para acomodar la parte interna de las contrahuellas. Clave los maderos de elevación a la estructura lateral usando tornillos para terraza de 2".

8 Corte un madero de 2 × 4 para crear el soporte central de la estructura de elevación. Use tornillos para terraza de 2" para clavar los soportes de 2 × 4 a la estructura, luego clave el soporte central. Compruebe que todas las esquinas están cuadradas.

9 Corte una placa aislante y péguela contra el cimiento de la casa sobre la parte trasera de la escalera. Coloque la estructura sobre las bases a ras sobre la placa aislante. Adicione soportes de 2 × 4 a los lados, clavándolos al lado lateral de las estacas introducidas en el suelo.

(continúa)

Cómo construir escalones de concreto (continuación)

10 Llene el interior de la estructura con material de relleno (pedazos o escombros de concreto). Hágalo con cuidado y deje 6" de espacio contra las paredes laterales, trasera y bordes superiores. Rellene los espacios creados con fragmentos pequeños.

11 Coloque piezas de barra de acero #3 recostadas sobre el relleno y separadas a 12" de distancia. Sujételas a soportes elevados con alambre para evitar que se muevan al verter el concreto. Mantenga la maya a 2" por debajo del borde superior de la estructura. Rocíe todo con agua.

12 Cubra las paredes de la estructura con aceite vegetal, u otro agente similar, y rocíe agua sobre la misma para evitar que el concreto se pegue. Mezcle el concreto y aplíquelo un escalón a la vez, comenzando desde abajo. Compacte y suavice la mezcla con un madero. Introduzca una barra de acero #3 1" al interior de cada contrahuella como refuerzo.

13 Suavice la superficie de las contrahuellas. Pase el borde frontal del fraguador por debajo de la estructura de cada elevación.

Vista lateral para mayor claridad

14 Vierta el concreto en los escalones restantes y en el descanso de la escalera. Introduzca la barra de acero en cada contrahuella. Revise el concreto a medida que lo instala y pare de suavizarlo tan pronto como el agua de residuo desaparezca.

Opción: En las barandas que se unen a las placas de montaje con anclajes en forma de "J", instale los tornillos antes que el concreto se endurezca (ver página 43). De lo contrario, use barandas con anclajes sobre la superficie (ver paso 16) que pueden instalarse después que los escalones han sido terminados.

Placa de montaje

15 Una vez el concreto se estabilice, forme los bordes de las contrahuellas y descanso con la llana esquinera. Suavice la superficie y bárrala con una escoba de cerdas duras para máxima tracción.

16 Remueva la estructura de madera tan pronto como el concreto sea firme al tacto (por lo general después de varias horas). Suavice los bordes con una llana esquinera. Agregue concreto para llenar cualquier agujero. Si remueve la estructura muy tarde, necesitará hacer más retoques. Llene el área alrededor de las bases y aplique sellador sobre toda la superficie. Instale la baranda.

Perímetro de 8" de espesor

Malla de acero soldada

Placa de 3½" de espesor

Molde de contrachapado

Gravilla compactada de 4" de espesor

Cimientos en forma de placa

Estos son cimientos usados comúnmente en las estructuras construidas cerca a la superficie del piso. Aquí se combina una placa de cimiento de $3\frac{1}{2}$" a 4" de espesor con otra placa de 8" a 12" de perímetro que suministra soporte adicional para las paredes de la estructura. Todo el cimiento puede ser construido al mismo tiempo usando una sola estructura de madera.

Debido a que se ubican sobre la superficie del suelo, este tipo de cimientos es propenso al movimiento debido al congelamiento, y en climas fríos son sólo recomendables para estructuras separadas de las edificaciones. Los requisitos para su diseño también pueden variar según la región. Consulte con el inspector local para establecer la profundidad de la placa, la clase de metal necesario para el refuerzo, la clase y cantidad de gravilla para construir la sub-base, y si es necesario instalar plástico u otro tipo de protección contra la humedad debajo de la placa.

La placa de cimiento de este proyecto tiene un espesor interior de $3\frac{1}{2}$", con una base de 8" de ancho × 8" de profundidad, a lo largo del perímetro. La superficie de la placa descansa a 4" sobre el nivel del piso. Hay una capa compactada de gravilla de 4" de espesor debajo de la placa, y el concreto es reforzado en su interior con una malla soldada de varillas de acero de 6 × 6" 10/10 (WWM). En algunas regiones puede ser requerido agregar barras al perímetro del cimiento. Consulte su código local. Después de verter y suavizar el concreto, instale tornillos en forma de "J" de 8" de longitud en la placa a lo largo del borde. Más adelante se usarán para anclar las paredes a la placa de cimiento.

La placa de cimiento de una estructura requiere de bastante mezcla. Dependiendo de la cantidad necesitada, puede considerar ordenar el concreto mezclado listo para instalar (la mayoría de los distribuidores suministran mínimo una yarda). Ordene el concreto con celdas de aire microscópicas en su interior para soportar el congelamiento. También informe al distribuidor que la mezcla será usada en una placa exterior. Una alternativa en proyectos más pequeños es alquilar un vehículo en un almacén de materiales para construcción para transportar una yarda de concreto mezclado. Ellos llenan el vehículo y usted lo transporta al sitio de trabajo.

Si nunca ha trabajado con concreto, construir una placa de gran tamaño puede ser un trabajo difícil, y pedir ayuda a alguien con experiencia en el proceso, quizás sea una buena idea.

Cálculo aproximado de concreto:

Calcule la cantidad de concreto necesitada para el cimiento en este diseño con la siguiente fórmula:
Ancho × Largo × Profundidad, en pies (cimiento principal)
Multiplique por 1.5 (para el concreto y desperdicio)
Divida por 27 (para convertirlo en yardas cúbicas)
Ejemplo para una placa de 12 × 12 pies × $3\frac{1}{2}$":

$12 \times 12 \times .29 \, (3\frac{1}{2}") = 41.76$

$41.76 \times 1.5 = 62.64$

$62.64 \div 27 = 2.32$ yardas cúbicas

Todo lo que necesita:

Herramientas: Accesorios básicos (ver página 16-19), sierra circular, taladro, cuerda, mazo, nivel de cuerda, escuadra, pala, carretilla, compactador de cimiento (alquilado), cortador de tornillos, llana, fraguador manual para concreto.

Materiales: Llana esquinera, compactadora de gravilla, maderos de 2 × 4 y 2 × 3, tornillos para terraza de $1\frac{1}{4}$" y $2\frac{1}{2}$", madera contrachapada A-C de $\frac{3}{4}$", puntillas 8d, malla soldada de 6 × 6" 10/10, ladrillos para pavimento de $1\frac{1}{2}$", tornillos en forma de "J" de 8", espuma aislante rígida de 2" de espesor.

Cómo construir un cimiento en forma de placa

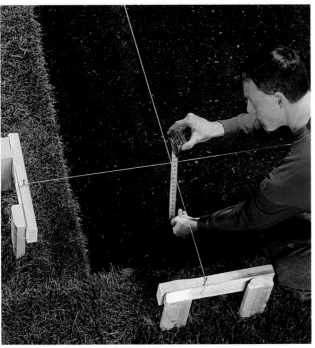

1 Instale las estacas o los soportes (maderos de 2 × 4 cruzados sujetados a estacas del mismo tamaño) y las cuerdas para demarcar el borde exterior de la placa y luego haga la excavación (ver páginas 26 a 28). Para crear la base a lo largo del perímetro, excave una zanja de 8" de ancho por 8" de profundidad. Agregue una capa de gravilla compactable sobre toda la excavación y nivélela luego con un azadón. Aplane la gravilla con una máquina compactadora.

2 Corte tiras de contrachapado de 8" de ancho con una sierra fija o circular, que tenga una regla como guía, para construir las paredes de la estructura —sus medidas internas deben ser iguales a la medida externa de la placa—. Corte dos lados 1½" más largos para montarlos sobre los otros dos. Ensamble las partes clavando las puntas con tornillos de 2½" y revise las medidas internas. Nota: En el caso de lados más largos de 8 pies, una las tiras con sobrantes de contrachapado. Clave las partes con tornillos para terraza de 1¼".

3 Corte estacas de 2 × 3 (18" de largo) por cada pie lineal, y una extra por cada esquina. Coloque la estructura sobre la excavación, cuádrela con las cuerdas y clave las estacas recostadas contra el marco cerca de la punta de cada lado, dejando 3" sobre la superficie del suelo. Usando las cuerdas de medición, ubique la estructura a 4" sobre el piso colocando o quitando piedras debajo de la misma. Mida las diagonales para comprobar que está cuadrada y compruebe que el borde superior está a nivel. Clave estacas más abajo del borde superior de la estructura cada 12" y asegúrelas al marco con dos tornillos para terraza. A medida que trabaja, revise las cuerdas para comprobar que las medidas se mantienen cuadradas.

(continúa)

Cómo construir un cimiento en forma de placa (continuación)

4 Instale hileras de mallas de varillas soldadas de 6 × 6" 10/10 dejando los bordes de 1 a 2" de distancia del marco de la estructura. Corte las mallas con cortador de tornillos o tijeras para metal mientras están enrolladas para que no salten al cortarse. Sobreponga cada malla 6" y amárrelas con alambre. Eleve la malla del piso con soportes o ladrillos para pavimentar de 1½".

5 Comience a llenar el marco con concreto en una punta (ver páginas 35 a 37). Introduzca la cuchilla de una pala en la mezcla para eliminar burbujas de aire y para distribuirla alrededor de la malla y a lo largo del marco. A medida que llena la estructura, pida ayuda a dos personas para que vayan emparejando la mezcla con un madero de 2 × 4. Esparza concreto en frente del madero para llenar espacios vacíos. El objetivo es dejar la superficie plana, suave y a nivel. Golpee la parte exterior del marco con un martillo para ayudar a compactar la mezcla a lo largo del borde.

6 Después de emparejar la mezcla, use una llana para suavizar la superficie. Agregue pequeñas cantidades de concreto para llenar espacios vacíos creados durante la emparejada, luego suavícela de nuevo. Introduzca tornillos en forma de "J" de 8" a 1¾" de distancia del borde de la placa. Deben quedar a plomo y a 2½" por fuera de la superficie. Después de instalar cada tornillo, suavice la superficie a su alrededor con una llana para concreto de magnesio o madera.

7 Deje secar el concreto hasta que el agua de residuo desaparezca y la superficie quede opaca. Pruebe la firmeza de la superficie parándose en ella. Si su pie se entierra menos de ¼", la mezcla está lista. Suavice la superficie con una llana de madera o magnesio. Si no alcanza a cubrir toda la placa, coloque una lámina de espuma rígida de 2" de espesor sobre la misma y arrodíllese sobre ella. Trabaje hacia atrás para suavizar cualquier imperfección. Utilice el borde de la llana para darle forma a los bordes. Deje curar la mezcla por 24 horas y luego quite la estructura. Espere otras 24 horas antes de construir sobre la placa. NOTA: El concreto con celdas de aire microscópicas puede tener poca agua residual, y es mejor confiar en la prueba de presión.

Repavimentar el cimiento de un patio

La baldosa de un patio es por lo general instalada sobre una sub-base de concreto —ya sea un patio existente o una nueva placa de concreto—. Una tercera opción presentada a continuación es instalar una nueva sub-base para la baldosa sobre la placa del patio existente. Esta alternativa es menos costosa y requiere de menos trabajo que remover el patio viejo e instalar una nueva placa. También garantiza que la nueva estructura no tendrá los mismos problemas que pueden presentarse sobre el concreto actual. Vaya a la página 196 para determinar cuál es el mejor método para preparar un patio existente para la instalación de baldosa.

Las fotografías presentada s abajo le ayudan a determinar el mejor método de preparación del patio existente. Para repavimentar un andén de concreto, vea las páginas 254 a 255.

Nueva sub-base

Patio antiguo

Todo lo que necesita:

Herramientas: Accesorios y herramientas básicas, pala, mazo, regla guía, tijeras para cortar metal, azadón para concreto, caja para mezclar, aplanadora manual, llana de magnesio, llana para bordes, navaja, palustre de punta cuadrada.

Materiales: Papel para construcción #30, rollo de plástico, maderos de 2 × 4 y 2 × 2, tornillos para terraza de $2\frac{1}{2}$" y 3", malla para concreto de $\frac{3}{8}$", cemento para techado.

Consejos para evaluar las superficies de concreto

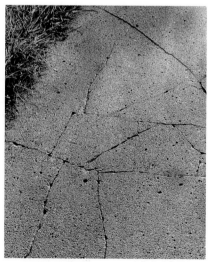

Una buena superficie está libre de grietas grandes o áreas quebradas (concreto fragmentado). Puede instalar baldosas para el patio directamente si la superficie tiene uniones de control.

Una superficie regular puede mostrar grietas pequeñas y concreto fragmentado, pero no tiene daños mayores o está muy deteriorada. Instale una nueva sub-base de concreto sobre esta superficie antes de instalar la baldosa.

Una superficie en mala condición presenta grietas grandes y profundas, concreto roto hundido y fragmentado y deterioros mayores. Si tiene esta clase de superficie, demuela el concreto por completo y reemplácelo con una nueva placa antes de instalar la baldosa.

Cómo instalar una sub-base para un patio con baldosa

1 Abra una trocha de al menos 6" de ancho y no más de 4" de profundidad alrededor del patio para crear el espacio de la estructura de 2 × 4. Limpie la mugre sobre la superficie y lados expuestos del patio. Corte e instale los maderos de 2 × 4 del marco alrededor del patio y clave las puntas con tornillos para terraza de 3". Corte las estacas de maderos de 2 × 4 y clávelas al lado del marco cada 2 pies de distancia.

2 Ajuste la altura del marco: instale la membrana de agarre de concreto sobre la superficie y luego el separador de 2 × 2 sobre la membrana (el espesor combinado es igual al espesor de la sub-base). Ajuste el marco para que queden a nivel con los maderos de 2 × 2 y clave las estacas al marco con tornillos para terraza de 2½".

3 Demueva los separadores de 2 × 2 y la membrana de agarre y luego extienda tiras de papel de construcción #30 sobre la superficie sobreponiendo las uniones 6" para *crear la separación* de la nueva superficie. Doble el papel sobre los bordes y esquinas dejándolo que sobrepase por encima de todo el marco. Haga cortes pequeños en las esquinas para facilitar el doblamiento.

4 Extienda capas de membrana de agarre sobre el papel de construcción sobreponiéndolas 1". Mantenga la membrana a 1" de distancia de las paredes del marco. Utilice tijeras para metal para cortar la membrana (use guantes gruesos cuando trabaje con metal).

Madero para emparejar

5 Construya marcos provisionales de 2 × 2 para dividir el área en secciones fáciles para trabajar y para dar soporte al madero que emparejará la superficie fresca de concreto. Construya las secciones para que tenga alcance a toda la superficie en su interior (secciones de 3 × 4 pies son apropiadas para la mayoría de la gente). Clave las puntas de los 2 × 2 a los marcos dejando nivelados los bordes superiores.

6 Mezcle el concreto seco con agua al interior de una caja usando un azadón para concreto siguiendo las instrucciones del fabricante. También puede usar una mezcladora mecánica.

Nota: La mezcla debe quedar bien seca para que pueda ser presionada entre los espacios abiertos de la membrana por medio de una aplanadora.

7 Llene una de las secciones creadas con la mezcla hasta el tope del marco de la estructura. Presione todo el concreto con una aplanadora liviana para que entre en los huecos vacíos y esquinas de la membrana. La aplanadora manual en esta foto es hecha de un retazo de contrachapado de 12 × 12" de ¾" de espesor, y con un mango de 2 × 4.

(continúa)

Cómo instalar una sub-base para un patio con baldosa (continuación)

8 Nivele la superficie del concreto pasando un madero de 2 × 4 a lo largo de la misma, descansando las puntas sobre el marco de la estructura. Muévalo en forma de vaivén a medida que avanza. Llene con concreto cada vacío que encuentre y repita la operación hasta que la superficie quede suave y nivelada.

9 Use una llana de magnesio para suavizar la superficie de la mezcla. Mueva la llana de un lado al otro en forma semi-circular aplicando muy poca presión, y levantando un poco el borde frontal para no averiar la superficie.

10 Vierta la mezcla, nivélela y suavícela en la siguiente sección repitiendo los pasos 7 a 9. Después de suavizar esta sección, quite los marcos provisionales de las dos secciones. Llene con concreto las ranuras abiertas usando una llana de magnesio, emparéjelas y suavícelas hasta que queden a nivel con la sección terminada en cada lado. Vierta el concreto en las secciones pendientes una a la vez siguiendo las mismas técnicas.

11 Deje secar el concreto hasta no dejar marca alguna con la presión de su dedo. Corte el perímetro alrededor del extremo de la placa con el borde en curva de la llana. Levante un poco el lado opuesto de la llana para evitar dejar marcas sobre la superficie. Suavice cualquier marca con una llana o fraguador.

12 Cubra la superficie del concreto con tiras de plástico, y déjelo curar por lo menos tres días (siga las recomendaciones del fabricante para este paso). Suavice los bordes de la placa. Después que se haya curado por completo, quite el plástico y desmonte la estructura del marco.

13 Corte con una navaja los sobrantes del papel para construcción alrededor de los bordes. Aplique una capa de cemento para techado a los lados expuestos de la placa usando un palustre de punta cuadrada o una espátula para llenar el espacio dejado entre la vieja y nueva superficie. Después que se seque el cemento, llene el espacio abierto de la zanja con tierra alrededor de todo el patio.

Área adyacente a la vivienda

Unión de control (para entradas a garajes de más de 10 pies de ancho)

Unión aislante o unión de control

Encuentre el declive de la entrada al garaje dividiendo la longitud en pies (la distancia horizontal desde el área adyacente a la vivienda hasta el borde del andén), por la caída vertical en pulgadas. Esto determina cuántas pulgadas por pie debe inclinarse la entrada. Es más fácil usar un nivel de agua para establecer la caída vertical. Las uniones de control cortadas sobre la superficie, o las placas de espuma colocadas entre las secciones, reducen el daño causado por grietas o combas. Una superficie en forma de cono canaliza el agua hacia los lados de la placa.

Entradas a garajes

Verter el concreto sobre una entrada de garaje es similar a hacerlo sobre un patio o andén, pero a una escala mayor. Es aconsejable dividir el área en secciones para verter concreto en cada una a la vez. El separador de madera se remueve después que cada sección esté firme, y se utiliza en la siguiente para verter de nuevo el concreto. En entradas de más de 10 pies de ancho, se agrega una unión de control en la mitad para evitar que se expandan las grietas. Las entradas hasta 10" de ancho son más fáciles de trabajar porque puede colocar sólo fibra de refuerzo en el concreto directamente sobre la sub-base. Consulte con su inspector local sobre los requisitos. En placas más grandes, utilice refuerzo de metal siguiendo el mismo procedimiento de los andenes (vea la página 29).

Tenga en cuenta las condiciones de drenaje al planear la entrada al garaje. Un terreno con filtración limitada puede averiar la placa de concreto. Si ese es el caso, cubra el lugar con tiras de polietileno antes de verter la mezcla. Es

Todo lo que necesita:

Herramientas: Nivel, nivel de agua, cuerdas de medición, madero para emparejar, mazo, carretilla, sierra circular, taladro, escoba, cepillo de cerdas duras, llana manual, para hacer bordes y emparejar, pala, azadón, pica, martillo, palustre, balde, cinta métrica, aplanadora manual o mecánica.

Materiales: Estacas, maderos de 2 × 4 y 1 × 2, gravilla compactada, mezcla de concreto con fibra reforzada, fieltro bituminoso de 4" de ancho, tornillos para terraza de 2", aceite vegetal o aditivo aceitoso, rollo de plástico de 6mm.

importante crear un declive gradual y una superficie en forma de cono para canalizar el agua hacia afuera de la entrada. NOTA: Es importante controlar el agua de residuo a medida que vierte el concreto sobre la entrada del garaje. Revise la sección al respecto en la página 37 antes de iniciar el proyecto.

Cómo construir una placa de concreto sobre la entrada al garaje

Preparar el lugar:

Una preparación cuidadosa determinará cómo funcionará la entrada al garaje. Inicie calculando el grado de declive necesario por cada pie (ver la página 172). Esta medida es importante para mantener una caída gradual a medida que hace la excavación. Planee excavar un área 10" más ancha que el tamaño de la placa. Esto dará el espacio necesario para clavar las estacas y marcos en la construcción de la estructura para mantener la placa en su lugar. La profundidad de la excavación depende del espesor de la placa y la sub-base (por lo general 4" cada una). Consulte su inspector local. Los códigos en ciertas áreas requieren placas de 6" (en este caso necesita marcos de 2 × 6 en lugar de 2 × 4). Use estacas con puntas de 12" de largo y 1 × 2 de diámetro, y cuerdas de medición para demarcar el lugar. Clave las estacas a una altura constante para poder revisar la profundidad de la excavación.

1 Al excavar el lugar (ver páginas 76 a 78), use estacas y cuerdas de medición para crear el declive perfecto. Quizás deba remover las estacas temporalmente para nivelar el fondo de la excavación usando un madero de 2 × 4, y aplanar el suelo con una aplanadora.

2 Vierta una capa de gravilla compactada para formar la sub-base. Espárzala con un madero largo de 2 × 4 y luego aplánela. Puede hacer pequeños cambios al declive a medida que lo necesite ajustando el espesor de la sub-base.

3 Clave estacas en las esquinas a 3½" de profundidad en cada lugar. Conecte las estacas en cada lado con cuerdas para medición. Utilice el nivel de agua (foto pequeña a la derecha) para comprobar que las cuerdas están colocadas en el declive correcto. Ajuste las estacas si es necesario.

4 Coloque los marcos de 2 × 4 de la estructura al interior de las cuerdas, y con el borde superior a ras con las mismas. Clave estacas afuera del marco cada 2 pies de distancia, incrustadas un poco más profundas que el borde superior del marco. Clávelas con tornillos para terraza. En los lugares donde los marcos se juntan (arriba), asegúrelos con una sola estaca de 1 × 4.

(continúa)

Opción: Use maderos de 1 × 4 para crear formas de curvas en las entradas a los garajes. Haga cortes paralelos de ½" de profundidad en un lado de cada madero, y luego péguelos para crear la curva deseada. Clave los marcos al interior de las estacas. Rellene con tierra por debajo de todos los marcos en curva.

Separador entre maderos de ⅝"

5 Construya un separador de longitud igual al ancho de la placa. Coloque un madero de 1 × 2 sobre el borde de uno de 2 × 4. Introduzca un trozo de madera de ⅝" × 1½" en la mitad de ambos maderos y a ras con los bordes. Clávelos con tornillos para terraza de 2" en las puntas, dejando las cabezas de los tornillos al interior de la superficie. La curva creada formará el cono en la superficie de concreto a medida que lo empareja.

6 Coloque el separador a unos 6 pies desde la parte superior de la entrada. Clávelo con tornillos a través del marco para sostenerlo temporalmente. Coloque una tira de placa aislante contra el separador. Sostenga el aislante temporalmente con ladrillos. **Nota:** Si el lugar no tiene un buen drenaje, agregue una capa de polietileno sobre el fondo de la excavación como una barrera contra la evaporación.

7 Cubra los separadores y los marcos con una capa de aceite vegetal u otro aditivo para evitar que el concreto se pegue a la estructura a medida que se cura. Mezcle el concreto de fibra reforzada para cada sección de la placa a la vez con una mezcladora mecánica, y ordene el concreto ya mezclado de algún distribuidor. Si utiliza este tipo de concreto, pida ayuda para aplicarlo tan pronto llegue al sitio de instalación.

Cómo verter concreto sobre la entrada al garaje

1 Vierta cargas de concreto en la primera sección (ver las páginas 34 a 37). Clave una pala dentro de la mezcla para evitar acumulaciones de burbujas de aire. Quite los ladrillos de soporte del sitio una vez haya suficiente concreto para sostener la tira aislante en su lugar.

2 Distribuya la mezcla de lado a lado usando un madero de 2 × 4 recostándolo sobre el área adyacente a la vivienda y sobre el separador en forma de cono. Levante un poco el borde frontal a medida que lo mueve sobre la mezcla. Agregue concreto sobre los espacios vacíos y distribuya la mezcla una vez más si es necesario.

3 Suavice la superficie con un codal de aluminio y deje que se cure la mezcla de 2 a 4 horas, o hasta que esté algo sólida para sostener su peso. Nota: En el caso de placas de más de 10 pies de ancho, corte una unión de control en la línea central de la placa.

4 Utilice una llana esquinera al interior del marco para crear un borde suave en el concreto. Quite el separador y clávelo en su lugar junto a una tira de placa aislante para verter concreto en la siguiente sección. Sosténgalo con ladrillos.

5 Termine la superficie como lo desee a medida que cada sección se va endureciendo. Cúbralas con tiras de polietileno, rocíelas con agua cada día por dos semanas. Remueva los marcos de la estructura y aplique sellador al concreto.

Los elementos líquidos colorantes se mezclan con agua y luego se agregan a la mezcla seca de concreto. Esta acción produce un color consistente en cada carga. Si va a mezclar grandes cantidades, mida los colorantes cuidadosamente para mantener un color parejo.

Pintando el concreto

Agregar un elemento colorante seco o líquido a la mezcla producirá resultados consistentes en la misma, pero cuando se trata de mantener el color parejo entre las cargas de concreto, puede ser una labor un poco más complicada. Para obtener mejores resultados, mida los materiales que utiliza con cuidado. Si está haciendo una combinación, utilice cemento común "Portland" para lograr colores más vibrantes.

Aplique los colores secos sólo sobre la superficie del concreto vertido. Simplemente esparza el colorante sobre la mezcla antes de hacer la última emparejada y termine de suavizar el concreto con una llana de magnesio. Para crear una apariencia más consistente y uniforme, aplique dos capas de color. La segunda es para emparejar las áreas con menos color. También puede aplicar el color en forma desigual para crear efectos diferentes.

Sin importar cuál elemento colorante utilice, siempre debe seguir las instrucciones del fabricante para obtener los mejores resultados.

Cómo aplicar un colorante sobre la superficie

1 Siga las instrucciones del fabricante. Esparza el colorante en polvo con sus manos en forma pareja sobre la superficie del concreto. Guarde más o menos una tercera parte del producto para aplicar una segunda mano.

2 Suavice la superficie con una llana de magnesio. Luego, aplique el resto del polvo sobre las áreas menos cubiertas y suavice el concreto una vez más. Evite emparejar el concreto demasiado porque puede causar que aparezca agua de residuo y diluya el colorante.

Agregar ácido colorante a la superficie

El ácido colorante es una opción común para crear una superficie única de concreto, tanto al interior como al exterior. Al penetrar en el concreto, el ácido reacciona con la mezcla y produce efectos casi que impredecibles. Debido a muchos factores, como el contenido de la mezcla y la cantidad de humedad en su contenido, es muy difícil determinar cuál será el color del acabado de la superficie. Si desea tener un terminado parejo y consistente, quizás utilizar ácido no es la solución. Pero, si busca variedad fuera de lo común, la tintura de ácido le dará un resultado único y exclusivo.

Cada fabricante de ácidos tiene sus propias recomendaciones en cuanto al tiempo que el concreto debe ser curado antes de aplicar la sustancia. En términos generales, entre más agua tenga el concreto, más intensos serán los colores. En trabajos al interior, asegúrese que el área está bien ventilada, y utilice una máscara de respiración con un filtro diseñado para vapores de ácidos. Vea los recursos en la página 298 para mayor información sobre ácidos colorantes.

Es importante que el ácido colorante sea aplicado a una superficie de concreto completamente limpia y seca. Inspeccione la superficie a medida que se seca para identificar áreas descoloridas o que se han secado en forma dispareja. Estas áreas absorberán el ácido de manera diferente y también crearán parches o repararán el concreto.

Todo lo que necesita:

Herramientas: Tarro de plástico, brocha grande con cerdas resistentes al ácido, guantes de caucho gruesos, gafas protectoras, bomba de mano.

Materiales: Ácido colorante, agua, trapos limpios, sellador de concreto a base de agua.

Cómo aplicar ácido colorante al concreto

1 Después que la superficie del concreto esté limpia y se haya secado por completo, diluya el ácido en agua siguiendo las instrucciones del fabricante. Utilice una brocha con cerdas resistentes al ácido para aplicar la solución lo más parejo posible y de forma ordenada sobre la superficie. Minimice el número de pasadas de la brocha.

2 Después que toda la superficie ha sido cubierta con el colorante, déjelo que se absorba según las recomendaciones del producto, luego limpie los excesos del líquido con trapos limpios y secos. Descarte los trapos ya usados para evitar redistribuir la solución. Después de limpiar toda el área, rocíela con suficiente agua limpia.

3 Deje secar el colorante por varios días (según las instrucciones), luego aplique sellador a base de agua sobre el concreto usando una brocha, un rodillo, o para mayor rapidez, una bomba manual.

Imitando acabados de losa

Esculpir las uniones sobre la placa de concreto de un andén es una forma fácil de imitar la laja de piedra natural y agregar un toque interesante a una simple estructura. Al agregar color a la mezcla antes de verterla, y luego tallar líneas unidas entre sí, puede crear la apariencia de una superficie de laja de piedra. Por lo general se le da el nombre de *laja falsa* a esta antigua técnica de acabado.

Recorra su vecindario para tener una idea de la forma como se unen las lajas de piedra verdaderas en los andenes, y haga un dibujo del patrón que desea crear en su diseño. De esta manera también puede saber qué color sería el ideal cuando mezcle el concreto. Tenga en cuenta el color de la casa y de los alrededores, y experimente con tinturas hasta encontrar el tono complementario.

Elabore un acabado similar a la losa creando líneas sobre la superficie fresca del concreto después de haberla suavizado. Una vez hechas las líneas, suavice la superficie para un terminado final.

Todo lo que necesita:

Herramientas: Utensilio para hacer uniones o tubo de cobre en curva de ¾", madero para emparejar, llana de magnesio.

Materiales: Madero de 2 × 4, mezcla de concreto, colorante, sellador de concreto.

Cómo imitar acabados de losa en andenes de concreto

1 Vierta el concreto en los marcos de la estructura siguiendo las técnicas básicas en la construcción de andenes. Suavice la superficie con un madero y luego con una llana de magnesio.

2 Haga cortes de líneas no muy profundas sobre el concreto usando la herramienta correcta o un tubo de cobre en curva. Suavice la superficie y quite los marcos de la estructura cuando el concreto esté curado. Proteja toda el área con sellador transparente para concreto.

Imitando acabados de ladrillo

Una alternativa a la técnica de imitación de acabado de losa, es verter el concreto en secciones sobre el andén usando un molde para crear el efecto de terminado en ladrillo o piedra. No es necesario construir un marco como estructura en este caso. El molde dará la forma al concreto a medida que lo vierte. Una vez preparado el sitio de trabajo, incluyendo la sub-base, puede aplicar la mezcla al interior del molde. Debe tener en cuenta la dirección del molde cada vez que lo coloca en el piso para mantener constante el patrón creado. Al igual que en la imitación de la losa, puede pintar el concreto antes de aplicarlo para darle a la mezcla el tono natural de las piedras o ladrillos.

Revise las secciones anteriores para seguir las direcciones para la excavación del sitio de trabajo, y para calcular, mezclar y verter el concreto. Para crear un máximo agarre, finalice la superficie con la técnica de barrido.

Todo lo que necesita:

Herramientas: Palustres, molde para concreto, pala, escoba.

Materiales: Mezcla de concreto, colorante, madero aislante, gravilla compactada, sellador para concreto, arena, argamasa.

Vierta la mezcla fresca al interior de moldes de plástico para crear secciones con la apariencia de ladrillos bien organizados. Hay moldes disponibles para crear "piedras" o "ladrillos", y se consiguen en diferentes tamaños y formas.

Cómo utilizar moldes para pavimentar en concreto

1 Coloque el molde al principio del sitio de trabajo. Llene cada cavidad y empareje la superficie a ras con el borde del molde usando un palustre. Deje secar el agua de residuo, luego levante el molde y colóquelo a un lado.

2 Suavice los bordes del concreto con un palustre. Para verter la mezcla en las secciones siguientes, coloque el molde en la misma dirección o gírelo ¼. Continúe la operación hasta que llegue al final del andén. En la última parte, llene todas las cavidades necesarias para llegar hasta el borde del andén. Espere una semana y luego aplique sellador transparente para concreto. OPCIÓN: Termine el andén llenando las uniones con arena o argamasa seca.

Estampados sobre el concreto

Los terminados de estampados pueden crear texturas llamativas a simples andenes, patios o entradas a garajes. Las placas de estampado están disponibles en una variedad de texturas y diseños, y pueden ser alquilados en lugares de alquiler de maquinaria para construcción o centros de venta de materiales.

Al planear el trabajo en concreto, tenga en cuenta el patrón de instalación de los estampados para mantener una consistencia en el diseño. Para mejores resultados, marque una línea de referencia cerca o en el centro del proyecto y alinee el primer estampado sobre ella. Coloque los siguientes estampados a partir del primero en dirección hacia el borde extremo. Las uniones largas deben quedar a lo ancho y no a lo largo de la placa para evitar que queden desiguales. Quizás tenga que terminar diseños a mano en las esquinas, o cerca de otros obstáculos, usando estampados especiales con un cincel de aluminio.

Los moldes estampados deben ser presionados sobre el concreto un poco solidificado a más o menos 1" de profundidad. Los trabajadores profesionales por lo general usan moldes suficientes para cubrir toda el área. En el caso de principiantes, es mejor tener un par de moldes y usarlos varias veces.

El concreto estampado puede imitar la apariencia de piedras costosas o cualquier otro tipo de superficie, y a un costo mucho más bajo.

Placas para uso profesional

Los moldes de estampado más comunes (derecha) pueden ser presionados sobre el concreto fresco, así como las placas para uso profesional (arriba) las cuales son más costosas. Los moldes comunes son menos costosos y vienen en menos opciones. Tienen por lo general diseños abiertos que pueden ser usados como estampas o para verter el concreto en su interior.

Moldes comunes

Todo lo que necesita:

Herramientas: Utensilios para mezclar y verter el concreto, moldes estampados con texturas, aplanadora manual, cincel de aluminio, agua a presión.

Materiales: Accesorios para mezclar, verter y colorear el concreto, aditivo en polvo para separar el molde del concreto.

Cómo estampar una superficie de concreto

1 Vierta el concreto sobre la placa y haga una marca de referencia para instalar el primer molde cerca del centro de la estructura. Después que el agua residual haya desaparecido, riegue el aditivo en polvo para la separación sobre toda la superficie siguiendo las instrucciones del fabricante.

2 Alinee el primer molde de estampado sobre la marca de referencia siguiendo el plan de instalación. Después de colocar el molde, no lo ajuste. Párese con cuidado sobre el mismo o use una aplanadora manual para introducirlo en el concreto.

3 Coloque el segundo molde recostado contra el primero comprobando que las uniones queden derechas e iguales. Introdúzcalo dentro del concreto, luego coloque el tercero manteniendo un patrón continuo. Remueva y reutilice los moldes. Cuando el área de trabajo es más ancha que los moldes, complete el ancho de las filas antes de continuar con las hileras.

4 Después que el concreto se haya curado por tres días, remueva los sobrantes del aditivo para despegar el molde de la superficie con agua a presión. Rocíe la superficie en forma pareja a no más de 24" de distancia de la misma. Deje curar el concreto por completo otra semana más, y luego aplique sellador de concreto acrílico siguiendo las instrucciones del fabricante. Quite los marcos de la estructura y rellene el espacio con tierra.

Construir un patio con agregado

La construcción de un patio con agregado expuesto se basa principalmente en la preparación del lugar de trabajo, la técnica para verter el concreto y agregar los acabados finales.

Todo lo que necesita:

Herramientas: Pala, lazo o manguera, cuerda, cinta métrica, aplanadora manual, nivel, taladro, carretilla, azadón para concreto, martillo, madero para emparejar, palustre, llana esquinera, llana de magnesio, brocha de cerdas duras, ensamble para la manguera y el rociador, rodillo para pintar.

Materiales: Tornillos para terraza de 2$\frac{1}{2}$" y 4" estacas, gravilla compactable, maderos presurizados de 2 × 4, malla metálica de refuerzo, soportes para la malla, poca cantidad de agregado, mezcla de concreto, rollo de plástico, sellador para el agregado exterior.

Una placa de concreto se convierte en un patio atractivo cuando se divide con maderos y es sellada con piedras. Los maderos reemplazan las uniones de control y la gravilla de la sub-base suministra el drenaje y da estabilidad. Vaya a la sección de diseñar y excavar el sitio de trabajo antes de iniciar el proyecto.

Cómo construir un patio con agregado expuesto

1 Prepare el sitio de trabajo removiendo cualquier material antiguo de construcción (como andenes o descansos).

2 Haga un bosquejo del lugar de construcción usando un lazo o una manguera, luego marque el sitio exacto de trabajo con estacas y cuerdas de medición. Mida las distancias diagonales para comprobar que está cuadrado. Construya un declive de $\frac{1}{8}$" por cada pie alejándolo de la vivienda.

3 Quite la grama y excave el área de trabajo a una profundidad consistente. Use cuerdas y una vara de medición como puntos de referencia.

4 Construya una sub-base para el patio vertiendo una capa de gravilla de 5" de espesor, y luego compáctela en forma nivelada hasta dejarla de 4".

5 Corte maderos presurizados de 2 × 4 para construir el marco permanente que demarcará los bordes internos de la estructura. Instale los maderos en su lugar usando las cuerdas de medición como guía. Clave las puntas con tornillos galvanizados para terraza de 2½". Clave estacas provisionales separadas a 2 pies de distancia. Coloque un madero derecho de 2 × 4 entre el marco de la estructura y coloque un nivel sobre él para comprobar que los marcos están nivelados.

Maderos del marco de media longitud

Maderos del marco de longitud total

6 Corte e instale los maderos presurizados de 2 × 4 para dividir la superficie en cuadrantes. Corte una pieza a la longitud total e instale dos piezas de media longitud a cada lado con tornillos clavados en ángulo. Clave tornillos para terraza de 4" en los maderos cada 12" de distancia al interior de los mismos. Las puntas salientes servirán como puntos de amarre entre el concreto vertido y los marcos permanentes. CONSEJO: Proteja el borde superior de los marcos permanentes con cinta de enmascarar.

(continúa)

Cómo construir un patio con agregado expuesto (continuación)

7 Corte la malla de metal de refuerzo al tamaño de cada cuadrante dejando 1" de distancia alrededor de los bordes. Mezcle el concreto e instálelo en un cuadrante a la vez comenzando con el que quede más lejos del sitio de mezclado. Use un azadón para concreto para esparcir la mezcla en forma pareja en cada cuadrante.

8 Separe la mezcla de los marcos clavando la cuchilla de una pala a lo largo de los bordes interiores y golpeando los bordes externos con un martillo. Suavice la superficie con un madero de 2 × 4. Deje que el agua de residuo desaparezca antes de continuar.

9 Después de emparejar y suavizar la superficie, cubra el concreto por completo con una capa de material agregado. Use una llana de magnesio para introducir el material completamente dentro del concreto.

10 Forme los bordes de los cuadrantes con una llana esquinera, luego suavice cualquier marca dejada sobre la superficie. Consejo: Si va a verter concreto sobre los otros cuadrantes de inmediato, cubra el concreto con el agregado con plástico para que no se seque tan rápido.

11 Vierta la mezcla sobre los otros cuadrantes repitiendo los pasos 7 a 10. Revise el trabajo periódicamente y quite el plástico después que el agua de residuo se haya evaporado.

12 Rocíe la superficie con agua y ráspela con un cepillo de cerdas duras para exponer el material agregado. Quite la cinta de enmascarar protectora de los marcos y cubra toda la estructura de nuevo con plástico y déjela curar por una semana.

13 Después que el concreto se haya curado, rocíe y cepille el agregado una vez más para limpiar los residuos. Consejo: Use ácido muriático diluido para limpiar manchas fuertes de concreto. Siga las instrucciones del fabricante para hacer las mezclas correctas y tomar las precauciones necesarias.

14 Después que el patio se ha curado por tres semanas, selle la superficie con sellador para material agregado expuesto. Aplique sellador cada año siguiendo las recomendaciones del fabricante.

Ya sea un trabajo difícil o divertido, fundir objetos con concreto es una forma fácil y poco costosa de dar paso a su imaginación y creatividad. También es una buena oportunidad de utilizar la mezcla sobrante.

Fundir objetos con concreto

Fundir objetos en concreto para usarlos al interior y exterior de la vivienda es una actividad recreativa y un buen ejercicio para trabajar con este material. Encontrar y escoger los elementos que desea fundir puede ser un reto, y la característica de aquellos que finalmente funde por lo general reflejan los objetos que ve a diario.

Los mejores elementos para fundir tienen consistencia rígida o semi-rígida, con la superficie resbaladiza y la capacidad de contener agua. Los objetos de plástico y caucho son perfectos, pero en realidad puede usar casi que cualquier cosa, en especial si la usa para una sola fundida y no le importa romperla cuando la despegue del concreto. Algunos ejemplos de objetos "encontrados" pueden ser: tarros de plástico de 5 galones (coloque un tarro más pequeño o un tubo en su interior para fundir una maceta de concreto); tapas de botes de basura (para crear lozas); platos hondos de plástico (para crear macetas); o cualquier objeto en forma de esfera (balones que pueden cortarse por la mitad para crear globos o platos decorativos).

Fabricar sus propios objetos es también una forma de creatividad. Las superficies cubiertas con resina de melamina (un polímero sintético resistente al calor) es un gran material para estos proyectos porque mantienen su forma y el concreto no se pega a la superficie. Cuando se combina con otros materiales, como el metal usado para fabricar la cubierta de la mesa del patio en este capítulo, las posibilidades para fundir objetos se tornan casi que ilimitadas.

Para llevar a cabo fundiciones más complejas y sofisticadas, puede comprar formas reusables en muchas formas y tamaños. Los bancos de jardines, pilas de agua, bordes de jardines, lozas y estatuas, son algunos de los objetos que puede fundir con sólo comprar esa forma y un par de bolsas de concreto. Utilice la Internet para encontrar la mejor variedad de objetos para fundir.

Una de las mejores razones para hacer sus propias decoraciones con objetos decorativos y funcionales es la flexibilidad de darles un acabado único, ya sea usando colores o superficies creativas, como las huellas sobre las lozas de la foto superior.

Moldes para fundir en concreto

Muchos objetos pueden ser usados como moldes para fundir concreto. Objetos semi-rígidos (como platos de plástico y tarros) son perfectos porque no requieren de una preparación especial, a menudo incluyen estampados en relieve u otros diseños, y son fáciles de separar del concreto.

Los moldes fabricados pueden fundir objetos casi de cualquier tamaño o forma. Para los objetos planos, como superficies de mesas o escalones de piedra, puede usar una cubierta de resina de melamina porque no requiere de un aditivo separador. La madera debe ser cubierta con un elemento no pegajoso (como aceite de cocina).

Concreto para fundir

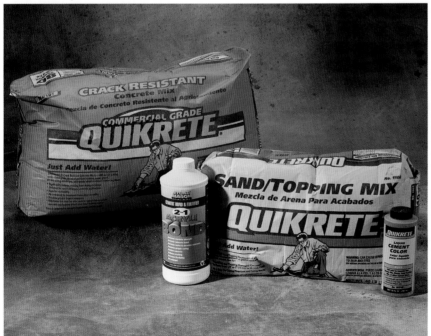

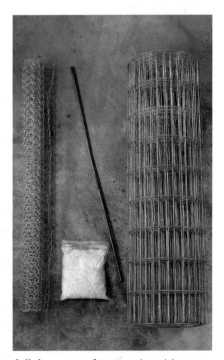

El concreto, combinado con fibra de refuerzo, es recomendable para fundiciones de gran tamaño expuestas al uso constante (escalones de piedra y superficies de mesas). En objetos más pequeños, use concreto mezclado con arena. En ambos casos adicione acrílicos de refuerzo para hacer la mezcla más resbalosa sin afectar su fortaleza. Los agentes colorantes (líquidos o en polvo) crean otras posibilidades de diseño.

Adicione un refuerzo a los objetos grandes de concreto. Puede usar varillas de metal o mallas, pero instálelas lejos de los bordes. Adicione fibras sintéticas de refuerzo si no están incluidas en la mezcla.

Columnas para el jardín

Los moldes para fundir objetos con concreto prefabricado le dan la posibilidad de crear elementos para el patio y jardín que pueden compararse con las mejores (y más costosas) piezas de arte ofrecidas en sitios especializados. Los bancos para el jardín y las fuentes de agua se encuentran entre las más populares, pero puede encontrar una inmensa variedad de formas para fundir casi que cualquier objeto que desee.

Debido a que la mayoría de objetos se funden con todos sus elementos de relieve o diseños complicados, obtendrá mejores resultados si utiliza una mezcla de concreto relativamente húmeda, con una pequeña porción de arena como agregado. Agregar aditivos acrílicos de refuerzo, o compuestos de látex, convierten la mezcla en una sustancia más resbalosa que se adhiere a cualquier forma. Estos agentes no reducen la fortaleza de la mezcla, como sucedería si agrega más agua.

Si su elemento fundido va a ser colocado en el exterior, cúbralo con un sellador penetrante más o menos una semana después de fabricarlo.

> **Todo lo que necesita:**
>
> Herramientas: Pala, caja para mezclar, formas de concreto.
>
> Materiales: Bolsa de concreto mezclado (con fibra de refuerzo), aceite para cocina, refuerzo de acrílico.

Esta columna de diseño clásico es creada con un simple molde de plástico adquirido a través del Internet (ver recursos). Puede ser usada para soportar muchos elementos en el jardín como un pedestal, una pila de agua, o un reloj de sol.

Los moldes prefabricados para fundir objetos son fabricados por lo general de material PVC y pueden ser usados varias veces. Puede combinar los moldes para crear diferentes objetos. Los moldes en la foto incluyen una columna con una inserción en forma de canales, dos pedestales diferentes y una pila de agua opcional.

Cómo fundir una columna para el jardín

1 Escoja un molde de inserción de columna (opcional) e introdúzcalo dentro de la columna como un forro para que los lados queden bien ajustados. Cubra el borde con cinta. Rocíe las paredes internas de todas las partes con una capa liviana de aceite de cocina no pegajoso para facilitar la separación.

2 Trabaje sobre una superficie fuerte y nivelada. Coloque el molde de la columna sobre una pieza pequeña de contrachapado. Pegue el molde con cinta a la base sin cubrir la parte de arriba. Mezcle una tanda de concreto con fibra de refuerzo y acrílico fortificante y aplíquelo al interior de los moldes. Presione la mezcla con una vara para compactarla y remueva el exceso con un madero. Use cinta para asegurar la columna desde la parte superior hasta la placa de contrachapado, y así evitar que el concreto se salga por debajo.

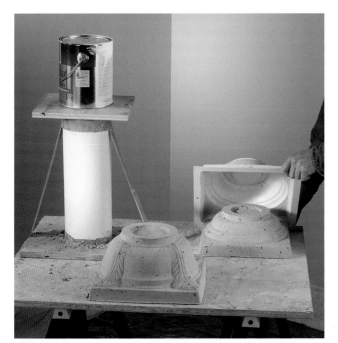

3 Coloque otra pieza de contrachapado sobre la parte de arriba de la columna y cúbrala con algo pesado. Deje que todo se seque por dos días y luego separe los moldes. Lave todas las partes para remover residuos de polvo.

4 Aplique pegante adhesivo para exteriores a la parte superior de la base del pedestal y coloque la columna sobre el mismo asegurándose que quede centrada. Pegue el pedestal superior de la misma forma. Aplique sellador penetrante. Lleve la columna y los pedestales al sitio donde la va a dejar antes de pegar las partes.

Cubierta de mesa de patio

Fundir concreto es una buena forma de fabricar algunos elementos de reemplazo, por ejemplo, una nueva cubierta para esta vieja mesa de patio. Para crear el molde para este proyecto, se inserta una tira de metal galvanizado en un anillo para crear la forma circular. Las cubiertas de mesa de gran tamaño deben tener barras de acero en su interior como refuerzo, pero esta mesa de 24" de diámetro sólo necesita un refuerzo de fibra para su fabricado.

Todo lo que necesita:

Herramientas: Cortadores de metal, martillo, pistola para silicona, llana de magnesio, lápiz, taladro, mazo de caucho, martillo.

Materiales: Mezcla de concreto reforzado, refuerzo de acrílico, colorante para concreto, rollo de metal galvanizado, puntillas 6d, silicona, cinta de plástico, lámina cubierta con resina de melamina.

Esta cubierta redonda de mesa de patio fue construida con concreto reforzado con fibra pintada de amarillo. Es una versión mucho más simple de la encimera de la cocina de isla presentada en las páginas 90 a 97. Al fundir su propia cubierta, puede diseñarla para que quepa cualquier base de mesa disponible.

Cómo fundir una cubierta de mesa redonda

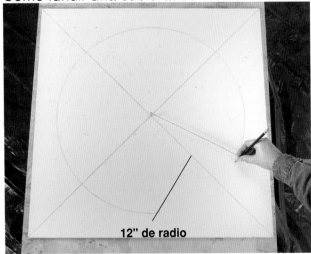

12" de radio

1 Corte una pieza de melamina de ¾" (o cualquier otra clase de lámina de contrachapado) de 30 × 30", y clave una puntilla pequeña en el centro. Amarre una punta de la cuerda a la puntilla y la otra al lápiz a 12" de distancia de la puntilla. Hale la cuerda y trace un círculo de 12" de radio (24" de diámetro).

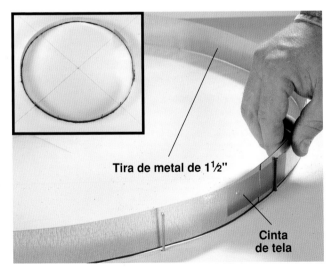

Tira de metal de 1½"

Cinta de tela

2 Clave puntillas 6d perpendicularmente sobre la línea del círculo, separadas cada 6" de distancia. Corte una tira de lámina de metal galvanizado (no de aluminio) de 1½" por 80" de largo usando tijeras para cortar metal. Coloque la tira al interior del círculo con el lado del corte hacia abajo. Deje el lado brillante de la lámina al interior del círculo y ajústelo hasta que quede igual. Pegue las puntas de la tira con cinta de tela en la parte exterior del molde.

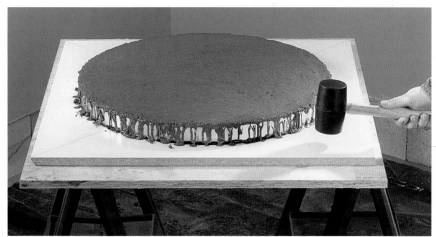

3 Aplique silicona alrededor del borde exterior del molde donde se junta con la base. Después que se seque la silicona, llene el molde con concreto mezclado con abundante fibra de refuerzo. Adicione acrílico fortificante y colorante (si lo desea) al agua antes de hacer la mezcla. Golpee el molde con cuidado con un mazo de caucho para compactar el concreto. Pase un palo delgado alrededor de todo el borde del molde para evitar que no queden vacíos en el concreto.

4 Suavice y nivele la superficie del molde con una llana de madera y llene cualquier espacio vacío que haya quedado sobre la misma. Deje descansar la mezcla hasta que el agua de residuo se evapore. Luego suavice la superficie con una llana de acero o magnesio para crear un terminado parejo y compacto. No se sobrepase suavizando la mezcla porque sacará a flote más agregado y debilitará su consistencia.

5 Deje curar el concreto por lo menos dos días, luego quite el molde y la base. Puede pulir la superficie si lo desea (ver la página 97). Conecte la cubierta a la base de la mesa. La base aquí mostrada tiene agujeros para instalar tornillos alrededor del círculo de soporte, los cuales fueron marcados sobre la parte inferior de la cubierta de concreto y luego perforados para hacer la conexión.

Un tazón para el patio se funde usando dos tipos de tazas. Esta técnica puede ser usada con tazas de plástico, tarros y macetas de todos los tamaños. Los recipientes grandes deben ser partidos por la mitad y luego pegados con cinta para poder separar el objeto fundido con más facilidad. Para la taza de esta fofo, usamos arena mezclada con acrílico fortificante y concreto negro como tintura.

Los elementos fundidos con arena son una buena forma de usar las sobras de concreto dejadas de algún proyecto grande. Para hacer esta pila para pájaros, sólo amontone un poco de arena burda mojada y vierta algo de concreto de sobra sobre la misma. Los pájaros prefieren las superficies ásperas del concreto.

1 Llene un tazón con concreto hasta llegar a la mitad. Luego introduzca una taza más pequeña dentro de la mezcla. El concreto sólo debe rebasar un poco el borde de ambas tazas cuando queden a nivel. Agregue más mezcla si es necesario.

1 Amontone un poco de arena burda de unas 10 a 12" de altura y unas 24" de diámetro en la base. Moje un poco la arena. Vierta concreto lentamente desde arriba hasta que cubra todo el montón de arena hasta la base. El concreto debe tener unas 2" de espesor.

2 Coloque una pieza de madera encima de las tazas y presiónela con algo pesado (como con un tarro de galón de pintura). Golpee los bordes con un palo para compactar la mezcla. Agregue más si es necesario. Deje secar el concreto por un día y luego quite los moldes.

2 Deje secar el concreto toda la noche, luego levántelo de la arena para ver cómo quedó. Use una manguera para enjuagar el residuo de arena. Consiga una base apropiada (en este caso se usó la base de un viejo asador), o simplemente coloque la pila sobre la tierra.

Cualquier objeto común que pueda soportar humedad puede ser usado como un molde para el concreto. Para crear esta sencilla decoración, sólo cortamos un balón de baloncesto en dos y llenamos las mitades de concreto. Luego pegamos ambas partes. Bolas de varios tamaños son llamativas. También puede pintarlas con tinturas decorativas (para interiores, puede ensayar pintura metálica parecida al cobre).

Construya sus propias huellas sobre lozas para agregar un toque personal al jardín. Si fabrica un par cada fin de semana durante el invierno, cuando llegue la primavera estará listo para instalar un nuevo camino alrededor del jardín.

1 Consiga un viejo balón de baloncesto (puede encontrarlos en almacenes de rebaja), y córtelo por la mitad con unas tijeras o una navaja. Limpie el interior con agua y luego llene cada parte con concreto. Colóquelas sobre una superficie de arena para que no se rueden.

1 Construya un molde para fundir dos lozas al mismo tiempo de 1½" × 16" × 16". Las lozas pueden ser fundidas con una bolsa de concreto de 60 libras. Crear ambas huellas a la vez mantiene el número de pasos constante.

2 Golpee las partes repetidamente con un palo para ir compactando la mezcla. Remueva el exceso pasando un madero sobre la superficie en forma de vaivén. Después que se seque el concreto por completo, remueva los moldes y adhiera ambas partes con adhesivo para concreto. Llene los vacíos.

2 Llene los moldes con concreto. Remueva el exceso de mezcla. Después que el agua residual haya desaparecido, coloque un zapato sobre cada lado y presiónelos más o menos ⅛" dentro de la superficie. Remueva los zapatos cuando el concreto se haya secado al tacto.

Las encimeras de concreto tienen más ventajas que desventajas. Son durables, resistentes al calor, y poco costosas de construir. Lo mejor de todo, son muy atractivas y se combinan de gran forma con diseños contemporáneos.

Encimeras de concreto para cocinas

Antes usado casi que exclusivamente en trabajos de exteriores, el uso del concreto se ha expandido y se ha convertido en un material primordial en los proyectos de construcción de interiores. Tradicionalmente utilizado para fundir encimeras y cubiertas de lavamanos, el concreto continúa encontrando nuevas aplicaciones al interior de la vivienda (como el piso al frente de las chimeneas, pisos en general y muebles). Junto a su extrema durabilidad y resistencia, el concreto tiene una apariencia más atractiva que muchos otros materiales de construcción.

Una encimera de concreto puede ser fundida en su lugar de uso, o puede ser creada en otro lugar e instalada como una encimera de piedra natural. Por muchas razones, es más práctico crear la encimera en otro lugar. Fuera de evitar llenar la vivienda con polvo y mugre, fabricar la encimera en el garaje, o afuera de la casa, permite fundir la superficie en el mismo molde boca abajo. De esa forma, si hace un buen trabajo construyendo el molde, podrá ahorrar tiempo en la pulida final. En muchos casos, podrá simplemente remover la encimera del molde, voltearla, e instalarla tal y como viene.

Un buen diseño y una cuidadosa construcción del molde, son las claves para el éxito en este tipo de proyectos. Una de las primeras cosas que hay que tener en cuenta es el peso. El concreto pesa alrededor de 140 libras por pie cúbico (más o menos unas 25 libras por pie cuadrado en una encimera de 2" de espesor). La mayoría de los pisos deben tener la capacidad de soportar tal peso, pero debe

Todo lo que necesita:

Herramientas: Cinta métrica, lápiz, sierra (de mesa o circular, de vaivén, y recíproca con disco para cortar metales), taladro con una guía a la derecha, nivel, escuadra de carpintero, dobladora de barras, tijeras para cortar metal, alicates, mezclador de concreto, tarros de 5 galones, pala, carretilla, llana de madera, pulidora en ángulo con paños y de velocidad variable, lijadora de correa, pulidora para autos.

Materiales: Ver la foto en la página siguiente.

inspeccionar las vigas y marcos del piso, especialmente en las viviendas antiguas, para determinar si es necesario instalar algún tipo de refuerzo. Si no está seguro, consulte un constructor profesional, el inspector de construcción de su localidad, o un ingeniero de estructuras.

El peso del concreto también es un factor a considerar cuando se trata de los gabinetes. La base de los mismos debe ser reforzada en la parte trasera y superior con madera en contrachapado de $\frac{1}{2}$" ó $\frac{3}{4}$". Los gabinetes reforzados pueden aumentar las dimensiones totales, y a su vez causar problemas en unidades modulares o en áreas con espacio limitado.

Después de diseñar el proyecto y determinar las medidas correctas del espacio, necesitará calcular la cantidad de concreto a usar. El concreto es medido en volumen (pies cuadrados). Multiplique el largo por ancho y luego por el espesor de la encimera terminada para hallar el volumen en pulgadas cúbicas. Luego divida ese número por 1.728 para hallar los pies cúbicos. Por ejemplo: una encimera de 48" de largo × 24" de ancho × 3$\frac{1}{2}$" de espesor, requerirá 2$\frac{1}{3}$ pies cúbicos de concreto mezclado (48 × 24 × 3.5 ÷ 1.728 = 2$\frac{1}{3}$).

La mejor forma de mantener la consistencia al mezclar el concreto, es utilizar materiales pre-mezclados. Una bolsa de concreto pre-mezclado de alta resistencia de 60 libras equivale a $\frac{1}{2}$ pie cúbico de concreto mezclado. Existe una gran cantidad de sitios en la Internet donde ofrecen innumerables tinturas y colores formulados con agua para reducir su intensidad. El agua en este caso limita la cantidad de líquido necesario para hacer las mezclas, y ayuda a crear un producto final más resistente y suave. Vea la página 298.

A medida que mezcla los materiales de concreto, combine totalmente todos los ingredientes secos en una mezcladora mecánica por espacio de 5 minutos antes de agregar ingredientes líquidos. No mezcle el concreto hasta que el molde esté completamente terminado, con todos los huecos para los grifos y refuerzos en su lugar. Para mejores resultados, mezcle todo el concreto en una sola tanda con una mezcladora mecánica. Ya que el barril de mezcla no

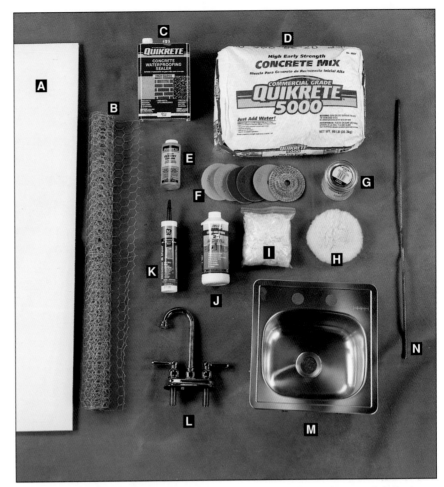

Los accesorios básicos para construir el molde para la encimera y fundir el concreto incluyen: (A) Lámina cubierta con resina de melamina para construir el molde; (B) malla de metal para el refuerzo; (C) sellador para concreto (el producto mostrado es adecuado, pero para mejores resultados, aplique sellador con propiedades de penetración y cubrimiento); (D) concreto mezclado de secado rápido calibrado para 5.000 p.s.i (libras por pulgada cuadrada); (E) colorante (líquido o en polvo); (F) láminas para pulir (aquí se muestran láminas diamante de 5" de calibre 50 a 1.500 para pulir y suavizar); (G) pasta para encerar; (H) paño para suavizar y brillar; (I) fibra de refuerzo (nylon); (J) acrílico fortificante, pegamento de látex (o agua para diluir la mezcla si puede conseguirla); (K) silicona negra o de colores (L) juego de grifo si va a instalar un lavaplatos; (M) lavaplatos (mostrado con borde); (N) barra de refuerzo No. 3 ($\frac{3}{8}$").

debe ser llenado más de la mitad (la tercera parte en algunos modelos), necesitará una mezcladora un poco grande para las encimeras de gran tamaño. Para construir la encimera de cocina de isla en este proyecto, se alquiló una mezcladora arrastrada por un vehículo de 9 pies cúbicos de capacidad (otra razón para construir la encimera fuera del sitio de instalación). Después de terminar la fundición, deje curar el concreto por lo menos una semana antes de quitar los moldes.

Cómo fundir una encimera de concreto

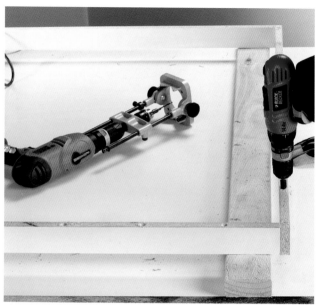

1 Corte una lámina cubierta con resina de melamina de ¾" en tiras de 2¼" de ancho para fabricar los lados del molde. Corte las tiras a 33½" y 41½" (como se muestra aquí), y abra dos huecos guía, con la superficie expandida, a ⅜" de profundidad en las puntas de los lados frontal y trasera del molde. Ensamble todo con tornillos para lámina de 2" clavados en cada hueco dentro de las puntas de las tiras.

2 Instale un taladro con el ángulo de guía a la derecha (o use una prensa para taladro), y abra huecos guía de ¼" para tornillos de terraza, a 6" de intervalo a lo largo de la parte superior de los lados del molde. Ensanche la abertura de los huecos para que los tornillos penetren más allá de la superficie.

3 Centre el marco sobre la base. Ésta debe tener la cara boca arriba cubierta de resina. Cuadre las esquinas con la escuadra de carpintero. Clave un tornillo de 3½" en cada lado cerca del centro. Las cabezas deben quedar un poco incrustadas debajo de la superficie de los bordes del marco. Compruebe que está cuadrado otra vez y siga clavando los tornillos a 6" de intervalo dentro de los huecos guía. Siga midiendo todo ya que el clavado puede descuadrar el marco.

4 Abra el hueco para el lavaplatos (si va a instalarlo). El de este ejemplo requiere de un corte cuadrado de 14⅜" y esquinas redondas de 1½" de radio. Corte tres piezas cuadradas (14⅜") de la lámina de ¾" de espesor (MDF) con una sierra de mesa en lo posible. Marque las esquinas con un compás a 1½" de radio. Si prensa las tres láminas, haga un solo corte con una sierra de vaivén. Corte afuera de la línea de marca y líjelas para crear un acabado suave en las curvas.

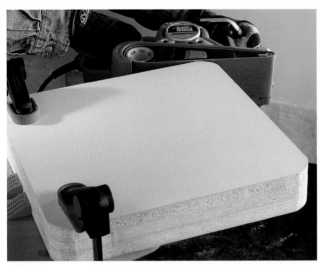

5 Use el primer corte redondo como plantilla para marcar los otros dos en forma igual. Sujete con abrazaderas las tres placas y lije los bordes para que queden suaves e iguales. Puede usar una lijadora de correa sujetada a una base, o una giratoria. Si tiene brazos fuertes y un buen pulso para sostener la lijadora en sus manos, puede lijar las esquinas también de esa forma. No se sobrepase en la lijada porque puede achicar demasiado las placas.

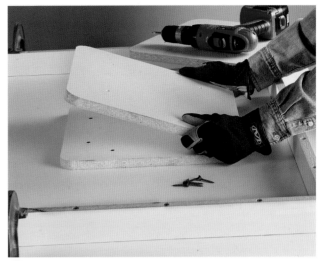

6 Instale las plantillas del lavaplatos. Debido a que pegar las partes adiciona peso a las plantillas (y hacen que las herramientas para suavizar y emparejar el concreto se estrellen contra el molde), clave cada pieza directamente sobre la inferior con tornillos incrustados más abajo de la superficie. Mantenga los bordes a ras perfectamente, en especial si va a instalar un lavaplatos.

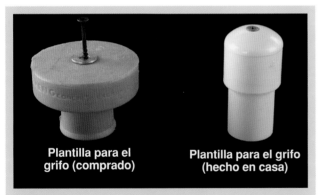

Plantilla para el grifo (comprado)

Plantilla para el grifo (hecho en casa)

Opción: Si el grifo del lavaplatos no va a ser instalado sobre la plataforma del mismo, necesita instalar plantillas para crear el hueco (s), siguiendo los requerimientos del fabricante del grifo (una razón por la cual debe comprar el grifo y lavaplatos antes de crear el molde). Puede comprar plantillas en sitios de ventas de encimeras de concreto, o puede fabricarlos con tubería PVC con un diámetro igual al agujero necesitado. Para sujetar la pieza de PVC, cubra una punta con una cubierta diseñada para ese tipo de tubería. Abra un hueco guía en el centro de la cubierta para asegurarlo con un tornillo. Antes de hacerlo, coloque el PVC al lado del molde y compare las alturas. Si la pieza de PVC es más alta, córtela para igualar ambas partes.

7 Selle los bordes abiertos con barniz de poliuretano de secado rápido y luego aplique silicona a todo el marco cuando se seque el barniz. Aplique una capa bien delgada de silicona de color (permite ver dónde ha sido aplicada sobre la lámina blanca de melamina) en todas las uniones y suavícelas con la punta del dedo. Además de evitar que el concreto mojado penetre en las uniones del molde, la silicona creará algo de curvatura en los bordes de la mezcla. Mientras mejor aplique la silicona, menos tendrá que lijar los bordes después. Si va a instalar un lavaplatos, aplique silicona también alrededor de la plantilla.

(continúa)

Cómo fundir una encimera de concreto (continuación)

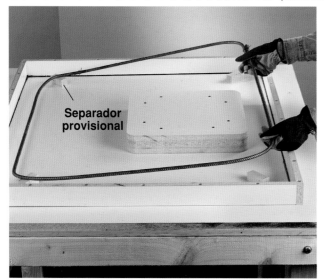

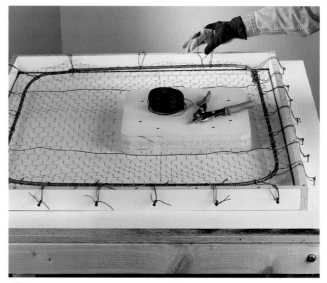

8 Agregue refuerzo al molde. En el caso de moldes más gruesos, coloque una barra #3 ($^3/_8$") alrededor del perímetro de la encimera usando una herramienta para doblarla. Debe dejar la barra al menos 1" separada de los bordes (incluyendo las plantillas), y 1" lejos de la superficie. Este tipo de refuerzos pueden verse desde la superficie si quedan muy cerca a ella. Amarre las puntas de la barra con alambre y colóquela en el molde sobre soportes provisionales de 1" de altura.

9 Cuelgue la barra de refuerzo con alambres para sostenerla lejos de la superficie sin utilizar soportes. Clave algunos tornillos alrededor de las caras frontales del marco para amarar los alambres que cuelgan la barra. Después de terminar de amarrarla, quite los soportes provisionales. Para mayor seguridad, agregue otro material de refuerzo, como una malla de alambre, sobre la barra, y amarre todo junto.

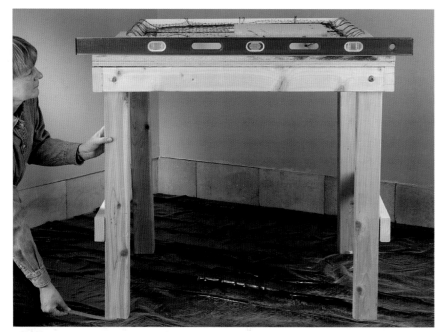

Consejo: Para evitar que el molde se mueva durante la vertida de concreto, emparejada y tiempo de cura, conecte o ancle una lámina de contrachapado a la mesa de trabajo. Nivélela y coloque estacas entre la lámina y la mesa si es necesario. Si es posible, clave tornillos para fijar la tapa contra la mesa para mayor firmeza. De lo contrario, puede usar abrazaderas. Revíselas de seguido para comprobar que están apretadas. Si le preocupa el mugre que está creando, coloque un plástico de 3 mm. para cubrir el piso.

10 Adicione todos los ingredientes secos a la mezcladora de tamaño suficiente para crear toda la mezcla en una sola tanda. Los ingredientes secos incluyen mezcla de concreto de secado rápido de 5.000 libras por pulgada^2 (PSI), y la fibra sintética de refuerzo. Si está usando un colorante seco, agréguelo en este momento. Mezcle todo por varios minutos hasta que quede bien combinado.

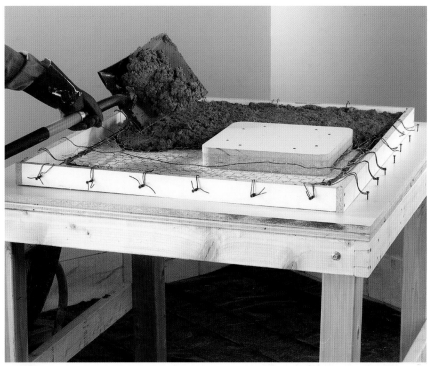

11 Mezcle los ingredientes líquidos (agua, más cualquier aditivo colorante para el concreto, y el agua para reducir el fortificante de acrílico), en un tarro. Agregue todo a la mezcladora, todavía en movimiento, en forma lenta. Adicione más agua si es necesario hasta que el concreto quede totalmente mojado, pero todavía compacto.

12 Llene el molde de la encimera asegurándose de llenar y compactar las esquinas, y presionándolo a través de la barra de refuerzo. Sobrellene el molde un poco.

13 Mueva el molde con firmeza a medida que lo llena de concreto para compactarlo y evitar dejar vacíos. Puede alquilar un vibrador de concreto, o simplemente golpearlo en forma repetida con un martillo de caucho. Si tiene ayuda, y está trabajando sobre un piso firme, levante toda la estructura y golpéela contra el suelo para crear vibración (este es un método muy efectivo si tiene como hacerlo). Compruebe que la mesa esté a nivel cuando haya acabado.

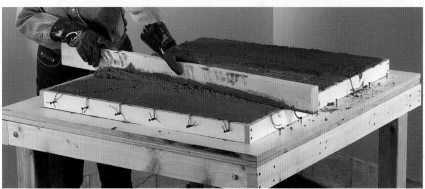

14 Quite el exceso de concreto de la superficie utilizando un madero derecho de 2 × 4, recostándolo y pasándolo sobre los bordes del marco con movimientos parejos. Si se crean vacíos, llénelos con mezcla fresca y pase el madero una vez más. No empareje el concreto demasiado.

(continúa)

Cómo fundir una encimera de concreto (continuación)

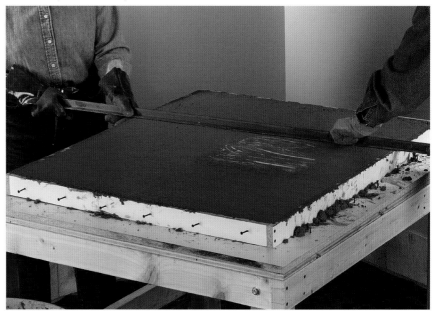

15 Cuando esté seguro que no necesita golpear el molde una vez más, corte los amarres de alambre que sostienen la barra e incrústelos debajo de la superficie de concreto.

16 Empareje la superficie del concreto usando una herramienta de metal, como una barra de acero en ángulo o una cuadrada. Hágalo lentamente y en movimiento de vaivén, permitiendo que el agua de residuo se vaya acumulando a medida que empareja. Ya que esta superficie es la parte inferior de la encimera, no necesita otro tipo de herramienta. Cúbrala con plástico y deje curar la mezcla sin perturbarla por una semana completa.

17 Quite el plástico y remueva los tornillos para quitar el molde. No perturbe el concreto fresco. En la mayoría de los casos necesitará cortar la plantilla para el lavaplatos para evitar daño en la encimera cuando la remueva. Perfore un hueco inicial, y luego corte con cuidado a lo largo del borde de la plantilla. Haga el corte en piezas (ver foto anexa) hasta que haya removido toda la plantilla. Tenga cuidado porque los bordes del cemento estarán muy frágiles.

18 Con la ayuda de dos o tres personas, voltee la encimera para exponer la superficie acabada. Tenga mucho cuidado. La mejor forma de hacerlo es parar la estructura en un borde, colocar un par de soportes de 2 × 4 por debajo (pedazos de espuma aislante funciona bien), y luego lentamente descansarla sobre los soportes.

Base hecha de plástico grueso sobre maderos de 2 x 4

Opción: Pula la superficie para exponer el material agregado y crear un terminado similar a la piedra natural. Utilice una serie de lijas (comenzando con grado 50, luego 100, 200, y 400) montadas en una pulidora en ángulo a prueba de vibración de 5" y de velocidad variable. Este trabajo crea mucho desorden, y puede durar muchas horas para crear la superficie deseada. Moje la superficie con agua limpia y manténgala mojada mientras la pule. Para un acabado reluciente, use paños finos (hasta un grado 1.500) y pula sobre la superficie mojada.

19 Limpie y selle el concreto con varias capas de un sellador a base de silicona de buena calidad (uno con agentes penetrantes). Para mayor protección y acabado renovable, aplique una capa de cera después que la última capa de sellador se haya secado.

20 El lavaplatos de borde exterior o de montaje interno es más fácil de instalar antes de colocar la encimera sobre el mueble. Instale el lavaplatos siguiendo las instrucciones del fabricante. Los lavaplatos con bordes quizás necesitarán de ciertas modificaciones para los accesorios de montaje (al menos necesitará comprar tornillos extra largos) para acomodarlos al espesor de la encimera.

21 Compruebe que el mueble de soporte está adecuadamente reforzado y tiene instalado la mayoría de los accesorios de plomería. Luego aplique una capa fuerte de adhesivo o pegante de silicona en todas las partes de la parte superior del gabinete. Pida ayuda para colocar la encimera en la posición deseada. Deje secar el pegante toda la noche antes de completar la instalación del lavaplatos.

Ladrillos y bloques

Trabajar con ladrillos y bloques

Trabajar con ladrillos y bloques es una actividad satisfactoria; con cada pieza agregada, el proyecto crece y mejora aún más su apariencia. Sin importar si está construyendo una pared de retención con bloques, un asador con ladrillos, o pavimentando un andén con ladrillo y cemento, no olvide disfrutar cada paso y aspecto del proyecto así como los resultados finales.

Los ladrillos y bloques transmiten una sensación de balance, color y textura a la vivienda y al jardín. Las estructuras construidas con estos materiales son atractivas, durables y necesitan muy poco mantenimiento.

Un detallado diseño y planificación ayudará a llevar a cabo un proyecto adecuado para la vivienda, para el patio, y su presupuesto. Los trabajos serán más fáciles de construir si crea diseños que limite el número de cortes de ladrillos.

Los colores decorativos de los bloques y ladrillos, sus texturas y los estilos, varían según la región reflejando a su vez las tendencias del momento. Escoja un color y estilo que se complemente con la vivienda y los patios a su alrededor, así como la región donde viva. Muchas veces los colores y modelos son discontinuados en poco tiempo, y es una buena idea comprar unidades de sobra en caso que tenga que hacer reparaciones más adelante.

Proyectos comunes con ladrillos y bloques

Construir un asador con ladrillo es un proyecto sofisticado que trae satisfacción. Este modelo es construido sobre una base flotante diseñada para contraerse y expandirse con los cambios de temperatura (una característica importante para asadores de cocina). El interior es construido con ladrillos y cemento refractarios para garantizar resistencia al calor.

Hay muchos estilos y colores para bloques intercalados. Puede conseguirlos en sitios de ventas de materiales y almacenes especializados.

Las columnas sencillas crean una apariencia muy elegante a las entradas de garajes, patios y jardines. Este diseño incluye una cubierta de ladrillo que brinda elegancia y protección contra el agua. La apariencia antigua del ladrillo se combina perfectamente con el resto del diseño. Escoja ladrillos y materiales que se complementen con la decoración exterior de la vivienda.

Las paredes con bloques diseñados para instalarse sin cemento, construidas en un patrón alternado, incrementan su fortaleza por medio de una capa de cemento aplicada sobre la superficie. La mezcla es lo suficientemente fuerte para soportar grandes paredes y también crea una superficie atractiva (ver páginas 182 y 183).

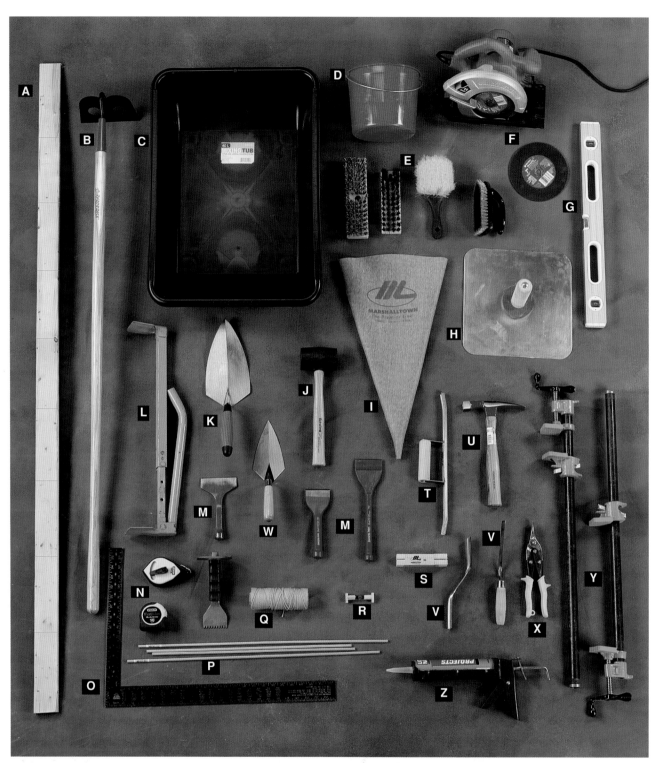

Las herramientas para albañilería incluyen: Una vara o regla (A) para medir hileras de ladrillos; azadón para concreto (B) y caja para mezclar cemento (C); un balde (D); cepillos con cerdas de acero (E) para quitar manchas y material suelto; sierra circular y discos para cortar (F) ladrillos y bloques; nivel (G) para nivelar hileras de ladrillos; paleta (H) para sostener el cemento; bolsa para cemento (I) para llenar las uniones horizontales; maceta de caucho (J) para golpear piedras al pavimentar; palustre (K) para aplicar cemento; accesorio para transportar ladrillos (L); cinceles para concreto (M) para cortar ladrillos, bloques y piedras; cinta métrica y cuerda con tiza (N) para marcar lí-

neas sobre bases e hileras; escuadra (O) para hacer medidas; varas de ³⁄₈" para separar ladrillos de instalación seca (P); cuerda (Q); nivel de cuerda (R) para crear diseños y establecer declives; separadores (S) para instalar ladrillos y bloques; accesorio en curva (T) para acabados de uniones largas; martillo con hacha (U) para recortar ladrillos y piedras; accesorio para acabados de uniones de cemento (V); palustre de punta (W) para aplicar cemento en paredes de bloque o ladrillo; tijeras para cortar o emparejar láminas de metal (X) u otro material similar; prensa de tubo (Y) para alinear ladrillo o bloque en la instalación; pistola para aplicar silicona (Z) para sellar alrededor de los cortes y ensambles.

Herramientas y materiales

Instalar ladrillos y bloques es un trabajo de precisión. Muchas de las herramientas utilizadas con este propósito están destinadas a mantener las estructuras bien niveladas y con las medidas correctas. Otras tienen la función de cortar las piezas y aplicar el cemento. Tiene sentido comprar las herramientas que usará de nuevo, pero es más apropiado, desde el punto de vista del costo, alquilar las más sofisticadas, como un cortador de ladrillos.

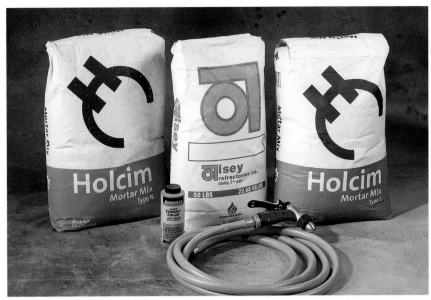

Las mezclas de cemento incluyen: Tipo 'N', una mezcla de fortaleza mediana para uso exterior (sobre el nivel del piso) en paredes individuales que no soportan cargas, asadores, chimeneas, rellenos y reparaciones; el tipo 'S', es una mezcla de alta fortaleza para uso exterior (debajo del nivel del piso), utilizado por lo general en cimientos, paredes de retención, entradas a garajes y patios; el cemento refractario (con componente de calcio) resiste altas temperaturas y es usado en paredes de ladrillos para asadores y chimeneas; la tintura para darle color al cemento.

Entre los tipos comunes de bloques y ladrillos usados para la construcción de residencias se incluyen: Bloque decorativo (A) disponible en varios colores; ladrillos de concreto decorativos para pavimentar (B); ladrillo para chimenea (C); bloque estándar de 8 × 8 × 16" (D); medio bloque (E); bloque esquinero combinado (F); ladrillo tamaño 'queen' (G); ladrillos estándar para pavimentar (H); ladrillos estándar para construcción (I); laja de piedra para cubierta de pared (J).

Pared de bloque sencillo

Pared de doble ladrillo

Pared de ladrillo sencillo

Planear los proyectos de ladrillos y bloques

Seleccione el tipo de construcción más apropiado para su proyecto. Existen dos métodos básicos para crear estructuras de bloque o ladrillo. Las paredes que sólo tienen una pieza de ancho son llamadas *paredes sencillas*, y son utilizadas por lo general para construir asadores, macetas o chapados de ladrillo. Las paredes *dobles* tienen dos piezas de ancho y son usadas en estructuras individuales. La mayoría de las estructuras de bloques de concreto son verticales *sencillas*.

Al igual que otros proyectos similares, los trabajos con ladrillos y bloques deben iniciarse con un buen plan. Deberá identificar las técnicas de construcción, los métodos apropiados que necesita aprender, así como calcular y comprar los materiales adecuados.

Cómo calcular la cantidad de bloques y ladrillos

Ladrillos estándar para andenes y patios (4 × 8)	área de la superficie (pies^2) × 5 = número de ladrillos necesitados para pavimentar
Ladrillos estándar para paredes y columnas (4 × 8)	área de la superficie (pies^2) × 7 = número de ladrillos necesitados (ladrillo sencillo)
Bloques que se entrelazan	área de la superficie (pies^2) × 1.5 = número de bloques necesitados
Bloques de concreto de 8 × 8 × 16 para paredes individuales	altura de la pared (pies) × el largo de la pared × 1.125 = número de bloques necesitados

Use esta tabla para calcular los materiales para los proyectos con ladrillos y bloques.

3'

Mantenga las estructuras lo más bajo posible. Los códigos locales requieren de cimientos para congelamiento y refuerzos adicionales para paredes permanentes o estructuras que exceden las alturas máximas restringidas. Puede simplificar sus proyectos diseñando paredes más bajas de la altura máxima.

Adicione un panel entramado u otro elemento decorativo a las paredes permanentes para crear más privacidad sin tener que agregar refuerzo a la estructura de ladrillo.

Consejos para planear un proyecto de ladrillos y bloques

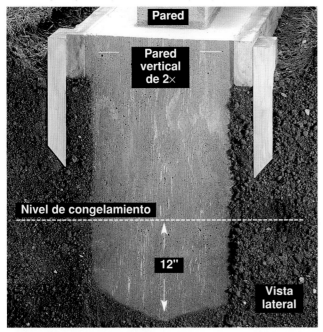

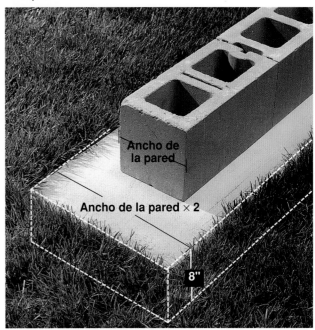

Los cimientos para congelamiento son requeridos si una estructura tiene más de 2 pies de altura, o si está unida permanentemente a otra estructura. Los cimientos deben ser del doble de ancho de la estructura que soportan, y deben extenderse de 8 a 12" por debajo del nivel de congelamiento (ver páginas 44 a 47).

Construya una base de cimiento de concreto reforzado para estructuras de bloques y ladrillos levantadas en forma individual y a menos de 2 pies de altura. La base debe ser el doble de ancha que la pared, a ras con el nivel del piso, y por lo menos 8" de espesor. Consulte los códigos en su región. Las bases son creadas usando las técnicas para construir andenes (ver las páginas 48 a 53).

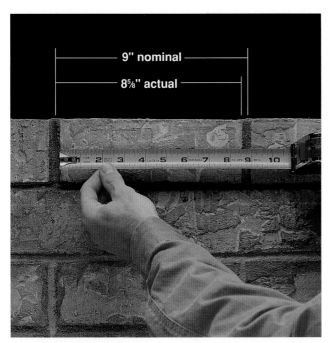

No agregue el espesor del cemento a las medidas totales de los proyectos con ladrillo y bloque. Los tamaños reales de ladrillos y bloques son $\frac{3}{8}$" más pequeños que el tamaño nominal para permitir uniones de cemento de $\frac{3}{8}$". Por ejemplo, un ladrillo de 9" (tamaño nominal) tiene una medida real de $8\frac{5}{8}$". Por lo tanto, una pared construida con cuatro ladrillos de 9" y uniones de cemento de $\frac{3}{8}$" de espesor, tendrá un largo total de 36" (4×9).

Ensaye instalando las piezas usando separadores de $\frac{3}{8}$" colocadas entre las mismas para comprobar que las medidas planeadas funcionan. En lo posible, establezca un plan usando ladrillos o bloques enteros para reducir la cantidad de cortes requeridos.

Las piedras cortadas son un material excelente para la construcción de paredes, columnas y arcos. En el caso de paredes de contención (foto arriba), las piedras cortadas o los bloques intercalados son instalados sin cemento (a excepción de la cubierta superior, por supuesto) para evitar que el agua se acumule detrás de la pared. Las estructuras individuales por lo general son construidas con cemento (esta sección incluye ambas clases). Cualquier método puede ser usado para construir paredes que durarán por muchos años. Ambos son descritos a continuación.

Técnicas básicas

La instalación de los bloques y ladrillos comparte técnicas similares a los trabajos realizados con el concreto y la piedra natural. Pero, cuando se trata de la construcción detallada, los bloques y ladrillos requieren de mucho más cuidado y precisión (sin mencionar el peso que hay que sostener y levantar).

Cuando está trabajando con estos materiales, cualquier defecto en las líneas creadas por el cemento resaltará en el diseño final, y puede crear distorsión en el acabado que desea lograr en la estructura.

Esta pared construida con bloques de concreto, con un acabado de estuco y panel entramado, es una división atractiva entre el patio y el jardín.

Cómo construir una pared, una columna o un arco

1 Para tener una idea del tamaño e impacto de una pared, u otro proyecto, antes de iniciar la construcción, demarque los bordes del mismo usando estacas o postes y luego únalos con cuerda para marcar el borde superior de la estructura.

2 Cuelgue un pliego de plástico o de tela sobre la cuerda y los postes. Observe la estructura desde todos los ángulos para establecer cuánta obstrucción y acceso será creado, y cómo será integrada con el resto de los elementos que conforman el contorno.

Usando un nivel de agua:

La ventaja de los niveles de este tipo es que el agua en el interior del tubo se nivela por sí misma sin importar cuántas curvas o vueltas se hagan. Esto es ideal para trabajar en estructuras largas, en esquinas, o en lugares donde un nivel convencional no funciona. Los niveles de agua normales constan de un tubo de plástico transparente que se atornillan a la punta de una manguera (arriba a la derecha). Marque el tubo a cada pulgada de distancia. Conecte los tubos a las puntas de la manguera, luego llénelos de agua hasta que quede visible en ambas puntas. Pida ayuda para sostener el tubo en los extremos del proyecto. Ajuste los tubos hasta que el agua quede al mismo nivel (o marca) en ambos tubos (foto inferior derecha). Clave estacas o marque los puntos de nivel sobre la estructura. Otros niveles de agua más costosos contienen una lectura electrónica que es útil cuando necesita información precisa y detallada.

Cómo trazar el ángulo correcto

1 El método de triangulación 3-4-5 es el más efectivo para trazar el ángulo correcto para las paredes, columnas, y otros tipos de construcción. Comience marcando con estacas la esquina exterior de la pared y extienda una cuerda para marcar la parte exterior de la pared.

2 Marque un punto a 3 pies hacia el interior a lo largo de la cuerda y clave otra estaca.

3 Coloque la punta de una cinta métrica sobre la esquina externa de la estaca y extiéndala más allá de 4 pies. Pida ayuda a alguien para colocar la punta de otra cinta métrica sobre la estaca a 3 pies de distancia y extiéndala pasando la marca de 5 pies. Bloquee las cintas y ajústelas para que se crucen sobre las marcas de 4 y 5 pies.

4 Clave otra estaca en el punto de cruce, luego extienda otra cuerda desde allí hasta la esquina exterior. Las cuerdas de 3 y 4 pies formarán el ángulo correcto. Extienda o recorte las cuerdas según las circunstancias, y luego marque con estacas las dimensiones exactas de la estructura.

Cómo trazar una curva

1 Comience trazando el ángulo correcto siguiendo el método de triangulación 3-4-5 (página opuesta). Marque los puntos finales de la curva midiendo y clavando las estacas en forma equidistante de la esquina exterior.

2 Amarre una cuerda sobre esas estacas. Extienda cada cuerda sobre la parte exterior de la esquina y sosténgalas con fuerza en el punto donde se cruzan. Hale ese punto hacia el interior del ángulo hasta que las cuerdas queden tirantes. Las cuerdas completarán el cuadrado.

3 Clave una estaca en el punto de encuentro, luego clave una cuerda a esa estaca lo suficientemente larga para alcanzar las estacas y así marcar los puntos extremos de la curva.

4 Hale la cuerda en forma tirante, luego muévala en forma de arco entre los puntos extremos. Utilice pintura en aerosol para marcar la curva sobre el piso.

Consejos para reforzar estructuras de ladrillo y bloque

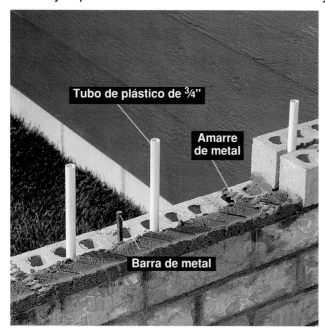

Para los proyectos de doble ladrillo, use amarres de metal entre ambas hileras para mayor refuerzo. Inserte los amarres en el cemento cada 2 ó 3 pies de distancia, cada tercera pieza. Inserte una barra de metal en el espacio entre las hileras cada 4 a 6 pies de distancia (consulte los códigos locales). Inserte un tubo de plástico de ¾" de diámetro entre las hileras para mantenerlas alineadas. Aplique cemento delgado entre las paredes (hileras) para aumentar su fortaleza.

Para paredes de bloques, llene los espacios vacíos (núcleos) de los bloques con cemento. Instale piezas de barra de metal en el cemento para aumentar la fortaleza vertical. Consulte el inspector para confirmar si es necesario instalar refuerzos.

Para adicionar refuerzo horizontal sobre las paredes de bloque o ladrillo, instale una malla de metal sobre el cemento cada tres hileras. Estas mallas de refuerzo, junto con otros productos similares, pueden comprarse en almacenes para materiales de construcción o distribuidores de ladrillos y bloques. Sobreponga las mallas 6" donde sea necesario.

Consejos para trabajar con ladrillos

Practique construyendo hileras sobre un madero de 2 × 4 para perfeccionar la técnica de aplicación del cemento (ver páginas 114 y 115) y la forma de colocar los ladrillos. Puede limpiar y volver a usar las piezas de ladrillo para practicar varias veces, pero no las utilice dos veces en el proyecto final (el cemento viejo puede afectar el pegado).

Haga una prueba de absorción sobre los ladrillos para determinar su densidad. Aplique unas 20 gotas de agua en el mismo punto de la superficie de una pieza. Si la superficie se seca completamente después de 60 segundos, humedézcalos con agua antes de instalarlos para evitar que absorban la humedad del cemento antes que se haya sentado.

Use una escuadra en forma de "T" y un lápiz para marcar varios ladrillos a la vez para hacer cortes. Compruebe que los bordes de los ladrillos están bien alineados.

Marque los cortes en ángulo instalando los ladrillos sin cemento (foto superior) colocándolos en su posición correcta. Adicione un espacio de ⅜" en trabajos donde usará cemento. Los ladrillos para pavimentar tienen separadores de madera que los separa a ⅛". Marque las líneas de corte con un lápiz y una escuadra donde sea más práctico trazar líneas rectas.

Cómo marcar y cortar ladrillos

Marque los cuatro lados del ladrillo con un cincel y un mazo cuando los cortes se van a hacer sobre el área firme y no sobre el núcleo de la pieza. Martille el cincel para dejar marcas de ⅛" a ¼" de profundidad, luego haga un golpe más severo sosteniendo el cincel con firmeza para partir el ladrillo. Los ladrillos marcados correctamente se cortarán con un golpe final certero.

Opción: Cuando necesite cortar varios ladrillos en forma uniforme y rápida, use una sierra circular con un disco apropiado para este material para hacer las marcas, luego haga los cortes finales individuales con un cincel. Prénselos con seguridad al final de las puntas comprobando que queden bien alineados. Recuerde: siempre use gafas protectoras cuando use herramientas para marcar o cortar.

Cómo cortar un ladrillo en ángulo

1 Marque la línea final de corte sobre el ladrillo. Para evitar arruinar la pieza, necesitará hacer cortes graduales hasta llegar a la línea. Marque una línea derecha para el primer corte sobre el área de desecho a más o menos ⅛" de distancia del punto de corte inicial, en forma perpendicular al borde del ladrillo. Haga el primer corte.

2 Mantenga el cincel con firmeza en el sitio del primer corte, girándolo un poco, luego marque y corte de nuevo. Es importante mantener el punto de giro del cincel en el borde del ladrillo. Repita la acción hasta remover toda el área de desecho.

Cómo cortar ladrillos con una máquina divisora

1 Una máquina divisora de ladrillos y bloques hace cortes precisos, consistentes, y sin necesidad de marcas iniciales. Si el proyecto requiere de muchos cortes, es recomendable alquilar una. Dibuje la línea de corte sobre el ladrillo, colóquelo sobre la mesa de la cortadora, y luego alinee la marca de corte con la cuchilla de la herramienta.

2 Una vez el ladrillo esté en posición sobre la mesa de la máquina, baje con fuerza la palanca. La cuchilla de corte de la máquina dividirá el ladrillo a lo largo de la línea marcada. CONSEJO: Para mayor eficiencia, haga líneas de marca en varios ladrillos al mismo tiempo (ver la página 111).

Cómo cortar bloques de concreto

1 Marque las líneas de corte en ambas caras del bloque, luego haga cortes de ⅛" a ¼" de profundidad sobre las líneas con una sierra circular con disco para cortar concreto.

2 Use un cincel y un mazo para una de las caras del bloque. Voltee el bloque y corte el otro lado.

OPCIÓN: Corte bloques medios de bloques combinados para esquinas. Estos tienen ranuras pre-cortadas en el centro de unión. Haga una marca ligera sobre el centro, y luego golpee suavemente con el cincel para romper las mitades.

Mezclar y aplicar cemento

Si alguna vez ha observado trabajar a algún profesional en este ramo, reconocerá la gran habilidad que poseen, aún si usted tiene experiencia y ha terminado proyectos similares con éxito. El cemento casi que vuela del palustre y parece aterrizar en perfecta posición para acoger el siguiente bloque o ladrillo.

Aún cuando "echar cemento" es una habilidad que se desarrolla con años de experiencia, usted puede utilizar técnicas básicas para lograr excelentes resultados apenas con un poco de práctica.

El primer elemento crítico para manejar el cemento de manera efectiva es la mezcla. Si es muy espesa, se caerá del palustre en montón, y no en una forma pareja, lo cual es la intención. Si agrega mucha agua, la mezcla se torna débil y suelta. Siga las instrucciones de los fabricantes, pero tenga en cuenta que la cantidad de agua especificada es una aproximación. Si nunca antes ha mezclado cemento,

experimente con pequeñas cantidades hasta que encuentre la mezcla que se "pega" al palustre el tiempo suficiente para transportarla en forma controlada, pareja, y mantiene su consistencia al aplicarla. Tenga en cuenta cuánta agua utiliza en cada tanda para aplicaciones posteriores.

Mezcle el cemento para proyectos grandes por tandas. En un día caliente y seco, una tanda grande se secará cuando menos lo piense. Si la mezcla comienza a endurecerse, agregue agua (llamado también 'restaurar'). Use el cemento restaurado dentro de dos horas.

Todo lo que necesita:

Herramientas: Palustre, azadón para concreto, pala.

Materiales: Mezclador de cemento, caja para mezclar cemento, madera en contrachapado, bloques.

Cómo mezclar y echar cemento

1 Vacíe la mezcla en una caja para mezclar abriendo un hueco en el centro de la misma. Agregue más o menos ¾ del agua recomendada y mezcle todo con un azadón. No se sobrepase haciendo la mezcla. Continúe mezclando y agregando agua en pequeñas cantidades hasta que el cemento alcance l a consistencia apropiada. No mezcle mucho cemento al mismo tiempo; es más fácil de trabajarlo cuando está fresco.

2 Coloque una pieza de contrachapado sobre bloques a la altura ideal, y ponga una tanda de cemento sobre la misma. Corte un pedazo de la mezcla con el borde del palustre, y levántela introduciendo la punta de la herramienta debajo de la misma.

3 Mueva suavemente el palustre hacia abajo para deshacerse de excesos de mezcla que cuelguen del borde. Coloque el palustre sobre el punto de inicio, y 'eche' una línea de cemento sobre la superficie a construir. Una buena cantidad es suficiente para colocar tres ladrillos. No se adelante. Si aplica demasiado cemento, se secará antes que usted esté listo.

4 Haga un surco sobre la línea de cemento pasando el borde del palustre por la mitad de la misma, en un movimiento parejo de atrás hacia adelante. El surco ayudará a que la mezcla se distribuya en forma igual.

Consejos para tratamientos especiales de la mezcla

Es mejor agregar un aditivo colorante a la mezcla si adiciona la misma cantidad en cada tanda a lo largo del proyecto. Una vez esté conforme con la cantidad agregada, mantenga esa proporción todo el tiempo.

Utilice una mezcla dura (seca) de cemento para hacer reparaciones; tiene menos posibilidad que se encoja o raje. Comience mezclando cemento tipo N con la mitad del agua recomendada. Deje sentar la mezcla por una hora, luego adicione el resto del agua y termine de mezclar.

Instalar ladrillos

La paciencia, el cuidado, y una buena técnica, son los elementos importantes para construir estructuras de ladrillo con un acabado profesional. Comience construyendo un cimiento sólido y nivelado (ver páginas 46 y 47), y no se preocupe si sus primeros intentos no fructifican. Supervise su propio trabajo de seguido, y deténgase cuando descubra un problema. Si el cemento todavía está fresco, puede remover los ladrillos e intentarlo de nuevo.

Esta sección presenta un método de construcción de paredes de ladrillo: Instalar primero los extremos de la pared, luego llenar el interior con ladrillos. El método alternativo, instalar una hilera a la vez, es presentado con los bloques de concreto (ver las páginas 120 a 123).

Todo lo que necesita:

Herramientas: Guantes, palustre, cuerda con tiza, nivel, bloques, cuerda, accesorio para uniones.

Materiales: Cemento, ladrillos, amarres para pared, barra (opcional).

Untar el cemento es una expresión usada para describir el proceso de aplicar mezcla a las puntas de los ladrillos o bloques antes de colocarlos sobre la estructura en construcción. Aplique una capa fuerte de cemento en una punta del ladrillo, luego corte el exceso con el borde del palustre.

Cómo construir una pared de doble ladrillo

1 Coloque los dos primeros ladrillos paralelos sin mezcla para crear la hilera, separados de ¾" a 1" de distancia. Use una cuerda con tiza para demarcar la ubicación de la pared sobre el cimiento. Marque con un lápiz las puntas de los ladrillos sobre la base. Compruebe la distancia de separación colocando una vara de ⅜" de diámetro. Marque el lugar de los espacios para usarlos como referencia después de remover los separadores.

2 Moje el cimiento, o base, con agua, y haga lo mismo con los ladrillos si es necesario. Mezcle el cemento y aplique una capa sobre el cimiento para instalar los dos primeros ladrillos de una de las paredes, al comienzo del proyecto. Unte de cemento la punta interior del primer ladrillo, y luego presiónelo sobre el cemento, creando una capa de ⅜" de espesor. Quite el exceso de mezcla.

3 Nivele a plomo el primer ladrillo esquinero. Golpee levemente la pieza con el mango del palustre para corregirla si no está a plomo. Nivele el ladrillo de punta a punta. Cubra con mezcla la punta del segundo ladrillo y colóquelo sobre la capa de cemento empujando el lado seco contra el primer ladrillo para crear una unión de ⅜" de espesor.

4 Aplique mezcla y coloque el tercer ladrillo. Use las líneas marcadas con tiza como referencia. Use el nivel para mantener todo nivelado y a plomo. Ajuste cualquier ladrillo fuera de posición golpeándolo levemente con el mango del palustre.

5 Instale los tres primeros ladrillos para la otra pared, paralela a la primera. Nivélelas y asegúrese que los ladrillos de las puntas y las uniones están alineados. Llene los espacios entre ambas paredes en cada punta aplicando mezcla.

Ladrillos de cabecera

6 Corte un ladrillo por la mitad, luego aplique una capa de cemento sobre la superficie de la primera fila para sentar esa mitad. Aplique mezcla a la punta de la mitad, y colóquela sobre la primera fila creando una unión de ⅜". Quite el exceso de mezcla y verifique que los ladrillos van quedando a nivel y a plomo.

7 Instale más ladrillos completos y mitades en cada punta de las hileras de ambas paredes hasta llegar a la cuarta hilera. Alinee los ladrillos con las líneas de referencia. NOTA: Para construir esquinas, ponga un ladrillo de cabecera al final de las dos hileras paralelas. Coloque el primer ladrillo en la hilera siguiente perpendicularmente al ladrillo de la hilera anterior.

(continúa)

Cómo construir una pared de doble ladrillo (continuación)

8 Compruebe el distanciamiento de los ladrillos de las puntas usando un nivel. Si están correctamente separados, formarán una línea derecha cuando recueste el nivel sobre todos los bordes de las puntas. Si los ladrillos no quedan alineados, no mueva aquellos que ya están sentados. Trate de corregir el error gradualmente a medida que va llenando el medio de las hileras (paso 9) reduciendo o aumentando ligeramente el espacio entre las uniones.

9 Detenga el trabajo cada 30 minutos para suavizar las uniones de cemento entre los ladrillos. Utilice una herramienta adecuada para suavizar primero las líneas horizontales y luego las verticales. Quite el exceso de mezcla con el palustre. Después que la mezcla se ha sentado, pero no está completamente dura, remueva los excesos de las caras de los ladrillos con un cepillo de cerdas metálicas.

Bloque alineado

10 Construya el lado opuesto de la pared siguiendo los mismos métodos anteriores. Marque las líneas con tiza como referencia. Extienda una cuerda entre las dos puntas para crear una línea a ras y a nivel entre ambos extremos. Use bloques con cuerdas para asegurarlas. Apriete la cuerda hasta que quede tirante. Comience a poner los ladrillos (los que quedan en medio de los extremos) en la primera hilera. Use la cuerda como guía.

11 Instale los ladrillos restantes. El último ladrillo llamado el de "cierre", debe ser untado de mezcla en ambas puntas. Centre el ladrillo de cierre entre los dos adyacentes y colóquelo en su sitio ajustándolo con el mango del palustre. Termine las tres primeras hileras de cada pared moviendo la cuerda de guía hacia arriba a medida que va terminando.

12 En la cuarta hilera, coloque los amarres de metal entre la mezcla de una pared y el ladrillo adyacente. Separe los amarres entre 2 y 3 pies de distancia. Para mayor resistencia, coloque varillas de metal en las cavidades entre las paredes y luego llénelas de cemento.

13 Instale las hileras restantes. Coloque amarres de metal cada tres hileras. Revise la cuerda con frecuencia para comprobar el nivel, y use esa herramienta para mantener la pared a plomo y a nivel.

14 Esparza una capa gruesa de cemento sobre la hilera superior, y coloque la placa final sobre la pared para cubrir los espacios vacíos y dar un buen acabado al trabajo. Quite el exceso de cemento. Compruebe que los bloques de la cubierta están a nivel y alineados. Llene las uniones entre las cubiertas con cemento.

Instalar bloques

Las paredes de bloques pueden ser levantadas rápidamente debido al tamaño de las piezas. Sin embargo, se requiere de la misma atención y cuidado como al instalar ladrillos. Revise su trabajo constantemente, y no dude en volver un paso atrás si necesita hacer alguna corrección.

La siguiente sección muestra una pared de bloque de concreto construida una hilera a la vez. Debe tener un cimiento fuerte y nivelado (ver las páginas 46 a 47) antes de empezar.

Todo lo que necesita:

Herramientas: Palustre, cuerda de tiza, nivel, cuerda para nivelar, bloques, accesorio para las uniones.

Materiales: Mezclador de cemento, bloques de concreto de 8 × 8", estacas, bloques para la cubierta, barra de metal, malla de refuerzo.

Aplicar cemento a los bloques significa echar porciones pequeñas de mezcla a ambos lados de las puntas. No es necesario llenar el centro del bloque si el proyecto no lo exige.

Cómo instalar bloques de concreto

1 Instale la primera hilera dejando ⅜" de separación entre cada bloque. Marque líneas de referencia sobre la base de concreto para indicar el final de las hileras. Dibújelas más allá del borde del bloque. Use la cuerda con tiza para marcar líneas de referencia en cada lado de la base y a 3" de distancia de cada lado del bloque. Las líneas sirven de guía cuando comience a colocar los bloques sobre el cemento.

2 Moje un poco la base, mezcle el cemento y eche la mezcla formando un par de líneas al comienzo de la pared para formar la capa inicial para el bloque combinado esquinero. Humedezca bloques porosos antes de colocarlos sobre el cemento.

3 Coloque el bloque combinado esquinero (ver página 103) sobre la mezcla. Presiónelo hasta que el cemento quede de ⅜" de espesor. Mantenga el bloque en su posición y remueva el exceso de mezcla (puede usarla para crear la base del siguiente bloque). Compruebe el nivel y plomada del bloque. Haga los ajustes necesarios golpeando levemente el bloque con el mango del palustre. No deberá desplazar mucha mezcla.

4 Clave una estaca en cada extremo de la pared a construir. Amarre la cuerda entre las estacas. Coloque un nivel sobre la cuerda y ajuste el nivel hasta que quede a ras con el borde superior del bloque esquinero. Eche mezcla sobre la base al otro extremo de la pared e instale el bloque sobre la misma. Ajuste los bloques a nivel y a plomo, y déjelos alineados con la cuerda.

5 Eche la mezcla para el segundo bloque en una esquina de la pared. Unte de cemento la punta del bloque estándar y colóquelo contra el bloque esquinero, presionándolos juntos hasta que la unión quede de ⅜" de espesor. Golpee el bloque con el mango del palustre para ajustarlo hasta que quede nivelado con la cuerda. Siempre debe dejar ⅜" de distancia en cada unión.

6 Instale todos menos el último bloque en la primera hilera, trabajando desde las esquinas hacia el centro. Alinee los bloques con la cuerda de medición. Quite el exceso de cemento de la base antes que se endurezca.

(continúa)

7 Unte de mezcla las puntas de ambos lados del último bloque estándar para cerrar la hilera. Coloque el bloque en su posición manteniendo el espesor de las uniones a la misma densidad. Alinee el bloque siguiendo la cuerda de medición.

8 Eche una capa de cemento de 1" de espesor para el medio bloque en una de las esquinas de la pared. Comience a construir la segunda hilera con la mitad de un bloque.

Uniones verticales

9 Coloque la mitad del bloque sobre la mezcla dejando la parte más suave hacia el frente. Use el nivel para aplomarlo con el bloque esquinero y luego compruebe que esté nivelado. Ajústelo si es necesario. Instale otro medio bloque en la otra esquina.

VARIACIÓN: Si la pared tiene una esquina, comience la segunda hilera con un bloque completo esquinero que sobrepase la unión donde las dos paredes se encuentran. Esta forma de instalación mantiene un agarre constante para la pared.

10 Instale la cuerda de medición de referencia ya sea asegurándola con bloques de línea o con una puntilla. Si no tiene bloques de línea, clave una puntilla sobre la mezcla fresca en cada esquina de la pared, luego amarre la cuerda y pásela sobre la esquina superior de la segunda hilera, como se muestra arriba. Conecte ambas puntas hasta que la cuerda quede templada. Aplique la mezcla para el bloque siguiente, instale la segunda hilera siempre usando la cuerda de medición como referencia.

11 Cada media hora empareje la mezcla de las uniones con un accesorio adecuado y quite el exceso de cemento. Arregle las uniones horizontales primero, y luego las verticales. Quite el exceso de mezcla con la cuchilla del palustre. Cuando la mezcla se ha sentado pero todavía no está muy dura, use una brocha para limpiar las caras de los bloques. Continúe construyendo la pared hasta completarla.

OPCIÓN: Cuando construya paredes de bloques con uniones verticales alineadas, use mallas de metal de refuerzo e instálelas cada tres hileras (o como lo requiera el código local) para incrementar la fortaleza de la pared. La malla debe quedar completamente introducida en la mezcla. Vea la página 110 para otras opciones para reforzar paredes de bloques.

12 Instale la cubierta de la pared para cubrir los espacios vacíos y dar un acabado final. Coloque las piezas sobre una capa de cemento y luego unte las puntas para conectarlas. Nivele la cubierta y arregle las uniones en el resto de la pared.

Una pared de bloque de concreto construida sin cemento, es por lo general cubierta con una capa de enchape a base de cemento que sirve a su vez para fortalecer y decorar la pared. Cuando construya paredes de esta forma, use estacas de metal para nivelar los bloques con las uniones adyacentes.

Paredes individuales de bloque hechas sin cemento

El proyecto presentado a continuación muestra cómo instalar un bloque de pared sin usar cemento entre los mismos. Este tipo de paredes son construidas siguiendo un patrón de agarre y son simples de construir. La fortaleza de la estructura se deriva de la cubierta de cemento que se aplica en todas las áreas expuestas. El cemento crea una unión fuerte entre los bloques, y es capaz de soportar paredes grandes.

La capa es similar en apariencia al estuco, y puede lograr terminados parecidos a este material. Para lograr una mayor fortaleza, puede llenar los vacíos de los bloques con cemento o concreto. De todos modos, las paredes de bloques sin cemento deben ser iniciadas sobre una capa de cemento y sobre un sólido cimiento de concreto.

Todo lo que necesita:

Herramientas: Tijeras para cortar metal, palustre, mazo, cuerda para nivelar, nivel, cuerda de tiza, bloques en línea.

Materiales: Bloques de concreto, amarres de metal, malla de metal, cemento tipo N, cemento para unión de las superficies.

Cómo instalar bloques para pared sin cemento

1 Comience instalando la primera hilera sobre el cimiento de concreto. Cuando se necesite menos de la mitad de un bloque, corte dos bloques. Por ejemplo, donde se necesite bloques de $3\frac{1}{3}$ de largo, use cuatro bloques, y corte dos de ellos a $\frac{2}{3}$. De esta forma tendrá una pared más fuerte y durable.

2 Marque la punta de los bloques esquineros sobre el cimiento usando un lápiz. Luego remueva los bloques y use cuerda con tiza para marcar líneas que indicarán dónde se echará el cemento y la primera hilera de bloques.

3 Humedezca el cimiento con agua, luego aplique una placa de cemento de ⅜" de espesor. Mantenga la mezcla al interior de las líneas demarcadas.

4 Instale la primera hilera, comenzando en una punta, sentando los bloques sobre el cemento y sin dejar espacio entre los mismos. Use bloques de caras sólidas en las esquinas, y revise el nivel de la hilera.

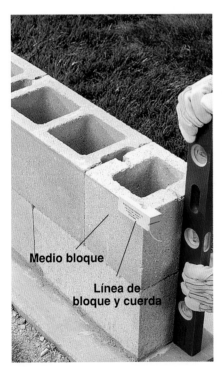

Medio bloque

Línea de bloque y cuerda

5 Instale hileras una a la vez, usando el nivel para mantener todo a plomo, y la línea de bloque para mantener el nivel. Comience las hileras con bloques de cara sólida en cada esquina. Use medios bloques para establecer un patrón de agarre.

6 Instale una malla de agarre sobre la penúltima hilera. Instale la última hilera y llene los agujeros de los bloques con cemento hasta el borde. Suavice la superficie. Termine el trabajo aplicando una capa de cemento sobre la superficie (ver páginas 182 y 183).

7 Complete la pared nivelándola y manteniéndola a plomo a medida que va trabajando. Una vez termine, aplique concreto de chapado sobre toda la superficie, como se muestra en el proyecto de las páginas 182 y 183.

Las paredes de retención para terrazas son apropiadas en terrenos con declive. Dos o más paredes de retención son más estables y fáciles de construir, que una sola pared alta. Construya terrazas con paredes a no más de 3 pies de altura.

Paredes de retención construidas con bloques

Las paredes de retención son comúnmente usadas para nivelar un patio o para prevenir los efectos de la erosión en un terreno con declive. En un terreno plano, puede levantar una pared baja para crear un área elevada para sembrar plantas.

Mientras este tipo de paredes pueden ser construidas con una gran variedad de materiales, como maderas presurizados y piedra natural, es común usar bloques interconectados. Estos materiales, por lo general hechos de concreto, son poco costosos, muy durables, y también fáciles de instalar. Hay una gran variedad de bloques disponibles en centros de materiales para construcción. Muchos tienen un acabado de roca natural que combina la tosca textura de la piedra cortada, con la forma uniforme y tamaño de los bloques de concreto.

Los bloques para intercalar tienen aproximadamente un peso hasta 80 libras, y es recomendable contar con la ayuda necesaria en el momento de realizar la construcción. Los distribuidores ofrecen buenos descuentos cuando se compra en cantidad, y podría ahorrar una buena cantidad de dinero si coordina su proyecto junto con el de sus vecinos.

Las paredes de retención en esta sección fueron construidas con bloques intercalados o piedra cortada. Es fácil de trabajar con estos materiales durables.

Sin importar qué material use, las paredes de retención pueden ser afectadas si el agua satura el terreno en su interior. Por tal razón, debe incluir los métodos apropiados de drenaje (ver las páginas 127 y 128). Es posible que tenga que excavar una zanja para crear el drenaje (ver las páginas 30 y 31) antes de construir en áreas bajas.

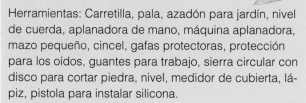

Todo lo que necesita:

Herramientas: Carretilla, pala, azadón para jardín, nivel de cuerda, aplanadora de mano, máquina aplanadora, mazo pequeño, cincel, gafas protectoras, protección para los oídos, guantes para trabajo, sierra circular con disco para cortar piedra, nivel, medidor de cubierta, lápiz, pistola para instalar silicona.

Materiales: Estacas, cuerda para medir, tela para jardín, gravilla compactable, tubería perforada para drenaje, material para relleno, pegante para construcción.

Opciones para colocar una pared de retención

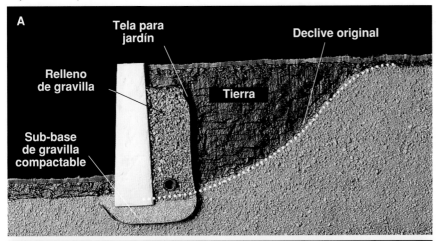

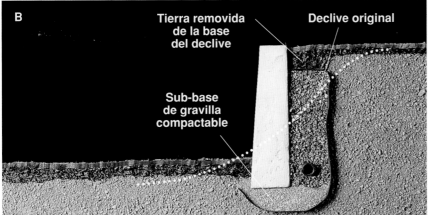

(A) Incremente el nivel del área arriba de la pared construyendo la pared lo más retirado posible del borde del declive. Llene el área trasera con tierra (disponible en centros de distribución de gravilla y arena).

(B) Mantenga la forma básica del jardín construyendo la pared lo más cerca posible del borde del declive. Utilice la tierra removida de la base del declive para rellenar el espacio detrás de la pared.

Entre las características generales de todas las paredes de retención se incluyen: Una sub-base de gravilla compactable para crear una base sólida para la pared, el terreno trasero relleno con piedra compactada, una tubería perforada para mejorar el drenaje detrás de la pared, y tela para jardín para evitar que la tierra se disperse y obstaculice el área de la gravilla.

Consejos para construir paredes de retención

Rellene el terreno con piedra compactada e instale la tubería de drenaje perforada a unas 6" del fondo del terreno rellenado. Lleve la tubería hacia un lado o hacia abajo de la pared de retención, donde el agua puede fluir lejos del declive sin causar erosión.

Construya una trocha inclinada cuando la punta de la pared de retención deba mezclarse con el declive existente. Estas paredes por lo general son diseñadas para que las curvas finales regresen al interior del declive.

Cómo construir una pared de retención con bloques interconectados

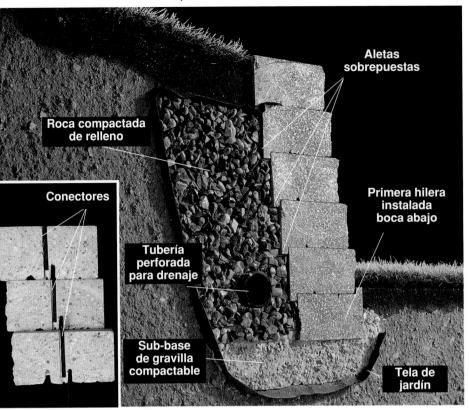

Roca compactada de relleno

Aletas sobrepuestas

Conectores

Tubería perforada para drenaje

Primera hilera instalada boca abajo

Sub-base de gravilla compactable

Tela de jardín

Una pared de bloques interconectados no necesita de cemento. Algunos sistemas son conectados por aletas sobrepuestas que automáticamente se bloquean cuando se aglomeran (como se muestra en la foto). Otros tipos de bloques utilizan conectores de fibra de vidrio (foto anexa).

1 Excave sobre el declive (si es necesario). Deje 12" de espacio para el relleno de roca entre la parte trasera de la pared y el declive. Use estacas para marcar el borde frontal de la pared. Conecte las estacas con cuerda, y use el nivel de cuerda para medir el nivel.

2 Profundice el fondo de la excavación para que quede 6" más abajo que la altura del bloque. Por ejemplo, si usa un bloque de 6" de espesor, excave a 12" de profundidad. Mida a partir de la cuerda para asegurarse que la base inferior quede a nivel.

3 Cubra la excavación con tiras de tela para jardín cortadas a 3 pies más largo que la altura total de la pared. Las tiras deben sobreponerse al menos 6".

4 Distribuya una capa de gravilla compactable de 6" de espesor al fondo de la excavación para crear la sub-base. Presiónela por completo. Una aplanadora mecánica alquilada puede dar mejores resultados que una manual.

5 Coloque la primera hilera de bloques, alineando los bordes frontales con la cuerda de medición. Cuando utilice bloques con aletas, instale la primera hilera boca abajo y hacia atrás. Revise el trabajo frecuentemente con el nivel, y haga los ajustes si es necesario, agregando o quitando sub-base debajo de los bloques.

6 Instale la segunda hilera siguiendo las instrucciones del fabricante. Compruebe que los bloques van quedando a nivel. Instale los bloques con aletas con las mismas ajustadas contra la hilera inferior. Agregue de 3 a 4" de gravilla detrás del bloque y ajústela con una aplanadora manual.

7 Corte los bloques por la mitad para las esquinas y extremos de la pared, y úselos para intercalar uniones verticales entre cada hilera. Marque los bloques enteros con una sierra circular con disco para cortar piedra, luego córtelos en la marca usando un cincel.

(continúa)

Cómo construir una pared de retención con bloques interconectados (continuación)

8 Agregue la gravilla y compáctela lo necesario creando un leve declive (más o menos ¼" de altura por cada pie del tubo de desagüe) dirigiéndolo hacia la salida del tubo. Coloque el tubo sobre la gravilla a 6" detrás de la pared y con las perforaciones hacia abajo. Compruebe que no quede obstruido (ver la página 31). Instale hileras de bloques hasta que la pared llegue a unas 18" sobre el nivel del piso. Intercale las uniones verticales.

9 Llene el espacio detrás de la pared con más gravilla y compáctela con una aplanadora de mano. Instale las hileras restantes de bloques a excepción de la cubierta final. Vaya llenando y compactando la gravilla a medida que trabaja.

10 Antes de instalar la cubierta final, doble la tela de jardín sobre la gravilla de relleno. Agregue una capa delgada de tierra sobre la tela y compáctela con una aplanadora manual. Doble cualquier exceso de tela sobre la capa de tierra.

11 Unte pegante para concreto sobre la hilera superior de bloques, luego instale el bloque de cubierta. Use tierra para rellenar el espacio detrás y al frente en la base de la pared. Siembre grama o plantas si lo desea.

Cómo instalar una curva a una pared de retención con bloques interconectados

1 Para marcar la curva, clave estacas en cada extremo, y luego otra en el punto donde las líneas extendidas desde las primeras estacas formarán el ángulo correcto. Amarre una cuerda a la estaca con el ángulo correcto, y luego extiéndala hasta llegar a las otras dos estacas para crear el radio de la curva. Marque la curva con harina o con pintura en aerosol, desde la punta de la cuerda, usándola como un compás.

2 Haga la excavación siguiendo la línea demarcada. Para instalar la primera hilera, voltéelos boca abajo, y el frente hacia atrás, y colóquelos sobre la línea de la curva. Use un nivel de 4 pies de largo para comprobar que los bloques están nivelados y colocados en la posición correcta.

3 Instale las hileras siguientes dejando el área sobrepuesta a ras con la parte de atrás de los bloques de la hilera inferior. A medida que construye cada hilera, el radio de la curva cambiará, y afectará el diseño de las mismas. Corte los bloques al tamaño correcto donde sea necesario. Use pegante para concreto para la instalación, aplicando el adhesivo constante y permanentemente.

4 Use medios bloques, o córtelos al tamaño correcto, para terminar las esquinas o el final de la pared.

Construir columnas de ladrillo

Esta columna de 4 pies de altura fue construida con 18 hileras de ladrillos. La cubierta de ladrillo adiciona un toque de elegancia y la protege contra la lluvia, el hielo y la nieve. También puede construir columnas con cubiertas de piedra, o, como se muestra en las páginas siguientes, con cubiertas de concreto disponibles en muchos tamaños.

Las columnas decorativas son fáciles de diseñar porque no tiene que preocuparse por los ajustes de las paredes de piedra o ladrillo conectadas debido a los cambios de estación.

En este ejemplo diseñamos un par de columnas de 12 × 16" sólo con ladrillos huecos, y no hay necesidad de cortes. Las columnas tienen una apariencia refinada, pero tienen una gran fortaleza para resistir el paso de los años.

Después de terminar la última hilera, puede cubrirla con un ladrillo o una cubierta de piedra para un acabado vistoso. También puede construir dos columnas conectadas por un arco (ver las páginas 136 a 139).

Si va a construir un arco, puede incorporar accesorios para instalar una puerta de hierro. Es más fácil conectar soportes en cemento fresco, y también deberá tener en cuenta en qué hilera se instalarán. Los soportes tendrán un mejor acabado y se conectarán con seguridad por mucho tiempo.

Todo lo que necesita:

Herramientas: Nivel, palustre para instalar ladrillos, accesorio para emparejar las uniones, tijeras para cortar metal, carretilla, pala, azadón, cinta métrica, cincel de punta.

Materiales: Ladrillos estándar modulares (4 × 2⅔ × 8"), vara de madera, cemento tipo N, malla de metal de ¼", cubierta de piedra o concreto, madero de 2 x 2, trozos de madera de, ⅜" de espesor.

Construya los cimientos (ver las páginas 44 a 47) 4" más largos y anchos que el tamaño de las columnas en cada lado. Este proyecto tiene cimientos de 16 x 20".

Consejos para construir columnas de ladrillo

Use un madero para medir y mantener la consistencia de las uniones de cemento. Coloque un listón de 1 x 2 sobre una superficie plana a lo largo de la columna de ladrillos separados ⅜" de distancia. Marque exactamente el espacio sobre el madero. Sosténgalo sobre la columna después de instalar unas hileras para confirmar la consistencia del espesor de la mezcla.

Corte un madero derecho de 2 x 2 para que quepa en forma ajustada entre el espacio de las columnas. A medida que instala cada hilera de la segunda columna, use el 2 x 2 para mantener la distancia constante.

Cómo construir columnas de ladrillo

1 Después que el cimiento se ha curado, instale la primera hilera de cinco ladrillos centrados en la base. Marque las líneas de referencia alrededor de los ladrillos.

2 Eche una capa de cemento al interior de toda la línea de referencia e instale la primera hilera.

(continúa)

Cómo construir columnas de ladrillo (continuación)

3 Use un lápiz o una vara de madera cubierta de aceite vegetal para crear un hueco de desagüe al interior de la mezcla en la primera hilera de ladrillos. Esto crea el drenaje de cualquier agente húmedo que se introduzca en la columna.

4 Coloque la segunda hilera girando los ladrillos 180°. Siga instalando y girando los ladrillos de las siguientes hileras. Use la vara de medición y el nivel para revisar todas las caras de la columna antes de instalar la siguiente hilera. Es muy importante revisar con frecuencia porque cada error se agrandará a medida que instala las siguientes hileras.

5 Después de instalar la cuarta hilera, corte una malla metálica de ¼" y colóquela sobre la capa de cemento. Agregue otra capa delgada de cemento sobre la malla, y luego instale la siguiente hilera de ladrillos.

6 Después de instalar la quinta hilera, use un accesorio para limpiar y suavizar las uniones de cemento que ya están lo suficientemente duras para aguantar un poco de presión con el dedo.

7 En la última hilera, ponga los ladrillos sobre la capa de cemento y la malla de metal. Después de instalar los dos primeros ladrillos, agregue un ladrillo extra en el centro de la hilera. Coloque los ladrillos restantes alrededor. Llene las uniones y límpielas con el accesorio indicado tan pronto como la mezcla se endurezca.

8 Construya la segunda columna de la misma forma como la primera. Utilice la vara de medición y la cuerda para mantener medidas y espacios idénticos.

Cómo instalar una cubierta de piedra

1 Escoja una cubierta de piedra 3" más larga y ancha que la cubierta de la columna. Marque líneas de referencia sobre la parte inferior de la misma. No las instale si va a construir un arco sobre las columnas.

2 Aplique una capa de cemento de ½" de espesor sobre la columna. Centre la cubierta siguiendo las marcas trazadas. Forme una unión con la mezcla debajo de la cubierta a ras con la columna. Nota: Si la mezcla se cae de la unión, presione retazos de madera de ⅜" dentro del cemento en cada esquina que sostiene la cubierta. Quite los maderos después de 24 horas y llene los vacíos con cemento.

Si va a construir un arco sobre un par de columnas, mida la distancia entre las mismas en diferentes lugares. La distancia debe ser igual en todos lados para que las columnas tengan la fortaleza suficiente para sostener el peso del arco.

Construir arcos de ladrillo

Construir un arco sobre dos columnas es un trabajo que se facilita con una simple plantilla semi-circular hecha de contrachapado. Después de ubicar la plantilla en su lugar, puede crear un arco simétrico colocando ladrillos a lo largo del borde en curva. Escoja ladrillos de igual longitud a los usados en las columnas.

Durante el Imperio Romano, los arcos de ladrillo y concreto eran muy populares. Los habilidosos ingenieros se ingeniaban la forma de usar la geometría en la construcción de baños, acueductos, y muchas otras estructuras de concreto. La teoría de su construcción es sólida, y la durabilidad de los materiales es tal, que muchos arcos antiguos todavía permanecen parados a pesar del paso de los siglos.

Todo lo que necesita:

Herramientas: Formón para las uniones, martillo, barra de palanca, sierra de vaivén, sierra circular, compás, nivel, cuerda de medición, palustre, accesorio para emparejar las uniones, punzón.

Materiales: Contrachapado de $\frac{3}{4}$" y $\frac{1}{4}$" tornillos para madera (1", 2"), ladrillos, mezcla de cemento tipo N, maderos de 2 x 4 y 2 x 8, estacas de madera.

Cómo construir una plantilla para un arco

1 Determine la distancia entre los bordes internos de las partes superiores de las columnas. Divida la distancia en dos, luego reste ¼". Utilice esta medida como el radio en el paso 2.

2 Marque un punto en el centro de una lámina de contrachapado de ¾". Utilice un lápiz y una cuerda para trazar un círculo sobre la lámina, usando el radio calculado en el paso anterior. Corte el círculo con una sierra de vaivén. Trace una línea en el punto central y luego corte el círculo por la mitad.

3 Construya la plantilla clavando los dos semi-círculos con tornillos para madera de 2" y maderos de 2 x 4. Para calcular la longitud de los soportes de 2 x 4, reste el espesor combinado de las láminas de contrachapado (1½") del ancho de las columnas, y luego corte los soportes a la medida. Cubra la parte superior de la plantilla con contrachapado de ¼", clavado con tornillos de 1".

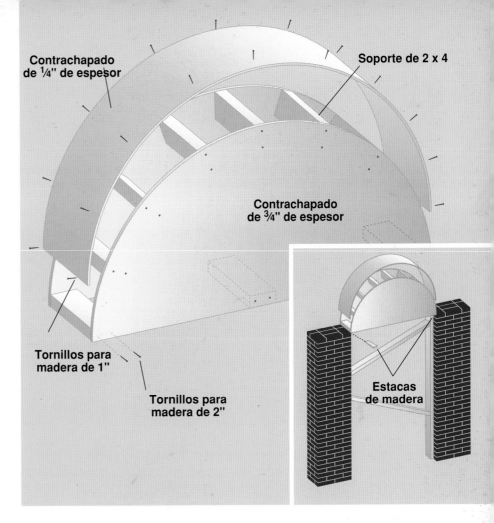

Contrachapado de ¼" de espesor

Soporte de 2 x 4

Contrachapado de ¾" de espesor

Tornillos para madera de 1"

Tornillos para madera de 2"

Estacas de madera

Cómo construir un arco de ladrillo

Consejo: Si las columnas tienen cubiertas, quítelas antes de construir el arco. También quite el cemento seco con un martillo y cincel. Pida ayuda para levantar la cubierta y use una palanca y estacas para remover cada una de las columnas.

1 Para determinar el espacio entre ladrillos, coloque uno en el centro y clave la punta del compás a ras del borde. Abra el compás al ancho del ladrillo y agregue ¼". Demarque la plantilla con un lápiz.

2 Coloque la punta del compás sobre la nueva marca y haga otra a lo largo de la línea curva hasta que quede menos del ancho de un ladrillo.

(continúa)

137

Cómo construir un arco de ladrillo (continuación)

3 Divida la distancia restante por el número de marcas de compás, y aumente la abertura del compás en esa cantidad. Usando un lápiz de otro color, haga las medidas finales a cada lado del centro. Extienda las líneas marcadas a lo largo de la curva hasta llegar al lado opuesto.

4 Corte dos soportes de 2 x 8 a ½" más cortos que la altura de las columnas y recueste cada uno contra las columnas ajustándolos con soportes cruzados de 2 x 8. Clave estacas encima de cada 2 x 8 para levantar la plantilla. La parte inferior debe quedar a ras con la altura de las columnas. Descanse la plantilla sobre los soportes.

5 Haga la mezcla y aplique una capa angosta de $^3/_8$" sobre una de las columnas. Coloque un ladrillo y golpéelo desde arriba con el mango del palustre para ajustarlo. Eche cemento en la parte inferior de los siguientes ladrillos y póngalos en posición.

6 Instale cinco ladrillos, luego amarre una cuerda en el punto central de la plantilla en cada lado. Use las cuerdas para comprobar que cada ladrillo está alineado. Tenga cuidado de no desplazar otros ladrillos cuando los ajuste en su posición.

7 Para balancear el peso sobre la plantilla, trabaje en el otro lado. Continúe alternando hasta que quede campo para un ladrillo. Suavice las uniones anteriores con un accesorio a medida que se van endureciendo.

8 Aplique cemento en el centro (o ladrillo principal), lo más preciso posible, y póngalo en su lugar. Suavice las uniones restantes con la herramienta correspondiente.

9 Aplique una capa de cemento sobre la primera hilera, y luego coloque la mitad de la segunda serie de ladrillos en cada lado. Mantenga la mezcla al mismo espesor que la primera hilera. Algunas de las uniones van a quedar intercaladas dando más fortaleza al arco.

10 Coloque varios ladrillos sin mezcla en un lado usando las estacas en reemplazo del cemento para saber cuánto espacio queda. Quite las estacas e instale los ladrillos restantes con la mezcla. Suavice las uniones con la herramienta correcta.

11 Deje la plantilla en su lugar por una semana, humedeciéndola de vez en cuando. Quite la plantilla y los soportes con cuidado. Raspe y suavice las uniones debajo del arco.

Asador construido de ladrillo

El diseño del asador mostrado en este ejemplo es construido con paredes dobles —una pared interna hecha de ladrillos refractarios instalados sobre sus bordes rodeando el área de cocinar, y una pared externa hecha de ladrillos especiales más fuertes y resistentes a la humedad—.

Debido a sus dimensiones más grandes tendrá que instalar menos ladrillos. El diseño se alterará si usa otro tamaño de ladrillo. Un espacio de 4" entre las paredes ayuda a aislar el área de cocinado. La parte superior de ambas paredes es cubierta con una laja de piedra delgada.

El cemento refractario también es recomendado con este tipo de ladrillo. Es resistente al calor y las uniones durarán mucho más tiempo sin rajarse. Consulte con el almacén de materiales para seleccionar un cemento de esta clase para uso exterior.

El cimiento está combinado entre una base de 12" de profundidad con una placa reforzada. Esta estructura, conocida como una placa flotante, es diseñada para expandirse en una sola unidad cuando los cambios de temperatura afectan el suelo. Consulte el inspector local sobre las especificaciones de los códigos de construcción.

Todo lo que necesita:

Herramientas: Cinta métrica, martillo, formón, cuerda de medición, pala, tijeras para cortar metal, sierra recíproca o de vaivén, azadón, llana de madera, cuerda con tiza, nivel, carretilla, palustre, accesorio para emparejar uniones.

Materiales: Estacas, maderos de 2 x 4, malla de metal galvanizada de calibre 18, barra #4, alambre de amarre calibre 16, soportes para la malla, ladrillos refractarios (4$\frac{1}{2}$ × 2$\frac{1}{2}$ × 9"), ladrillos especiales (4 × 3$\frac{1}{5}$ × 8") y (4 × 2 × 12"), cemento tipo N, cemento refractario, barra cilíndrica de $\frac{3}{8}$" de diámetro, amarres de metal, plaquetas en forma de "T" de 4", sellador para ladrillos, malla expandible a prueba de óxido (23$\frac{3}{4}$ × 30"), parrilla (grilla) para cocinar (23$\frac{5}{8}$ × 15$\frac{1}{2}$"), bandeja para ceniza.

Comentario sobre los ladrillos: Los tamaños de ladrillos recomendados le permiten construir este asador sin tener que cortar muchas piezas. Si no son fáciles de conseguir en su área, un distribuidor local puede ayudarlo a ajustar las dimensiones del proyecto para acomodar los diferentes tamaños de ladrillos.

Cómo verter un cimiento flotante

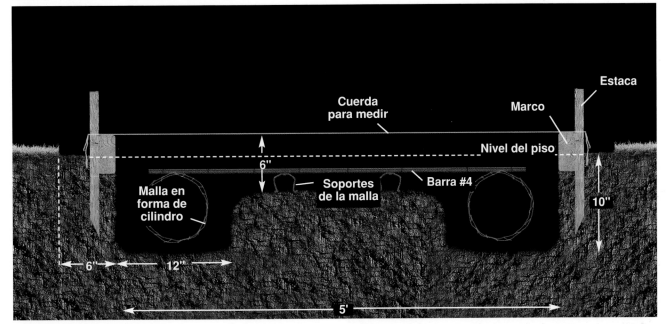

Marque un área de 4 x 5 pies. Excave una trocha de 12" de ancho por 10" de profundidad, al interior del perímetro marcado, dejando un montículo rectangular en el centro. Quite 4" de tierra de arriba del montículo y redondee los bordes. Coloque un marco de 2 x 4 (ver página 28) alrededor del lugar dejando la parte de atrás a 2" sobre el nivel del piso, y la parte frontal a 1½" Esta inclinación ayudará a que resbale el agua. Refuerce el cimiento con una malla de metal y cinco barras de 52" de largo. Use la cuerda y el nivel para comprobar que los marcos están cuadrados de lado a lado.

Enrolle las mallas en cilindros de 6" de diámetro y córtelos para que quepan en la trocha, dejando un espacio de 4" entre las puntas de los cilindros y los lados del hueco. Amarre las barras a las mallas dejando las puntas a 4" de distancia del frente y parte trasera de la trocha, y centrados de lado a lado. Ubique las otras tres barras equidistantes en el medio. Use soportes donde sea necesario sostener las barras dentro de la mezcla. Cubra los moldes con aceite vegetal y vierta el concreto.

Cómo construir un asador de ladrillo

1 Después que el cimiento se ha curado por una semana, use una cuerda con tiza para delinear los bordes internos de la pared de ladrillo refractario. Trace una línea a 4" del borde frontal, y una línea central perpendicular a esta línea. Haga un rectángulo de 24 x 32" comenzando desde la línea de 4" y centrado sobre la línea de la mitad.

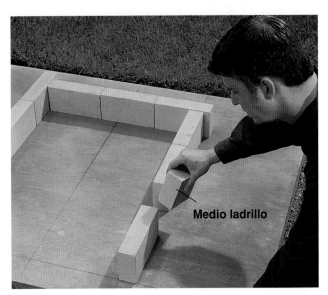

2 Coloque ladrillos refractarios sueltos en la parte externa del rectángulo dejando un espacio de ⅛" para las uniones con cemento. Nota: Es necesario la ubicación correcta de las paredes internas para soportar las parrillas. Coloque un ladrillo completo sobre la línea a 4" para iniciar las paredes hacia la izquierda y derecha. Complete la hilera con un ladrillo cortado por la mitad colocado en la pared corta.

(continúa)

Cómo construir un asador de ladrillo (continuación)

3 Coloque piezas sueltas en la pared exterior (como lo muestra la foto) de ladrillos especiales de 4 × 3⅕ × 8". Separe los ladrillos ⅜" para unirlos con la mezcla. La pared trasera debe quedar a ⅜" del último ladrillo refractario en la pared interior izquierda. Complete la pared izquierda con un ladrillo cortado por la mitad, en medio de la misma. Marque las líneas de referencia para la pared exterior.

4 Construya una vara para medir. Marque en un lado ocho hileras de ladrillos refractarios, dejando ⅜" de separación para la unión inferior y ⅛" para las uniones restantes. El borde final de la última hilera debe quedar a 36" del borde inferior. Pase la marca superior al otro lado de la vara. Coloque once hileras de ladrillo especial, separándolos equidistantemente, para que la hilera final quede a ras con la marca a 36". Cada unión horizontal de cemento será de un poco menos de ½" de espesor.

5 Instale una capa de cemento refractario para una unión de ⅜" a lo largo de las líneas de referencia de la pared interior, luego coloque la primera hilera de ladrillos refractarios dejando un espacio de ⅛" entre cada uno.

6 Instale la primera hilera exterior con cemento tipo N. Use varas de madera de ⅜" cubiertas de aceite para crear agujeros de desagüe detrás de los ladrillos frontales, al lado derecho e izquierdo de las paredes. Instale en forma alterna ambas paredes revisando el trabajo con una vara de medición y un nivel después de colocar cada hilera.

7 Comience la segunda hilera de la pared exterior con un medio ladrillo pegado contra la pared interior; luego complete la hilera. Debido a que hay un medio ladrillo en la pared exterior derecha, necesita usar dos ladrillos de ¾ de largo en la segunda hilera para intercalar las uniones.

8 Coloque amarres de metal en las esquinas de ambas paredes sobre la segunda, tercera, quinta y séptima hilera. Use amarres en las conexiones frontales y a lo largo de las paredes traseras. Cubra con cemento donde se encuentra la pared interior izquierda con la exterior trasera.

9 Suavice las uniones de cemento con la herramienta adecuada cuando la mezcla se ha endurecido lo suficiente para resistir mínima presión del dedo. Revise las uniones en ambas paredes cada cinco hileras. Varias de las mezclas quizás necesiten suavizarse en diferentes momentos.

10 Instale soportes en forma de "T" para la parrilla sobre la quinta, sexta y séptima hileras. Use plaquetas de 4" de ancho con aletas de no más de $3/32$" de espesor. Colóquelas sobre las paredes refractarias centradas a 3", 12", 18" y 27" desde la pared trasera.

11 Después de terminar ambas paredes, instale las cubiertas. Aplique una capa de cemento tipo N de $3/8$" de espesor sobre ambas paredes. Coloque las cubiertas sobre las paredes dejando el borde interior a ras con la pared refractaria. Compruebe que los ladrillos estén a nivel y suavice las uniones cuando estén listas. Después de una semana, aplique sellador para ladrillo a las cubiertas y uniones y luego instale las parrillas.

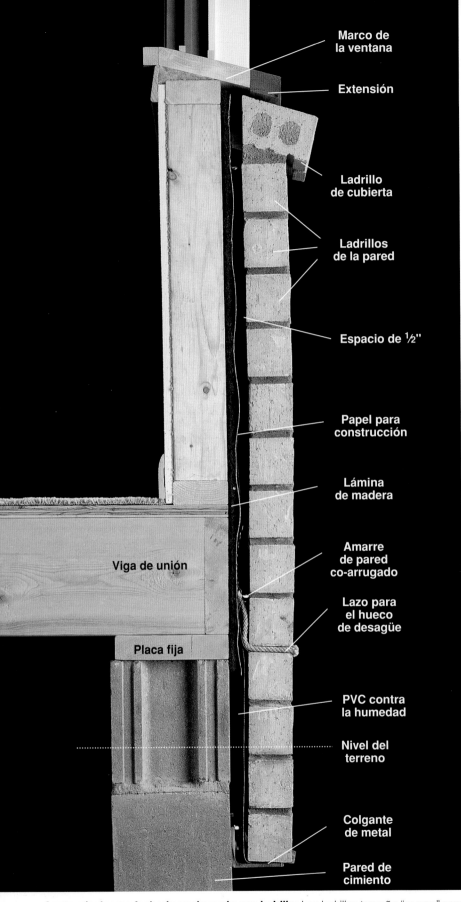

Marco de
la ventana

Extensión

Ladrillo
de cubierta

Ladrillos
de la pared

Espacio de ½"

Papel para
construcción

Lámina
de madera

Viga de unión

Amarre
de pared
co-arrugado

Lazo para
el hueco
de desagüe

Placa fija

PVC contra
la humedad

Nivel del
terreno

Colgante
de metal

Pared de
cimiento

Anatomía de una fachada enchapada con ladrillo: Los ladrillos tamaño "queen" son instalados sobre un soporte de metal o concreto, y conectados al cimiento y paredes con amarres de metal. Los ladrillos de cubierta se cortan para mantener el declive del marco de la ventana, y descansen sobre el borde de la última hilera de ladrillos.

Paredes enchapadas con ladrillo

Un chapado en ladrillo es en esencia una pared de ladrillo construida alrededor de una pared exterior de la vivienda. Es conectada a la casa por medio de amarres de metal y sostenida con un soporte de metal desde el cimiento. Se recomienda usar ladrillos tamaño "queen" porque son más delgados que los ladrillos estándar para construcción. Esto significa que las paredes tendrán que sostener menos peso. Sin embargo, los ladrillos de chapado son pesados, y debe consultar con su inspector local sobre códigos y normas para este tipo de construcción. En este ejemplo, el ladrillo de enchape es instalado sobre el cimiento de las paredes, y paredes laterales, hasta la parte inferior del marco de la ventana en el primer piso de la casa. Los acabados de cubierta de la pared se quitan en estas áreas antes de instalar el ladrillo.

Construya una vara de medición antes de instalar los ladrillos para poder revisar el trabajo a medida que construye la pared, y para mantener la distancia y espesor de las uniones consistentes. En este proyecto se usó una distancia estándar de $\frac{3}{8}$".

Todo lo que necesita:

Herramientas: Martillo, sierra circular, escuadra combinada, nivel, taladro con broca para concreto, juego de llaves para tornillos, pistola para grapas, palustre, azadón, caja para mezclar, cincel, mazo.

Materiales: Madera presurizada de 2 x 4, tornillos de cabeza cuadrada de $\frac{3}{8}$ x 4" y arandelas, madero de 2 x 2, anclas de lámina de metal, ángulos de hierro para los soportes de metal, rollo de tela impermeable PVC 30 mil, metal corrugado para el amarre de paredes, ladrillo para extensiones, madera para extensiones, cemento tipo N, ladrillos, lazo de algodón de $\frac{3}{8}$ de diámetro.

Cómo instalar un chapado de ladrillo

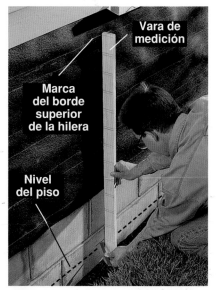

1 Quite todo el material que cubre la pared en el área donde va a instalar el chapado. Antes de comenzar a trabajar, corte un madero presurizado de 2 x 4. Coloque el madero de extensión sobre el marco de la ventana en forma temporal.

2 Corte los ladrillos siguiendo el declive del marco de la ventana y sobrepóngalos sobre la hilera 2". Coloque esta hilera debajo de la extensión del marco. Use la escuadra combinada o un nivel para transferir la medida del punto más bajo del ladrillo sobre el papel de la pared (marcando la altura para la hilera superior de ladrillos). Use un nivel para extender la línea de marca. Quite el madero de extensión.

3 Construya una vara de medición larga para que sobrepase la altura del chapado a construir. Marque la vara con espacios de $\frac{3}{8}$" entre ladrillos. Excave una zanja de 12" de ancha por 12" de profundidad al lado de la pared. Coloque la vara para que la marca superior en el papel sobre la pared se alinee con la medida del ladrillo superior en la vara. Marque la primera hilera sobre la pared más abajo del nivel del piso.

4 Extienda la marca para la primera hilera sobre la pared de cimiento usando un nivel como guía. Mida el espesor del metal de soporte (por lo general $\frac{1}{4}$"), y perfore huecos guía para clavar puntillas 10d en el cimiento, cada 16" de distancia a lo largo de la línea de la primera hilera, dejando espacio para el metal. Clave las puntillas para dar soporte temporal al metal.

5 Coloque la lámina de metal sobre los soportes provisionales. Marque el sitio central de unión de cada bloque sobre la cara vertical del metal. Quite el metal y abra huecos de $\frac{3}{8}$" de diámetro para clavar tornillos de cabeza cuadrada en esas marcas. Coloque el metal sobre las puntillas provisionales y marque los huecos sobre los bloques. Quite el metal y perfore los huecos en los bloques para colocar los anclajes para cemento en la base. Use una broca para concreto. Introduzca los anclajes.

(continúa)

Cómo instalar un chapado de ladrillo (continuación)

Espacio de la unión

6 Coloque el metal de soporte con los huecos alineados con los anclajes de concreto. Clave el metal al cimiento de la pared con tornillos de cabeza cuadrada de $3/8 \times 4$" y arandelas. Deje $1/16$" de espacio en la unión del metal. Quite las puntillas de soporte temporal.

7 Después de instalar las secciones de metal, cúbralas con papel contra la humedad PVC y clávelo con grapas sobre la pared. Sobreponga el papel sobre el metal.

8 Pruebe instalando la primera hilera sobre el soporte de metal. Comience desde las esquinas hacia el interior. Use separadores para marcar el espacio entre ladrillos. Quizás tenga que cortar la última pieza de ladrillo de la hilera. Puede instalar la hilera en un patrón intercalado usando ladrillos cortados.

$1/2$" a 1" de espacio entre el papel de construcción y el chapado

$3/8$" de espacio máximo sobresalido del metal

9 Construya en las esquinas dos hileras sobre el nivel del piso, luego conecte bloques de línea y cuerdas de medición a los ladrillos extremos. Instale los ladrillos internos alineados con las cuerdas. Suavice las uniones de cemento que ya están firmes cada 30 minutos.

10 Instale otra hoja de papel contra la humedad PVC sobre la pared cubriendo la hilera superior de ladrillos, luego pegue papel de construcción sobre la pared con grapas sobrepasando el borde superior del papel PVC al menos 12". Marque la localización de las vigas sobre el papel.

11 Use la vara de medición para marcar el borde superior de cada cinco hileras de ladrillos. Clave amarres de pared de metal corrugado sobre la pared donde las marcas de los ladrillos se cruzan con las marcas de las vigas.

12 Construya la siguiente hilera de ladrillos aplicando la mezcla sobre el papel PVC. Inserte un lazo de algodón de 10" de largo x ⅜" de diámetro cada tres uniones de ladrillos para que se extienda hasta la parte de abajo de la unión. Así creará un agujero para el desagüe. Introduzca los amarres de metal en la mezcla aplicada en esta hilera.

13 Adicione más hileras comenzando desde las esquinas. Introduzca los amarres de pared en la mezcla a medida que los encuentra. Use bloques de línea y cuerdas de medición para verificar que todo está alineado, y verifique con frecuencia que el chapado está a plomo usando un nivel.

14 Aplique una capa de cemento de ½" de espesor sobre la última hilera, e instale los últimos ladrillos de cubierta con el lado cortado contra la pared. Eche una capa de cemento sobre la cara inferior de cada ladrillo y presiónelo contra el papel, dejando el borde superior en la misma inclinación del marco de la ventana.

Molde de extensión de madera

15 Clave con puntillas las extensiones de madera sobre el marco de la ventana. Clave las molduras sobre la pared para cubrir cualquier espacio dejado entre los ladrillos y la pared. Llene las hileras de ladrillos de cubierta con cemento, y aplique silicona en cualquier vacío dejado alrededor del enchape.

Maceta construida con ladrillo

El ladrillo es un material elegante para construir macetas a las entradas de viviendas. También se complementa con la superficie pavimentada. Para crear el cimiento, construya una base separada de las estructuras adyacentes, como la entrada o el cimiento de la casa, usando uniones aislantes. Al construir macetas más grandes, a menudo se requiere de una base de congelamiento. Consulte los códigos con el inspector local.

Todo lo que necesita:

Herramientas: Cuerda de medición, nivel de cuerda, pala, rastrillo, azadón, carretilla, aplanadora manual, mazo de caucho, accesorio para emparejar uniones, cinta métrica, escoba, palustre.

Materiales: Cemento tipo S, ladrillos, tornillos, maderos de 1 x 4, estacas, moldes para escalones de concreto de 1 x 4, ladrillos para el piso, gravilla compactable, tubería de cobre o PVC de $^3/_8$" de diámetro, arena, madero aislante, cubierta de ladrillos, tela para jardín.

Puede crearse una maceta con un acabado rústico y antiguo al decorar la estructura de ladrillo. Esta maceta de ladrillo fue diseñada para combinar con la entrada de esta vivienda (ver páginas 159 a 161).

Cómo construir una maceta de ladrillo

1 Excave el lugar de construcción, instale el marco y los maderos aislantes. Vierta el concreto para el cimiento. Deje secar la base tres días antes de construir la maceta. Quite los marcos y corte los maderos aislantes a ras con las estructuras adyacentes (como la grama arriba mostrada). CONSEJO: Cubra las áreas alrededor para su protección.

2 Ensaye con la primera hilera, luego haga las marcas sobre la base de concreto. Humedezca un poco la superficie, haga la mezcla, y eche un poco de cemento como base en una esquina (ver páginas 116 a 119). Comience a instalar los ladrillos para la maceta untando de cemento una de las puntas antes de sentarlos sobre el cemento.

3 Instale una sección de la primera hilera. Compruebe con frecuencia que los ladrillos van quedando a ras y nivelados. Coloque dos ladrillos esquineros de *retorno* perpendiculares a los finales en la primera hilera. Use el nivel para que queden a ras en la superficie.

4 Abra los huecos para el desagüe en la primera hilera de ladrillos a los lados más alejados de estructuras permanentes. Corte una pieza de tubo de cobre o PVC de $\frac{3}{8}$" más o menos $\frac{1}{4}$" más largo que el ancho del ladrillo. Coloque las piezas sobre el cemento en las uniones de ladrillos y presiónelas hacia abajo hasta que toquen la base de concreto. Asegúrese que el cemento no va a bloquear los agujeros.

5 Termine de construir todos los lados de la primera hilera. Construya la segunda hilera hacia el lado contrario de las esquinas para crear uniones verticales escalonadas si está usando este tipo de diseño. Siga construyendo una hilera a la vez hasta llegar a la altura deseada. Revise con frecuencia que la superficie de los ladrillos esté a ras y los lados estén a plomo.

6 Instale las cubiertas de ladrillos para impedir que entre agua sobre las paredes de la maceta y para darle un toque decorativo. Coloque las cubiertas sobre una capa de $\frac{3}{8}$" de cemento, untando de mezcla una punta de cada ladrillo. Deje secar todo por una semana. Antes de agregar tierra, vierta una placa de gravilla de 4 a 6" de espesor para crear el drenaje, luego coloque tela para jardín sobre el fondo y paredes de la maceta para evitar que la tierra atasque los tubos de desagüe.

Pavimentar con ladrillo en seco

Construir un patio con ladrillos y arena es un trabajo simple que da como resultado una estructura atractiva y funcional. Para lograr buenos resultados, es mejor trabajar sobre un área del tamaño de una habitación normal (100 pies cuadrados o más). Existe una gran variedad de ladrillos para complementar el estilo de la vivienda y los elementos del jardín.

Todo lo que necesita:

Herramientas: Cinta métrica, nivel, cuerda para medir, pala, nivel de cuerda, rastrillo, aplanadora manual y mecánica, mazo de caucho, cincel, mazo, sierra circular, disco para cortar concreto.

Materiales: Estacas, gravilla compactable, borde de plástico rígido, puntillones galvanizados, tela para jardín, arena, ladrillos, tubos de 1" de espesor.

Cómo construir un patio con ladrillos en seco

1 Para encontrar la medida exacta del patio y reducir el número de cortes, haga una prueba con ladrillos sentados perpendicularmente sobre una superficie plana. Coloque dos hileras de ladrillos a lo largo y ancho del patio, y luego haga las medidas para encontrar la medida final.

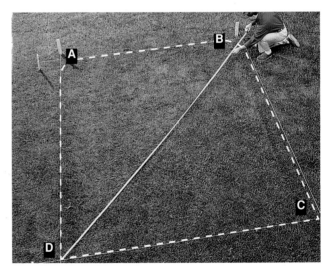

2 Use estacas y cuerdas de medición para crear un rectángulo de iguales dimensiones del patio. Use el método de triangulación 3-4-5 (ver la página 26). Compruebe que las medidas están cuadradas. Las diagonales (A a C y B a D) deben tener las mismas dimensiones. De lo contrario, ajuste las estacas hasta que queden iguales. Las cuerdas servirán de referencia para hacer la excavación del patio.

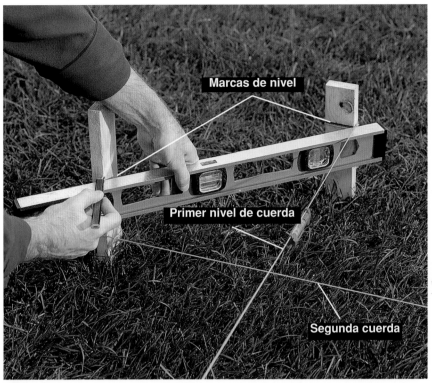

Marcas de nivel

Primer nivel de cuerda

Segunda cuerda

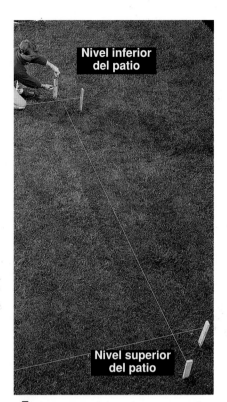

Nivel inferior del patio

Nivel superior del patio

3 Usando el nivel de cuerda como guía, ajuste una de las cuerdas hasta que queden a nivel. Después de nivelarla, marque la altura en las estacas en cada esquina. Para ajustar las cuerdas restantes para que queden a nivel con la primera, use el nivel como guía para hacer las marcas sobre las estacas adyacentes. Luego ajuste las cuerdas a las marcas de referencia. Use el nivel de cuerda para comprobar que todas las cuerdas queden a nivel.

4 Para crear el drenaje correcto, el patio debe tener un declive de ⅛" por cada pie de distancia alejado de la casa. Mida a partir del nivel superior hasta el inferior (en pies) y multiplique el resultado por ⅛. Mida desde las marcas de nivel en las estacas del nivel inferior y marque la distancia del declive.

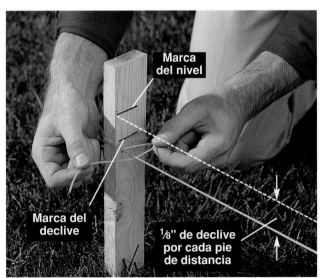

Marca del nivel

Marca del declive

⅛" de declive por cada pie de distancia

6"

5 Baje las cuerdas sobre la estaca de nivel inferior para que queden iguales con las marcas de la distancia del declive. Mantenga todas las cuerdas en su lugar para usarlas como guía en la excavación y al instalar el borde.

6 Quite toda la grama al interior de las cuerdas y a 6" más allá del borde del perímetro del patio. Nota: Si el patio tiene esquinas redondas, utilice una manguera o un lazo para demarcar la excavación.

(continúa)

Cómo construir un patio con ladrillos en seco (continuación)

7 Comenzando con el borde exterior, excave el área al menos 5" más profundo que el espesor de los ladrillos. Por ejemplo, si los ladrillos tienen 1¾" de espesor, excave a 6¾" de profundidad. Siga el declive de las cuerdas de medición. De vez en cuando use un madero de 2 x 4 para nivelar las partes altas y bajas en el centro de la excavación.

8 Vierta una capa de gravilla compactable sobre la superficie de al menos 4" de espesor. Distribúyala con un rastrillo. Es espesor de la capa de sub-base puede variar para compensar los desniveles en la excavación. Utilice un madero largo de 2 x 4 para emparejar la superficie de gravilla. Agregue o remueva gravilla de los sitios elevados y bajos si es necesario.

9 Aplane la sub-base con una aplanadora mecánica hasta que la superficie quede firme y plana. Revise el declive de la sub-base midiendo a partir de las cuerdas de guía (ver paso 12). El espacio entre las cuerdas y la sub-base debe ser igual en todos los puntos.

10 Corte tiras de papel para jardín y extiéndalas sobre la sub-base para cubrir la gravilla y para evitar que crezca maleza dentro del patio. Las tiras deben sobreponerse por lo menos 6".

11 Instale un borde de plástico rígido alrededor de todo el patio debajo de las cuerdas de referencia. Clave el borde dentro de la sub-base a través de los agujeros prefabricados usando puntillones galvanizados. Para permitir posibles ajustes, sólo clave unos cuantos puntillones para mantener el borde en posición.

12 Revise el declive midiendo desde la cuerda hasta el borde de plástico. Hágalo en varios puntos. Todas las medidas deben ser iguales. De lo contrario, ajuste el borde agregando o quitando gravilla debajo del papel de jardín hasta que el declive siga la caída de la cuerda.

13 En el caso de curvas o esquinas, use el plástico rígido con muescas en el borde exterior. Puede ser necesario clavar cada sección del borde con puntillones para mantener la curva en su lugar.

14 Remueva las cuerdas de referencia. Coloque sobre el patio tubos de 1" de espesor, o varas de madera, separados cada 6 pies de distancia. Estos serán usados para medir la profundidad de la base de arena.

(continúa)

Cómo construir un patio con ladrillos en seco (continuación)

15 Extienda una capa de arena de 1" de espesor sobre el papel de jardín y espárzala usando un rastrillo. La arena apenas debe cubrir la superficie de los tubos utilizados como marca.

16 Rocíe agua sobre toda la superficie y compáctela levemente con una aplanadora manual.

17 Empareje la arena descansando un madero de 2 x 4 sobre los tubos de guía incrustados en la arena. Haga un movimiento de vaivén a medida que pasa el madero sobre la superficie. Agregue arena para cubrir las huellas dejadas y los vacíos. Aplane otra vez, y empareje la arena de nuevo hasta que la superficie quede suave y aplanada con firmeza.

18 Remueva los tubos guía alrededor del borde. Llene las ranuras abiertas con arena y aplánelas levemente con una aplanadora manual.

19 Instale el primer ladrillo en una esquina del patio. El ladrillo debe quedar bien unido contra del borde del plástico rígido.

20 Instale el segundo ladrillo a más o menos $\frac{1}{8}$" de distancia del primero. Golpéelo levemente con un mazo de caucho para incrustarlo en la arena. Use la profundidad del primer ladrillo como guía para instalar el resto de los ladrillos.

21 Trabajando hacia afuera desde la esquina, instale secciones de ladrillos de 2 pies de ancho sobre el borde y el interior. Establezca el patrón escogido. Mantenga las uniones bien ajustadas. Instale cada pieza golpeándola con un mazo de caucho.

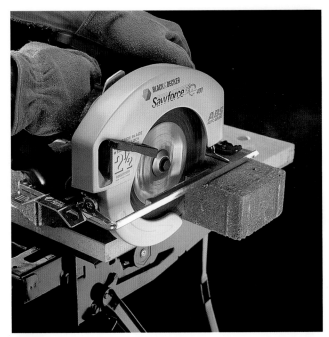

22 Dependiendo del patrón escogido quizás tenga que hacer varios cortes. Marque el corte sobre el ladrillo con un cincel y maceta, o con una sierra circular con disco para cortar concreto (ver las páginas 112 a 113). Haga los cortes finales con el cincel y maceta. Siempre use gafas protectoras y guantes cuando use herramientas para cortar.

23 Después de instalar cada sección, use el nivel para comprobar que los ladrillos están todos parejos. Golpee aquellos que han quedado elevados, o remueva los que han quedado muy profundos y agregue más arena debajo de ellos.

(continúa)

Cómo construir un patio con ladrillos en seco (continuación)

24 Remueva los otros tubos guía cuando los ladrillos instalados se vayan acercando a ellos. Llene las ranuras dejadas por los tubos con arena suelta, y aplane la superficie levemente con una aplanadora manual (ver foto anexa).

25 Continúe instalando secciones de 2 pies de ancho (incluyendo el borde y el interior). A medida que se acerque al otro lado del patio, ajuste el borde de plástico si es necesario para instalar ladrillos completos sin tener que cortarlos.

26 En las esquinas en curva, u otras curvas, instale los ladrillos en forma de abanico dejando separaciones iguales entre cada uno. Las curvas menos pronunciadas pueden acomodar ladrillos completos, pero en las más estrechas, quizás tenga que marcar y cortar los ladrillos para que quepan.

27 Instale los ladrillos restantes al interior. Donde haya que instalar una pieza cortada, colóquela sobre el lugar, marque el corte con un lápiz y una regla. Córtelos con un cincel y una sierra circular con disco para cortar concreto. Después de instalar todos los ladrillos, clave los puntillones faltantes sobre el borde y llene su parte externa con tierra.

28 Use un madero largo de 2 x 4 para comprobar que toda la superficie ha quedado plana. Ajuste las piezas salidas clavándolas en la arena. Remueva las que han quedado muy profundas y agregue arena para elevarlas. Después de ajustar los ladrillos necesarios, use cuerdas de medición para comprobar que las hileras estén derechas.

29 Esparza una capa de arena de ½" sobre toda la superficie del patio. Use una aplanadora mecánica para compactar toda el área y para penetrar la arena entre las uniones.

30 Barra toda la arena suelta y luego lave el patio para comprimir la arena entre las uniones. Deje secar la superficie por completo. Si es necesario, repita el paso 29 hasta que las uniones entre los ladrillos queden completamente llenas de arena.

Opción para el instalado en seco: Para lograr un acabado similar al cemento, instale los ladrillos separados a ⅜". Llene las separaciones con una mezcla seca de cuatro partes de arena por una de cemento. Después de esparcir la mezcla y aplanar el patio, rocíe la superficie con agua. Presione las uniones entre ladrillos con la herramienta adecuada. Después que se haya endurecido la mezcla, cepille los ladrillos con agua y un trapo burdo.

Variaciones en la instalación de ladrillos de patio

Considere la variación en los patrones. Hay muchas formas de instalar ladrillos para una decoración más efectiva. El estilo de esterilla y de espiga (arriba) son dos patrones comunes. Al considerar las variaciones en los patrones, tenga en cuenta la cantidad de cortes requeridos. Por lo general, patrones diagonales, como el de espiga, necesitará cortes alrededor de todo el borde.

Los ladrillos parados (conocido como *estilo soldado*), es diseñado para crear bordes más profundos. Este tipo de diseño es más efectivo cuando está instalando ladrillos sobre una placa de concreto. En este caso el ladrillo esconderá los bordes expuestos del concreto.

Instale ladrillos en la arena para trabajos en patios o jardines. Este tipo de instalación es fácil y rápida, pero tendrá que hacer ajustes de vez en cuando, especialmente en climas fríos. Los cambios de nivel de las heladas pueden hacer que la arena se combe.

Construya una placa de concreto a unas 2" bajo el nivel del suelo para crear un cimiento sólido y permanente para ladrillos unidos con cemento. La combinación de estos elementos es recomendable en áreas de uso intenso, en situaciones donde el sub-suelo es inestable, o donde ocurren extensas heladas y cambios drásticos de temperatura.

Las losas de ladrillo o concreto pueden ser instaladas sobre arena o cemento en una base de concreto o, en algunos casos, sobre un andén o entrada a un garaje. Debido a los cambios drásticos de temperatura (congelamiento y derretimiento), las instalaciones con cemento son mucho más efectivas.

Pavimentar con cemento

El área de entrada es lo primero que notarán quienes visitan su casa. Puede crear una gran impresión construyendo una entrada en ladrillo que le dará a la vivienda una apariencia elegante. También puede agregar un toque especial construyendo una maceta permanente junto a la entrada (ver las páginas 148 a 149) con los mismos ladrillos.

En muchos casos, un descanso de ladrillo, como el mostrado en la foto, puede ser construido directamente sobre el andén existente. Compruebe que la estructura del andén es sólida y sin grietas grandes. Al agregar una estructura adjunta, como una maceta, construya una base separada, y no olvide incluir uniones aislantes para que la estructura no quede conectada al área de descanso o a la casa.

Poniendo en práctica las mismas técnicas, puede convertir un andén viejo de concreto en un camino de ladrillo muy atractivo (ver las páginas 162 y 163). La mezcla aplicada sobre el concreto antiguo suministra el cimiento nivelado para la nueva superficie de ladrillo.

Todo lo que necesita:

Herramientas: Taladro, nivel, azadón, mazo de caucho, bolsa de cemento, accesorio para las uniones, palustre.

Materiales: Madero aislante, cemento tipo S, ladrillos para el piso, tiras de plástico.

Cómo construir un escalón de descanso con ladrillos

Madero aislante

1 Coloque los ladrillos sin mezcla sobre el área para determinar qué clase de diseño utiliza más ladrillos completos (en lo posible). Demarque el diseño sobre el concreto. Instale el madero aislante para prevenir que el cemento se pegue al cimiento de la vivienda. Haga la mezcla y moje un poco la base.

2 Aplique una capa de cemento a tres de los cuatro bordes del área, comenzando en una de las esquinas. Nivele la mezcla a más o menos ½" de profundidad usando un palustre.

3 Instale primero los ladrillos del borde untando la punta de cemento de cada uno a medida que los coloca. Presione los ladrillos sobre la mezcla hasta que quede a unos ³⁄₈" de espesor. Quite los excesos de cemento de la parte superior y los lados de los ladrillos. Use un nivel para comprobar que la superficie de todos los ladrillos está nivelada y confirme que todas las uniones son del mismo espesor.

4 Termine el borde frente al cimiento de la vivienda comprobando una vez más que todas las piezas están a nivel. Quite el exceso de cemento. Construya la tercera sección dejando abierto el frente del descanso para tener fácil acceso para instalar los ladrillos internos.

5 Aplique una cama de cemento de ½" de espesor entre los bordes laterales y trasero. Debido a que el cemento es más fácil de trabajarlo cuando está fresco, mezcle y aplíquelo en pequeñas secciones (no más de 4 pies cuadrados).

6 Coloque los ladrillos sobre el área sin untar cemento en las puntas. Revise que queden alineados con una regla. Ajuste la altura si es necesario y no olvide de mantener su separación constante. NOTA: Los ladrillos por lo general son instalados con separadores en los lados cuando se trata de colocarlos sobre arena. Cuando los instale sobre cemento, use una vara de madera como guía de separación.

7 Instale el resto de los ladrillos hasta completar el diseño de área. Aplique capas de cemento en pequeñas dosis. Instale el último borde. Agregue cemento sobre las uniones cada 30 minutos, hasta que quede a ras con la superficie. CONSEJO: Para minimizar el trabajo, use una bolsa para cemento al aplicar la mezcla sobre las uniones.

8 Suavice y déle forma a las uniones con la herramienta apropiada. Arregle primero el lado largo de los ladrillos y después el angosto. Deje secar la mezcla unas horas. Remueva los residuos con agua y un trapo burdo. Cubra toda el área con un plástico y deje curar el cemento por lo menos dos días. Quite el plástico, pero no camine sobre la superficie por lo menos en una semana.

Cómo instalar un piso de ladrillo sobre concreto

1 Seleccione un diseño para la instalación. Abra una trocha alrededor del concreto un poco más ancha que el espesor de un ladrillo. Debe quedar a más o menos 3½" más profunda que la superficie del concreto. Moje los ladrillos con agua (los secos absorben humedad debilitando la fortaleza de la mezcla).

2 Barra la superficie del concreto, luego enjuáguela, incluyendo los lados, para remover la tierra y los desperdicios. Mezcle una bolsa pequeña de cemento siguiendo las recomendaciones del fabricante. Para mayor conveniencia, coloque la mezcla sobre una pieza de contrachapado.

3 Instale los ladrillos de los bordes con una capa de cemento de 1½" al lado de la placa de concreto y al lado de cada ladrillo. Coloque las piezas al interior de la trocha recostadas contra la placa de concreto. El borde de los ladrillos debe ser de 1½" más elevado que el espesor de los ladrillos del piso.

4 Termine las uniones de los ladrillos del borde con la herramienta correcta (ver paso 9). Mezcle y aplique una capa de cemento de ½" de espesor en una punta del andén con un palustre. El cemento se endurece muy rápido, así que aplíquelo en pequeñas secciones (no más de 4 pies cuadrados).

5 Empareje la superficie con un madero corto de 2 x 4. Corte muescas en las puntas para que quepa entre los bordes de los ladrillos. La profundidad de las mismas debe ser igual al espesor de los ladrillos. Pase el madero sobre la superficie hasta que la mezcla quede suave y pareja.

6 Instale cada ladrillo sobre la mezcla uno a la vez. Mantenga ½" de distancia entre cada uno (puede usar un trozo de contrachapado como guía). Golpee los ladrillos levemente con una maceta de caucho.

7 A medida que termina cada sección, use un nivel para que todos los ladrillos vayan quedando nivelados.

8 Al terminar de colocar ladrillos, use una bolsa para cemento para aplicar mezcla entre las uniones. Trabaje en secciones de 4 pies cuadrados a la vez, y evite untar de cemento el resto del ladrillo.

9 Utilice la herramienta adecuada para suavizar las uniones a medida que termina cada sección. Para mejores resultados, trabaje sobre las uniones largas primero y luego las angostas. Use un palustre para remover los excesos de mezcla.

10 Deje secar el cemento unas horas, luego remueva cualquier residuo con un trapo burdo y agua. Cubra la superficie con un plástico y deje curar el cemento al menos dos días. Quite el plástico, pero no camine sobre la superficie por lo menos en una semana.

Los moldes de concreto prefabricados facilitan la construcción de escaleras exteriores durables. Al sobreponer los moldes en varias formas, puede diseñar una escalera con curvas, ángulos y espirales. Coloque un molde lado a lado para crear pasos más grandes.

Construir escaleras con moldes prefabricados

Los moldes de concreto prefabricados son perfectos para crear escaleras atractivas sin tener que construir moldes de madera y sin verter el concreto usted mismo. En pocas horas puede excavar, colocar los moldes, y verter el concreto. También puede colocar arena al interior de los moldes y luego instalar ladrillos (como lo muestra la foto superior).

Muchos fabricantes ofrecen ladrillos del tamaño indicado para ser instalados en los moldes que ellos ofrecen. Decida cuántos moldes necesitará para las escaleras y el patrón de diseño. Luego consulte las especificaciones del fabricante para determinar la cantidad de ladrillos requeridos.

Todo lo que necesita:

Herramientas: Cuerda para medir, taladro, nivel, pala, rastrillo, aplanadora manual, cinta métrica, maceta de caucho, escoba.

Materiales: Estacas, tornillos, madero derecho de 2 x 4, moldes de concreto, ladrillos, gravilla compactable, arena.

Cómo construir escaleras con moldes prefabricados

1 Demarque el área de trabajo con estacas y cuerda, luego excave el primer escalón. Abra un hueco 6" más profundo que la altura del escalón y 4" más ancho y largo que el mismo, en todas sus direcciones.

2 Llene el hueco con gravilla compactable. Distribúyala con un rastrillo para crear un leve declive de drenaje ($\frac{1}{8}$" por cada pie) desde atrás hacia adelante. Aplane bien el área con una aplanadora manual, luego coloque el primer molde en su lugar. Use el nivel para nivelar el molde de lado a lado, y confirmar que tiene el declive correcto de atrás hacia adelante.

3 Agregue una capa de gravilla dentro del molde y aplánela bien. La distancia entre la gravilla y la superficie del molde debe ser igual al espesor de los ladrillos más 1". Agregue una capa de arena de 1" sobre la gravilla. Use un madero de 2 x 4 a lo largo del molde para mantener la medida constante.

4 Instale los ladrillos en el patrón deseado manteniéndolos a nivel con la superficie de los moldes. Ajústelos si es necesario con una maceta de caucho, o agregando arena por debajo. Use una escoba para esparcir arena para llenar las uniones.

5 Haga la excavación del siguiente escalón teniendo en cuenta el sobrepuesto y espacio de 4" detrás y a los lados para la gravilla. Aplane la gravilla dejando el frente a nivel con la superficie del primer escalón. Repita los pasos 2 a 4. Después de instalar todos los escalones, llene de tierra los costados.

Estuco y chapados

El estuco es una mezcla de cemento "Portland", cal, arena y un agente colorante que, una vez curado, crea una capa durable excelente con una textura única y atractiva.

Trabajando con estuco y chapados

Trabajar con estuco es un arte que ha sido practicado por cientos de años. El estuco moderno es una combinación de cemento Portland, cemento normal, arena, y (al aplicar la capa final) cal; todo mezclado con agua. Todos los ingredientes secos son ampliamente disponibles en bolsas pre-mezcladas. La mezcla es aplicada sobre las paredes y luego perfeccionada con un palustre o un cepillo para lograr el efecto deseado.

Aplicar estuco a toda una vivienda es una tarea que demanda un gran trabajo. Reparar o remodelar áreas pequeñas (ver las páginas 278 y 279) no es difícil. Las paredes que son mantenidas en buena condición y son restauradas ocasionalmente pueden durar por décadas.

El estuco puede ser aplicado sobre superficies de concreto, como bloques, o sobre madera u otros materiales cubiertos con papel de construcción o láminas de metal. Cuando aplique estuco sobre ladrillos o bloques, son necesarias dos capas— una capa como base de $^3/_8$" de espesor, y una final de $^1/_4$" de gruesa—. Cuando se aplique sobre papel de construcción o láminas de metal, son necesarias tres capas —una capa inicial de $^3/_8$" a $^1/_2$" de espesor, una capa marrón de $^3/_8$" de espesor, y una capa final de acabado de $^1/_8$" de espesor—.

Siempre siga las recomendaciones del fabricante en cuanto al tiempo de secado entre las capas.

La piedra de chapado puede consistir de cortes delgados de piedra de cantera o bloques de concreto cubiertos con tintura parecidos a la piedra natural, pero son más livianos y más fáciles de instalar.

Si desea un acabado de piedra en su casa, incluyendo todo el trabajo que requiere cortar y mover piezas pesadas, entonces este material de chapado es el ideal. Este chapado consiste en piezas de piedra natural o manufacturada, cortada o moldeada, para decorar estructuras que no sostengan peso, como las caras de las paredes exteriores o paredes individuales de concreto. Los chapados están creciendo en popularidad porque ofrecen una fácil forma de agregar un toque de grandeza a cualquier estructura.

Aún cuando este tipo de proyectos parecen ser menos complicados que los trabajos con concreto, adicionan una gran cantidad de peso a la pared y deben ser planeados con cuidado. Comience revisando los códigos locales para determinar el peso permitido, el refuerzo necesario, el uso de amarres para paredes, el espacio entre el chapado y la cubierta de la pared, el drenaje, y las especificaciones para los soportes de metal. Quizás también sea requerido un permiso para la construcción.

Después de haber escogido la piedra de chapado y determinado las dimensiones del diseño, construya un ejemplo sobre una superficie plana para visualizar los posibles problemas y dificultades. Si está construyendo un chapado sobre el exterior de la vivienda, examine el área alrededor del cimiento. Los constructores a menudo instalan un soporte de concreto apenas abajo del nivel del suelo como base para el chapado. Si la vivienda no tiene este tipo de base, agregue un soporte de metal al cimiento (ver páginas 144 y 145).

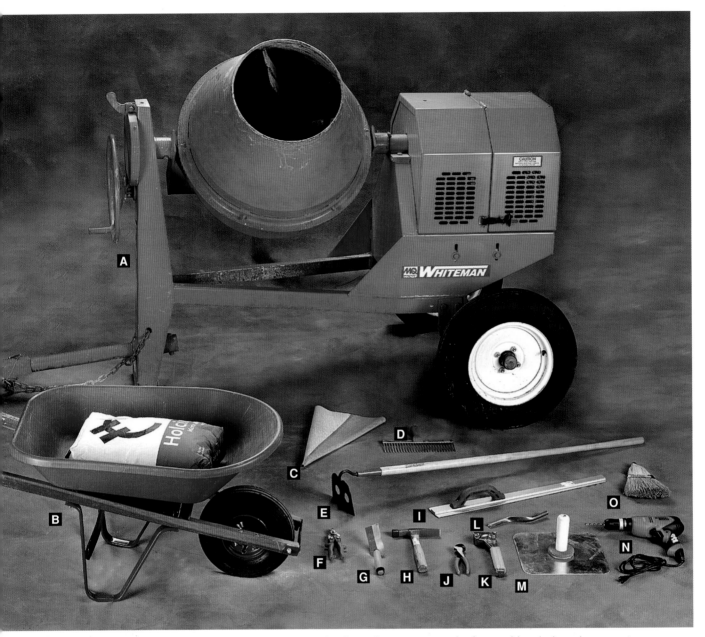

Entre las herramientas necesitadas en proyectos de chapado y estuco se incluyen: Mezcladora de cemento para la mezcla de estuco (A); carretilla (B) y azadón para concreto (E) para mezclar el cemento para el chapado; bolsa para cemento (C) para llenar las uniones entre las piedras; rastrillo (D) para raspar entre capas de estuco; tijeras para cortar láminas expandidas de metal (F); martillo para concreto (H) y alicates de boca ancha (J) para dar forma a las piedras de chapado; llana larga (I) para suavizar las primeras capas de estuco; grapadora (K) para clavar papel de construcción y mallas expandibles de metal, accesorio para suavizar las uniones (L); paleta (M) para sostener el cemento o estuco; taladro (N) para instalar el borde nivelado contra el cimiento; cerdas de escoba (O) para remover el exceso de cemento de las piedras y para crear textura sobre el estuco; *un palustre y una escuadra no incluidos en la foto.

Herramientas y materiales

Las herramientas necesarias para trabajos con estuco y chapados son similares a las usadas en cualquier proyecto de concreto, y quienes tienen experiencia en estos trabajos quizás ya tienen la gran mayoría. Sin embargo, algunos de los materiales requeridos son más especializados. Existen dos clases de chapados disponibles. Uno es la piedra natural cortada en piezas delgadas diseñadas para terminar paredes, corazones, y otras superficies. La otra es el concreto que ha sido moldeado y pintado para lucir como piedra natural, pero es más liviano y más fácil de aplicar sobre estas superficies.

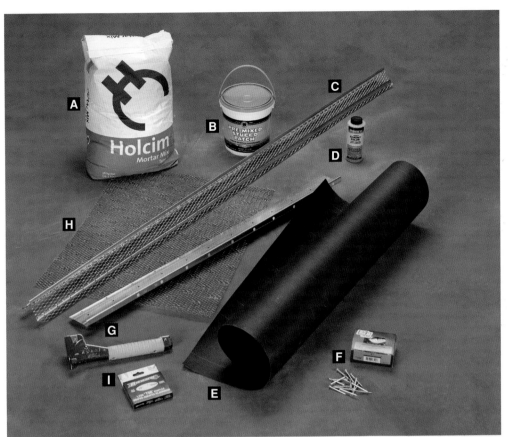

Entre los materiales para trabajar con estuco y chapados se incluyen: mezcla de cemento tipo M (A) y tintura para el cemento (D) (opcional) para llenar las uniones entre las piedras; mezcla de estuco (B) para las capas de base sobre papel de construcción (E) y malla de metal auto-expandible (H); puntillas galvanizadas para techo de 1½" mínimo (F) para clavar la malla de metal, el borde de metal (G) y la canal de desagüe (C) en las esquinas; grapas para trabajo pesado (I) para clavar el papel de construcción y la malla de metal.

Ingredientes para la capa inicial (base) y la capa marrón de estuco

3 partes de arena
2 partes de cemento Portland
1 parte de cemento común
Agua

Ingredientes para la capa final de estuco

I parte de cal
3 partes de arena
6 partes de cemento blanco
Tintura (a su gusto)
Agua

Para hacer una mezcla de estuco: Combine los ingredientes secos del estuco con agua según las especificaciones para cada capa (son tres en total). Para la capa final, haga una mezcla de prueba primero. Agregue cantidades medidas de cemento Portland, arena, cal, agua y tintura hasta encontrar la combinación perfecta. También puede comprar el estuco pre-mezclado.

Tanto el estuco como el chapado tienen un carácter y encanto individual, pero cuando se combina, como en el ejemplo de esta foto, una chimenea exterior cubierta con estuco con una pared chapada de ladrillo, el resultado es un diseño de admirar.

Planear los proyectos con estuco y chapados

Terminar una casa completa con chapado o estuco es un trabajo arduo, y es mejor dejarlo para los profesionales. Pero, si se trata de terminar la adición de una pared pequeña, un garaje o un cobertizo, la labor puede ser muy satisfactoria. Los colores del nuevo material y las proporciones del diseño deben complementarse con la estructura existente y estilo de la vivienda para que el proyecto final se asimile a la arquitectura original.

Si las paredes originales de la vivienda han sido terminadas con estuco, quizás necesite pintar la capa final para empatar el color. Aún si el estuco original es de color blanco, es muy posible que ya se haya oscurecido considerablemente. Pintar el nuevo estuco es la mejor forma de igualar lo viejo con lo nuevo. Siga las instrucciones del fabricante de la pintura que compre y experimente un poco con el color hasta que encuentre el tono perfecto. Deje secar cada prueba por completo antes de decidirse por los resultados. Lleve notas a medida que ensaya para así poder reproducir los resultados en las mezclas posteriores.

También tenga en cuenta el clima al llevar a cabo estos proyectos. Es importante trabajar en temperaturas templadas (entre 50 y 80° F), y evite trabajar en áreas expuestas directamente a la luz del sol. El clima muy frío o caliente, o la luz solar directa, afectan el proceso de secado del estuco, y puede conducir a crear grietas u otros daños sobre el material.

Consejos para planear proyectos con chapado

Es muy importante escoger la piedra de chapado que se complemente con la vivienda y el exterior para lograr buenos resultados. Por lo general se recomienda copiar el color o la forma de la piedra ya existente. Si no existen materiales para complementar, escoja chapados que se asimilen a las rocas naturales del área.

Haga una evaluación de la superficie de la pared para determinar los pasos a seguir en la preparación para el chapado. El proyecto en este capítulo ilustra la instalación sobre madera contrachapada, la cual tiene la fortaleza para soportar capas de papel para construcción, láminas y material de chapado. Si sus paredes están cubiertas con madera de fibra, u otro material contrachapado, pida recomendaciones al fabricante del chapado.

El primer paso en los proyectos de chapado es decidir dónde será instalado. Es muy importante tener una visión clara sobre las proporciones para lograr un buen resultado. Algunos diseños de viviendas muestran sitios lógicos para iniciar y terminar el chapado; otras edificaciones requieren de una observación cuidadosa y más consideración para este tipo de decisión.

Una vez ha determinado el lugar, debe estimar el tamaño del área de trabajo para establecer la cantidad de material necesitado. Comience multiplicando la altura por el largo, y luego reste el tamaño de las ventanas, puertas y otras aberturas. Después de hacer los cálculos, adicione de un 5 a 10 por ciento de material para tener en cuenta los cortes y el desperdicio.

Tenga siempre en cuenta las recomendaciones del fabricante en cuanto a la instalación del material. La instalación de arriba hacia abajo facilita la limpieza ya que reduce las salpicadas en las hileras siguientes. Sin embargo, algunos fabricantes recomiendan trabajar en forma contraria (de abajo hacia arriba).

La mayoría del chapado de ladrillo es instalado durante la construcción de la vivienda, pero también es una gran oportunidad de dar un acabado antiguo a fachadas convencionales.

Técnicas básicas

Aplicar un acabado de estuco sobre una pared, o instalar un chapado de piedra o ladrillo, requiere de paciencia y planificación, con énfasis en el diseño estructural. Estos materiales son pesados y necesitan de una fuerte malla de soporte que suministre el agarre esencial para el cemento. Quizás no sea la parte más agradable del proyecto, pero clavar los anclajes necesarios sobre la pared para sostener la malla o el soporte requerido, es posiblemente el primer paso en la lista de técnicas de construcción.

Después de instalar el soporte de base, aplicar el estuco es como pintar —pero con una pintura demasiado pesada, y usando una brocha de metal sólido—. Aplicar la base de cemento para el chapado de ladrillo o piedra es también una acción de echar cemento sobre una amplia superficie.

Es durante la aplicación de la segunda y tercera capa de estuco, cuando la destreza artística y el manejo cuidadoso de la brocha empezarán a reemplazar los pasos burdos iniciales. Y es durante la colocación de los ladrillos y piedras sobre el cemento, donde su visión para el detalle y la estética serán importantes factores en el terminado.

Ninguna vieja técnica es completamente balanceada sin la variación moderna de "aplicación instantánea", la cual podrá apreciar en el proyecto de instalación de chapado sin cemento presentado a partir de la página 188. Aquí, la habilidad para asegurar la lámina de metal a la pared, es una técnica muy importante de aprender. Después, instalar estos bloques parecidos a montones de cemento, se torna en una fácil rutina.

Para concluir, instalar baldosa sobre un patio con superficie de concreto, comparte unas cuantas técnicas de instalación y manejo de materiales similares a otros proyectos con cemento, pero es más parecido a la instalación de cerámica sobre el piso. Si nunca ha realizado este tipo de trabajo, busque información al respecto para tener unas buenas bases de instalación.

Consejos para la preparación de la superficie para el estuco

Instale el papel de construcción sobre la pared usando grapas para trabajo pesado o puntillas para el techo. Sobreponga las tiras 4". A veces en algunas regiones se requiere más de una capa de papel. Consulte con su inspector local sobre los requerimientos.

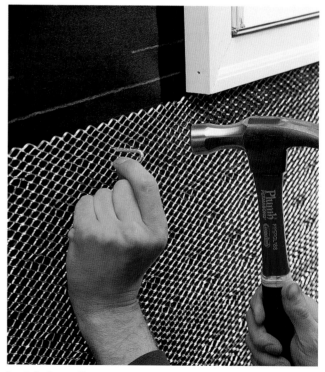

Instale la malla auto expandible de metal sobre el papel usando puntillas para el techo de 1½" o grapas para malla. Clávelas sobre las vigas cada 6" de distancia. Las mallas deben sobreponerse 1" en forma horizontal, y 2" en forma vertical. Instale la malla con la cara de la superficie burda hacia afuera.

Instale el borde del metal sobre borde de las paredes, y la canal de desagüe en la base para lograr esquinas y bordes bien terminados al aplicar el estuco. Compruebe que los bordes estén a plomo y a nivel, luego clávelo con puntillas para el techo.

Use tijeras para cortar metal para emparejar los sobrantes de la malla, los bordes y la canal de desagüe. Use guantes y gafas protectoras para protegerse de los bordes cortantes.

Consejos para aplicar el estuco

Use una mezcladora de concreto mecánica cuando trabaje en proyectos grandes. Adicione agua a la mezcla hasta formar la pasta ideal. Siga las instrucciones del fabricante.

Comience en la parte superior o inferior de la pared. Sostenga la paleta con el cemento cerca de la pared, y eche la mezcla sobre la malla con un palustre. Presione con firmeza para llenar los vacíos, y cubra la malla lo más suave posible.

Consejos para el acabado con estuco

Elabore una mezcla que suministre un color y textura consistente. Haga pruebas de la mezcla sobre un retazo de madera. Deje secar las muestras por lo menos una hora para tener una indicación del color después que el estuco se ha secado. Tome notas de las proporciones.

Mezcle la tanda final con un poco más de agua que las capas de la base primaria y marrón. La mezcla debe mantenerse sobre la paleta sin derramarse.

Cubra la llana con un trozo de alfombra para lograr un acabado ideal. Ensaye en un área pequeña.

Logre un acabado poroso arrojando el estuco sobre la superficie. Deje secar el estuco sin tocarlo.

Para un acabado con textura de llana, salpique la superficie con estuco usando una escobilla (izquierda), y luego aplane el estuco con la herramienta.

Consejos para instalar chapados

Humedecer y aplicar mezcla sobre la piedra mejora su pegamento contra la pared. Moje la piedra y luego aplique mezcla sobre la parte trasera antes de presionarla sobre la pared de cemento.

Despliegue una serie de piedras sobre una superficie plana horizontal para crear un diseño atractivo. Combine tamaños y formas a lo largo del proyecto.

Instale primero las piedras esquineras, luego coloque las planas trabajando hacia el centro de la pared. Coloque las piezas a menos de ½" de distancia, y mantenga la consistencia a lo largo de la pared.

Construya una caja de arena si necesita hacer cortes en una buena cantidad de piedras. Utilice maderos de 2 × 2 y coloque una pieza de contrachapado de ½" entre los marcos. Clave las piezas por ambos lados con tornillos para madera de 3½"; luego llene el marco con arena. Coloque la estructura sobre dos columnas de bloques de concreto si prefiere trabajar parado mientras corta las piedras.

Actualice el frente de su vivienda con un chapado de piedra, ladrillo o estuco. Ya sea que desee cubrir una estructura poco atractiva, o agregar un toque distinguido a una pared exterior, los chapados adicionan color y textura a la casa. También agregan mucho peso a la pared, y por lo tanto debe consultar con su inspector de construcción local antes de comenzar.

Aplicar estuco y chapados a las paredes

Los materiales de albañilería son ideales para proteger y resaltar el terminado de las paredes exteriores, ya sean viejas o nuevas. Si el acabado de las paredes de la casa está deteriorado, puede quitarlo e instalar un ladrillo liviano de chapado usando cemento y amarres de pared (ver las páginas 144 a 147). Si está haciendo una ampliación, puede usar estuco para empatar con los materiales usados en las paredes existentes (ver las páginas 180 a 181). El estuco también es fácil de reparar y restaurar. Los chapados delgados de piedra natural y artificial están creciendo en popularidad debido a su fácil instalación y a los excelentes resultados que producen. Todos estos materiales también son excelentes en las paredes de jardines. Si desea construir una pared con acabado de estuco, y sin usar cemento, puede usar bloques de concreto y pegante especial (ver las páginas 182 y 183).

Consejos para la planificación:

• Utilice chapados de ladrillo o piedra como un toque decorativo en la pared frontal o en la entrada de la vivienda. Si desea hacerlo alrededor de toda la casa, es un arduo trabajo y es mejor dejárselo a un profesional.

• Consulte con su inspector de construcción local sobre la altura permitida, refuerzos, el uso de amarres de pared, el espacio entre el chapado y la pared, el drenaje, y las especificaciones para los metales de soporte. Quizás se requerirá un permiso de construcción.

• Corte los ladrillos antes de empezar. Si usa piedra, haga un diseño sobre una superficie plana antes de empezar.

• Examine el área alrededor de los cimientos. Los constructores por lo general construyen una cornisa debajo del nivel del piso en el caso de chapados. Si la vivienda no tiene una base, instale un metal de soporte al cimiento (ver las páginas 144 y 145).

Opciones para los acabados de las paredes exteriores

Restaure un cimiento antiguo instalando piedra o ladrillo desde el nivel del suelo hasta el marco de la ventana. El cimiento no debe tener ninguna falla estructural.

El chapado de piedra puede consistir de lajas delgadas de piedra de cantera, o bloques de concreto parecidos a la piedra natural más livianos y más fáciles de instalar.

Una pared chapada por completo es cubierta desde el cimiento hasta donde empieza el techo. Debido al peso excesivo en este tipo de pared, se requiere de un gran refuerzo. En este caso, se recomienda contratar un profesional para hacer la instalación.

El estuco es un acabado durable que puede ser combinado con los alrededores. Los marcos de las ventanas se remueven para pintar en su interior. Aquí se llevan a cabo cortes angostos debajo del marco que sirven como uniones de control para prevenir que aparezcan grietas en el futuro.

Aplicar estuco

La buena preparación de las paredes es el primer paso para lograr un acabado durable y atractivo. Si las paredes son de madera, adhiera papel de construcción y malla de metal para crear una superficie fuerte y de agarre que pueda sostener el estuco. Las paredes de concreto ya tienen una superficie sólida y puede aplicarse estuco directamente sobre ellas. En las construcciones con bloques nuevos, deje las uniones de cemento a ras con los bloques para un buen terminado de la superficie de estuco.

Después de preparar la superficie de la pared, tenga en cuenta que deberá dedicar varios días para aplicar las tres capas de estuco necesitadas —la base, la capa marrón, y la capa final— que garantizarán una superficie sólida y con apariencia profesional.

Todo lo que necesita:

Herramientas: Mezcladora de cemento, carretilla, palustre, azadón para cemento, palustre de punta cuadrada, llana normal o larga de madera, martillo, grapadora, nivel, navaja, tijeras para cortar metal, pala, balde, rastrillo de puntas delgadas.

Materiales: Papel de construcción, malla expandible de metal galvanizada (en diamante de 2.5 libras mínimo), puntillas galvanizadas y para la malla de $1\frac{1}{2}$", grapas, mezcla de estuco, madero de 1 × 2.

Al agregar tinturas a la mezcla, puede crear casi cualquier color de estuco que desee, desde un blanco cremoso, hasta un azul impactante.

Cómo terminar paredes con estuco

1 Clave con grapas el papel de construcción sobre toda la pared. Corte los excesos con una navaja. Corte la malla en los bordes a la medida correcta usando unas tijeras para cortar metal. Clávela contra la pared. Pase la mano sobre la malla; se sentirá áspera cuando se coloca hacia arriba. Compruebe que el borde esté nivelado.

2 Combine la mezcla de la base agregando agua y amasándola con un palustre hasta crear una masa consistente. Comience arriba o abajo de la pared. Sostenga la paleta con el cemento cerca a la pared y presione la mezcla sobre la malla con un palustre de punta cuadrada. Presione con firmeza para evitar vacíos. Cubra la malla por completo.

3 Espere hasta que la base se haya secado lo suficiente para dejar una huella cuando la presione. Forme una superficie áspera raspándola horizontalmente de lado a lado de la pared.

Consejo:

Puede fabricar una herramienta para raspar clavando una fila de puntillas de 1½" en un madero de 1 × 2.

4 Rocíe la superficie de vez en cuando por 48 horas. Mezcle y aplique la capa marrón a más o menos ⅜" de espesor, luego nivele toda la superficie con una llana de madera para crear una superficie de agarre para la capa final.

5 Mezcle la capa final agregando tintura si se requiere, y con un poco más de agua que las capas anteriores. La mezcla debe permanecer sobre la paleta sin derramarse. Aplique la capa final hasta que el borde quede todo cubierto (más o menos ⅛" de espesor).

6 Termine la superficie echando estuco sobre la pared con las cerdas de una escobilla. Empareje el estuco con un palustre. Espere 24 horas para que se seque la última capa, y rocíela un poco de 2 à 3 veces al día por dos días, y una vez al día por otros tres días.

Mezcle tandas pequeñas de cemento para adherencia sobre superficies secas, agua y concreto acrílico de refuerzo, siguiendo las instrucciones del fabricante. Debe tener en cuenta cuánta mezcla puede aplicar antes que se endurezca. El cemento contiene un aditivo que acelera su secado, entre 30 y 90 minutos, dependiendo de las condiciones del clima. También puede ser pintado antes de ser aplicado.

Cemento para adherencia sobre superficies

Este material tiene una composición similar al estuco y puede ser usada para cubrir las paredes de bloques de concreto u hormigón. También adiciona fortaleza, durabilidad, e impermeabiliza las paredes.

La diferencia entre este tipo de material y el estuco, es la adición de fibra de vidrio a la mezcla de cemento común "Portland" y arena. La mezcla seca es combinada con agua y fortificante de acrílico para formar una masa de cemento que puede adherirse al concreto, ladrillo o bloque, y de esa forma dar un acabado atractivo y también resistente al agua.

Antes de aplicar el cemento compruebe que la superficie esté completamente limpia, y sin sobrantes de cemento, para formar una capa durable. Debido a que su secado es rápido, es necesario rociar el bloque o concreto con agua para demorar un poco el secado. Al igual que en otros trabajos con cemento, debe rociar aún más la superficie en climas muy secos.

Este cemento de adherencia puede ser usado sobre paredes construidas con o sin cemento, y en las que sostienen o no soportan cargas. Sin embargo no es recomendado para paredes más altas de 15 hileras de bloques.

Todo lo que necesita:

Herramientas: Manguera con un ensamble para rociar, balde, carretilla, paleta para colocar la mezcla, palustre de punta cuadrada, accesorio para abrir ranuras, pistola para silicona.

Materiales: Cemento de adherencia, concreto fortificante con acrílico, tintura (opcional), masilla de silicona.

Cómo terminar paredes con cemento para adherencia de superficies

1 Rocíe una área de 2 × 5 con agua, comenzando cerca de la parte superior a un lado de la pared, para evitar que los bloques absorban la humedad del cemento después que se ha aplicado la capa.

2 Mezcle el cemento en pequeñas tandas según las instrucciones del fabricante. Aplique una capa de $\frac{1}{16}$" a $\frac{1}{8}$" de espesor sobre los bloques mojados con un palustre de punta cuadrada. Esparza la mezcla en forma pareja inclinando el palustre un poco y con movimientos largos y hacia arriba.

3 Utilice una llana mojada para suavizar la superficie y crear la textura deseada. Lave la llana con frecuencia para mantenerla limpia y mojada.

4 Use una llana con un accesorio para crear uniones de control y así prevenir grietas posteriores. En las paredes de 2 pies de altura, haga las ranuras de arriba hacia abajo cada 4 pies, y cada 8 pies en paredes de 4 pies de altura. Selle las ranuras con masilla de silicona.

Ya sea que cubra una parte de la casa, o toda la vivienda, o apenas un área pequeña, los chapados de piedra natural tienen una característica única, y le da a la vivienda una apariencia de permanencia y durabilidad.

Instalar chapados de piedra

Sin importar si utiliza chapado natural o artificial, debe mojar cada piedra y aplicar mezcla a la parte trasera antes de presionarlas contra la pared de cemento. La acción de mojar y untar cemento a las piedras da como resultado una máxima adherencia contra las paredes. El trabajo está en combinar las piezas para que las grandes y pequeñas, así como las de diferentes formas y tonos, se alternen a lo largo de toda la pared.

Este proyecto ha sido diseñado para instalar chapado de piedra sobre paredes de madera contrachapada, las cuales tienen la fortaleza necesaria para soportar el peso de capas de papel, de la malla y las piedras. Si sus paredes están cubiertas con fibra de madera, u otro tipo de acabado, pida las recomendaciones del caso al fabricante del material de chapado.

NOTA: Hacer la instalación desde arriba hacia abajo permite una limpieza más fácil al reducir el salpicado en cada hilera. Sin embargo, algunos fabricantes recomiendan su instalación de abajo hacia arriba. Siga las instrucciones del fabricante con cuidado antes de iniciar el proyecto.

Ordenar la piedra de chapado:

Determine la cantidad de pies^2 de piedra requeridos multiplicando el largo por la altura del área. Reste los pies^2 de las ventanas, puertas y piezas esquineras. Un pie lineal de piezas esquineras cubre unos ¾ de un pie^2 de un área plana, y por lo tanto puede reducir los pies cuadrados de una piedra plana requerida ¾ de pie^2 por cada pie lineal al interior o exterior de la esquina. Es mejor incrementar el cálculo de un 5 a 10 por ciento para tener en cuenta los cortes y desperdicio.

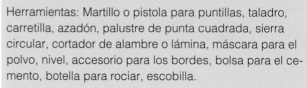

Todo lo que necesita:

Herramientas: Martillo o pistola para puntillas, taladro, carretilla, azadón, palustre de punta cuadrada, sierra circular, cortador de alambre o lámina, máscara para el polvo, nivel, accesorio para los bordes, bolsa para el cemento, botella para rociar, escobilla.

Materiales: Cemento tipo M, tintura de cemento (opcional), papel de construcción #15, malla expandible de metal galvanizada (malla en forma de diamante de 2.5 libras mínimo), puntillas galvanizadas para techo de 1½" (mínimo) o grapas para trabajo pesado, madero de 2 x 4.

Cómo terminar paredes con chapado de piedra

1 Cubra las paredes con papel de construcción sobreponiendo los bordes 4". Clave la malla con puntillas o grapas cada 6" sobre las vigas de la pared y en medio de ellas. Las puntillas o grapas deben penetrar 1" dentro de las vigas. El papel y la malla deben extenderse alrededor de las esquinas por lo menos 16" donde va a ser instalado el chapado.

2 Clave un madero de 2 × 4 a nivel contra el cimiento como un soporte provisional para mantener el borde inferior del chapado a 4" sobre el nivel del suelo. El espacio entre la hilera inferior y el suelo reducirá las manchas sobre la piedra causadas por plantas o tierra.

3 Despliegue las piezas sobre el suelo para seleccionar los tamaños, formas y colores para crear un buen contraste sobre toda la pared. Alterne piedras grandes y pequeñas, de textura burda y lisa, y de diferente espesor.

4 Mezcle una tanda de cemento tipo M que sea firme y que conserve la humedad. La mezcla muy húmeda o muy seca no es apropiada y puede no adherirse correctamente.

(continúa)

Cómo terminar paredes con chapado de piedra (continuación)

Consejo:

Agregue pequeñas cantidades de agua para suavizar la mezcla que se está endureciendo.

5 Use un palustre de punta cuadrada para presionar capas mezcla de ½" a ¾" sobre la malla. Para evitar que la mezcla se endurezca rápidamente, trabaje en áreas de 5 pies cuadrados. Cuando adquiera un poco de práctica puede trabajar sobre áreas más grandes.

6 Instale primero las piezas esquineras alternando tamaños grandes y pequeños. Moje cada pieza y presiónela firmemente sobre el cemento fresco en la pared hasta que se rebose un poco. Las uniones entre las piedras no deben ser más anchas de ½", y deben permanecer consistentes a lo largo de la pared.

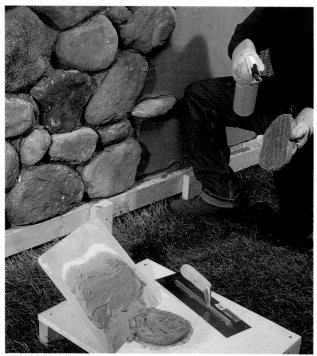

7 Después que haya colocado las piedras esquineras, comience a trabajar hacia el centro de la pared.

8 Si la mezcla comienza a manchar las piedras, use una escobilla o un cepillo de cerdas suaves para limpiarlas después que el cemento haya empezado a secarse. Nunca use un cepillo de cerdas de metal o una brocha mojada de ningún tipo.

9 Use un cortador de alambre o lámina, o un martillo, para cortar y emparejar las piezas al tamaño correcto. Trate de no hacer muchos cortes para dejar las piedras en su estado natural.

10 Puede esconder los bordes cortados que queden a la altura de la vista girando las piedras. Si el borde todavía queda visible, cúbralo con cemento. Deje secar la mezcla 24 horas y luego remueva los maderos de 2 × 4 y las estacas. Evite mover las piedras.

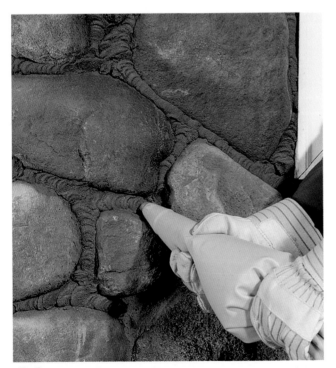

11 Después que la pared quede cubierta con el chapado, llene las uniones usando una bolsa para la mezcla para empujar el cemento. Hágalo con cuidado para no esparcir el cemento. Puede usar cemento con tintura para decorar el chapado.

12 Cuando la mezcla esté firme, use una especial para suavizar las uniones. Después que esté seco al tacto, use una escobilla para remover el cemento suelto —el agua o los químicos pueden dejar manchas permanentes—.

El chapado de ladrillo sin cemento se adhiere a las paredes de la vivienda por medio de ensambles mecánicos. De esta forma puede lograr un acabado similar al ladrillo sin utilizar cemento.

Chapados de ladrillo sin cemento

Ahora existe un producto similar en apariencia y durabilidad al ladrillo convencional, y su instalación es tan fácil como cualquier otro material de cubierta para las paredes. Estos sistemas de chapado sin cemento utiliza hileras de ladrillos para crear una diferente apariencia sobre fachadas de madera, metal o concreto. La gran fortaleza de este material son de alta durabilidad —los fabricantes garantizan el producto hasta por 50 años——. Debido a que no requiere de cemento, su instalación es fácil y está al alcance de todos aquellos que deseen ensayar el producto.

Los chapados de ladrillo vienen en dimensiones de 3 y 4" de altura, y 8 ó 9" de largo, dependiendo del fabricante. Su peso es aproximadamente 5 libras y agrega $3\frac{1}{4}$" al frente de la pared. Aún cuando puede ser instalado en construcciones nuevas o en remodelaciones, su aplicación es restringida debido al peso agregado del material: hasta 30 pies de altura en paredes estándar de madera. Consulte con un constructor profesional o con un ingeniero de estructuras en el caso de paredes de mayor altura, así como en secciones de la pared arriba de los techos.

Durante la planificación del proyecto, es recomendable consultar al fabricante o al distribuidor local para determinar la disponibilidad del material en su localidad. Para hacer los cálculos correctos sobre los materiales necesitados, deberá saber el tamaño de la superficie total a cubrir con el chapado, el ancho de cada pared y el inicio de cada hilera, y la longitud de cada esquina para cuantificar el número de piezas y bloques esquineros requeridos.

Antes de llevar a cabo la instalación, asegúrese que la pared sea sólida y que la casa tenga el aislante apropiado. Alargue las conexiones eléctricas, de plomería, las cajas y los medidores, para dar cabida al espesor creado por el ladrillo y los canales instalados.

Las siguientes páginas muestran la instalación de un chapado de ladrillo sobre paredes estándar de madera. Todas las aberturas requieren de un refuerzo de dinteles de madera contrachapada de $\frac{3}{4}$". El tamaño del dintel es determinado por el ancho de la abertura y el método de instalación del ladrillo sobre la misma (aquí se muestra una instalación tipo "soldado"). Contacte al fabricante o distribuidor (ver recursos en la página 298) para lo relacionado con el tamaño del dintel, así como para la instalación del chapado de ladrillo en otro tipo de diseños de los marcos de paredes.

Todo lo que necesita:

Herramientas: Cinta métrica, cuerda de tiza, nivel de 4 pies, navaja, sierra circular, y de mesa con disco de diamante para cortar concreto o en mojado, taladro hidráulico con brocas para concreto, taladro manual con brocas, maceta de caucho, pistola para silicona, guantes de trabajo, gafas de seguridad, máscara para el polvo, tapón para los oídos.

Materiales: Madera contrachapada de $\frac{3}{4}$", canales, lámina contra la humedad, membrana auto-adhesiva a prueba de agua (1×3, 1×4, 1×6), retazo de madera de 2×4, tornillos para madera contra el óxido #10 $\times$ $2\frac{1}{2}$" y #10 $\times$ 4", piezas esquineras internas, tiras iniciales, ladrillos de chapado, bloques internos, bloques para las ventanas, pegante para construcción, silicona para uso exterior.

Consejos para instalar chapado de ladrillo sobre las paredes

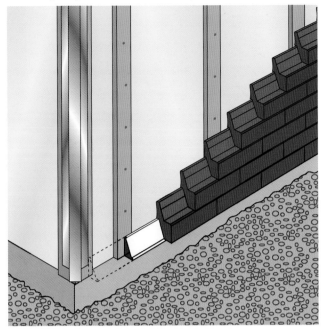

El ladrillo de chapado es apilado en hileras, y las uniones intercaladas en forma similar a los ladrillos tradicionales. Sin embargo, la primera hilera del sistema sin cemento es instalada sobre una lámina inicial y sujetada con tornillos resistentes a la corrosión clavados a las canales de 1 × 3 sobre cada viga de la pared. Luego, los ladrillos se aseguran cada cuatro hileras. En las esquinas externas, una lámina especial es ajustada a canales de 1 × 4. Los bloques de las esquinas internas y externas se aseguran con tornillos y adhesivo para construcción.

Antes de instalar el chapado de ladrillo compruebe que todas las aberturas están selladas correctamente. Para lograr mejores resultados, utilice una membrana auto-adhesiva a prueba de agua. Instale primero la tira inferior y luego las siguientes para que se sobrepongan. Coloque la tira superior sobreponiendo los lados. Instale canales de desagüe en los bordes cuando sea apropiado.

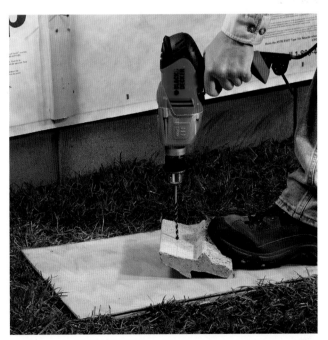

Corte los ladrillos con una sierra de mesa usando un disco de diamante, o una sierra para cortar concreto sobre mojado. Protéjase usando gafas, guantes de trabajo, tapones para los oídos y una máscara para el polvo. Ver las páginas 112 y 113 para más recomendaciones sobre cómo hacer cortes.

Abra huecos en los ladrillos que requieren ensamble con un taladro hidráulico y brocas para concreto de $3/16"$. Ponga el ladrillo boca arriba sobre el piso y asegúrelo con el pie. Perfore a través de la muesca en la porción superior del ladrillo con la broca sostenida a 90° sobre el suelo.

(continúa)

Cómo instalar chapado de ladrillo sin cemento sobre paredes

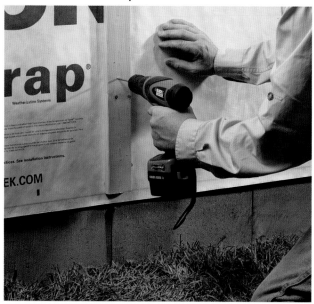

1 Dibuje una marca con una cuerda con tiza sobre cada pared de la casa a ¾" de altura sobre el cimiento. Alinee la parte inferior de las tiras de canales sobre la línea marcada. Conecte las tiras de 1 × 3 a las vigas de la pared con tornillos para madera resistentes a la corrosión #10 × 2½". Instale tiras de 1 × 4 en las esquinas exteriores, y 1 × 6 en las interiores.

2 En cada abertura corte un dintel de contrachapado de ¾" de 15" de altura y 12" más largo que el ancho de la abertura. Centre el dintel sobre la parte superior dejando 6" salido a cada lado del marco. Clávelo con tornillos #10. Instale la lámina de aluminio (canal) sobre el marco de la ventana, luego envuelva el dintel y el aluminio con una membrana auto-adhesiva a prueba de agua.

3 Coloque la primera sección de la tira esquinera en las esquinas exteriores a 2" sobre la marca de la línea con tiza. Use un nivel de 4 pies de largo para nivelar a plomo la tira, luego clávela al marco de la pared con tornillos #10 × 4 cada 10" alternando los lados.

4 Instale la tira inicial sobre la marca de la línea con tiza dejando la pestaña por debajo de los bordes de las canales. No sobreponga las tiras en las esquinas. En las esquinas interiores, corte la tira inicial a 3½" más corta que las paredes adyacentes. Nivele la tira y asegúrela a la pared con tornillos para madera resistentes a la corrosión #10 × 4 en el lugar de cada canal.

5 Abra agujeros en las muescas de cada ladrillo esquinero en un ángulo de 30° usando un taladro hidráulico y una broca para concreto de ³⁄₁₆" Coloque un ladrillo como referencia sobre la tira de inicio, luego deslice el primer ladrillo esquinero hacia abajo sobre la esquina dejándolo ½" más abajo del borde del ladrillo lateral. Asegure la pieza contra la tira con tornillos para madera #10 × 2½".

6 Continúe instalando los ladrillos esquineros con tornillos #10 × 2½" y con adhesivo para construcción entre cada hilera. Cuando llegue a la parte superior de la esquina, mida el espacio restante y corte el ladrillo a esa medida. Asegure todos los ladrillos y corte la última pieza si es necesario (ver la página 189). Asegure el último bloque sobre la esquina con adhesivo para construcción, colóquelo en su posición y clávelo con tornillos #10 × 2½".

7 En las esquinas interiores, abra agujeros al interior de los bloques esquineros en un ángulo de 30°. Al igual que en las esquinas exteriores, coloque el primer bloque a ½" más abajo del borde de la primera hilera de ladrillos. Asegure la pieza contra la pared con tornillos para madera #10 × 4". Continúe instalando los bloques con tornillos #10 y con adhesivo para construcción entre cada hilera.

8 Para crear un mejor acabado, instale una hilera de ladrillos sobre la tira inicial que se extienda más allá del ancho de la abertura más notoria en cada pared. Coloque un ladrillo a cada lado de la abertura en la segunda hilera para que queden iguales sobre las uniones de los ladrillos por debajo. Observe hacia abajo a partir de los bordes de la abertura y ajuste la hilera completa hasta encontrar un patrón con la menor cantidad de piezas cortadas alrededor de la abertura.

(continúa)

Cómo instalar chapado de ladrillo sin cemento sobre paredes (continuación)

9 Abra huecos a través de los ladrillos de la primera hilera (ver la página 189). Siguiendo el patrón establecido, instale los ladrillos sobre la tira inicial. En las esquinas, corte los ladrillos a la medida (ver la página 189) para que queden ajustados contra los bloques. Instálelos con la ayuda de un madero de 2 × 4 y una maceta de caucho para mantener un nivel consistente en cada hilera.

10 En cada hilera de canales sostenga los ladrillos contra la pared y asegúrelos a la misma con tornillos #10 × 2½". Introduzca los tornillos hasta que la cabeza toque el ladrillo. No los apriete al extremo.

11 Construya las hileras con ladrillos de diferentes paquetes para variar un poco el color de la pared. Instálelos con la ayuda de un madero de 2 × 4 y una maceta de caucho. Revise el nivel cada cuatro hileras antes de ensamblar los ladrillos al marco de la pared.

12 Para instalar los bloques debajo del marco de la ventana, conecte una canal horizontal de 1 × 3 debajo del marco de la ventana ⅛" más larga del ancho acumulado de todos estos ladrillos. Instale los ladrillos sobre la parte superior de la canal cortándolos si es necesario y clavándolos con dos tornillos para madera #10 × 2½". Aplique adhesivo para construcción sobre la parte superior de la canal y los ladrillos.

13 Instale los ladrillos de la cubierta inclinándolos un poco hacia el frente. Asegúrelos con tornillos para madera #10 × 4" incrustados en ángulo sobre la pared. Corte piezas de ladrillo para rellenar el espacio dejado con la última hilera. Asegúrese que las piezas se alineen con el resto de la hilera. Instálelas con adhesivo. Selle el espacio entre el marco de la ventana y los ladrillos usando silicona para uso exterior.

14 Siga instalando los ladrillos alrededor de las aberturas a una altura no superior al ancho de un ladrillo. Corte una pieza o tira inicial a la medida correcta, alineada con la hilera a cada lado de la abertura, y asegúrela al marco de la pared con tornillos #10 × 2½". Instale una hilera de ladrillos sobre la tira inicial y conéctelos con tornillos #10.

15 Corte los ladrillos para la hilera estilo "soldado" y luego instálelos verticalmente cada uno con dos tornillos #10 × 2½". Para el ladrillo final, corte la porción superior y asegúrelo en su lugar con adhesivo para construcción. Para un acabado simétrico, coloque los ladrillos cortados en el centro de la hilera.

16 En la parte superior de las paredes, instale una canal horizontal de 1 × 3. Asegure la penúltima hilera de ladrillos a la pared con tornillos #10 × 2½", luego instale la última hilera con adhesivo para construcción. Corte muescas en los ladrillos para acomodarlos alrededor de vigas, o córtelos en ángulo en paredes inclinadas.

Las losas de piedra pueden usarse como chapado en un patio con base de concreto. Es una forma de crear un patio elegante.

Embaldosar un patio en una base de concreto

La baldosa para exteriores puede ser fabricada de diferentes materiales y está disponible en muchos colores y estilos. En la actualidad existe una tendencia popular a usar baldosas de piedra natural en diferentes formas y colores como lo demuestra el proyecto a continuación. Muchos fabricantes ofrecen información con variedad de ideas de cómo crear patrones de instalación de sus productos. No olvide que la baldosa que escoja debe ser para uso exterior.

Cuando esté instalando baldosa de diferentes tamaños con un diseño modular o geométrico, es importante probar el diseño con cuidado antes de iniciar el trabajo. Las primeras baldosas por lo general van a establecer el patrón de instalación del diseño consecutivo.

Existe la posibilidad de construir una nueva placa de concreto sobre la cual instalará la baldosa, pero otra opción es usar la base existente cubriéndola con el chapado. Este es el caso demostrado a continuación.

La baldosa para exteriores debe ser instalada sobre una superficie limpia, plana y estable. Cuando haga una ins-

talación sobre una base de concreto existente, ésta debe estar libre de grietas anchas y otros daños notorios. Una base averiada puede ser reparada aplicando una capa de concreto nuevo de 1 a 2" de espesor antes de instalar la nueva baldosa.

NOTA: Debe usar gafas protectoras cuando haga cortes de baldosa. Los bordes de algunos de estos materiales pueden ser muy cortantes.

Todo lo que necesita:

Herramientas: Cinta métrica, lápiz, cuerda con tiza, cortador de baldosa o una sierra para cortes en mojado, alicates, palustre de punta cuadrada, madero de 2 × 4 cubierto con alfombra, martillo, llana, esponja, pistola para silicona.

Materiales: Separadores de baldosas, baldes, brocha y rodillo, tira de plástico, cemento delgado, baldosa modular, masilla para uniones (aditivo), sellador para masilla y baldosa.

Como instalar baldosa sobre una placa de concreto

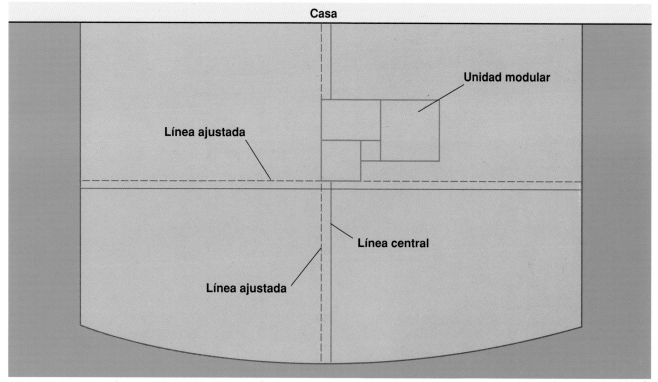

Casa

Unidad modular

Línea ajustada

Línea central

Línea ajustada

1 Para crear el diseño de la baldosa con patrón modular, debe decidir con cuidado el sitio de la primera pieza. Mida y marque la línea central sobre la superficie limpia y seca de concreto. Coloque baldosas sobre la línea para hacer una prueba (en este ejemplo, las baldosas están intercaladas debido al diseño modular). Marque el borde de la baldosa más cerca al centro de la sub-base, luego dibuje una segunda línea perpendicular a la primera, y coloque baldosas de prueba a lo largo de esa línea.

2 Haga ajustes necesarios para que el diseño modular tenga un despliegue simétrico de lado a lado sobre la superficie. Quizás tenga que ajustar la posición de una o ambas líneas. La instalación de las piezas comenzará sobre la intersección de las líneas. Marque la posición de cada grupo sobre la base.

(continúa)

Como instalar baldosa sobre una placa de concreto (continuación)

VARIACIÓN: Para crear un patrón cuadriculado tradicional, haga una prueba colocando las hileras de baldosas en ambas direcciones interceptándolas en el centro del patio. Ajuste el diseño para minimizar los cortes de las piezas en los lados y puntas, y luego marque el diseño final con la cuerda con tiza para crear cuatro cuadrantes. Instale las baldosas a lo largo de las marcas y en un cuadrante a la vez.

3 Mezcle suficiente cemento delgado para trabajar por unas dos horas, según las instrucciones del fabricante (comience con unas 4 a 5" mezcladas en un balde). Use un palustre con muescas cuadradas para esparcir la mezcla sobre la intersección de ambas líneas del diseño en un área grande para acomodar el primer grupo de baldosas. Sostenga el palustre en un ángulo de 45° para extender la mezcla a una profundidad consistente.

4 Instale la primera baldosa moviéndola un poco de lado a lado a medida que la presiona sobre la mezcla. Alinee la pieza con ambas líneas ajustadas, luego coloque el madero de 2 × 4 con la alfombra sobre el centro de la baldosa y golpee la baldosa con un martillo para asentarla.

5 Coloque la segunda baldosa adyacente a la primera con un poco de espacio entre ambas. Coloque los separadores cerca de las esquinas y empuje la segunda pieza contra los mismos. Compruebe que la primera pieza permanezca sobre las líneas de marca. Coloque el madero sobre ambas piezas y golpéelas para asentarlas. Use un trapo mojado para limpiar el cemento rebosado de las uniones o de encima de las baldosas. Las uniones deben ser de por lo menos ⅛" para dar cabida a la lechada.

6 Use los separadores para instalar el resto de las baldosas del primer módulo. Quite con un palustre el exceso de cemento de las áreas donde todavía no va a trabajar para evitar que la mezcla se endurezca e interfiera con la instalación.

7 Después de terminar el primer módulo, continúe instalando las baldosas siguiendo el patrón establecido. Puede usar la cuerda con tiza como referencia, pero no será necesario como marcas para la instalación. Para evitar el rebose de cemento entre las uniones de las baldosas, quite la acumulación excesiva a ½" de la pieza instalada antes de colocar la baldosa siguiente.

Consejo: Cómo cortar baldosas en curva

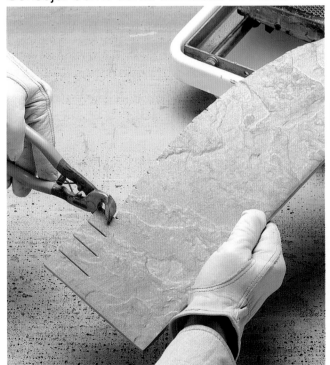

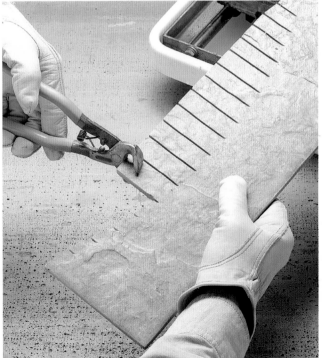

Para hacer un corte cóncavo (arriba a la izquierda), o uno convexo (arriba a la derecha), marque la curva sobre la baldosa y use una sierra para corte en mojado para hacer cortes paralelos lo más cerca posible a la línea demarcada. Use unos alicates (tenazas) para cortar las por-

ciones pequeñas de la baldosa a lo largo de la curva. Al final use el esmeril angular para suavizar los bordes filosos de la pieza. Use una máscara para polvo cuando haga los cortes y guantes cuando use las tenazas.

(continúa)

Cómo instalar baldosa sobre una placa de concreto (continuación)

8 Después de instalar todas las baldosas, quite los separadores, cubra el área con un plástico y deje curar el cemento siguiendo las recomendaciones del fabricante. Cuando la baldosa haya quedado sentada por completo, quite el plástico y mezcle la lechada usando el aditivo en lugar de agua. El aditivo es especialmente importante para las aplicaciones al exterior porque crea uniones más resistentes a los cambios de temperatura.

9 Use la llana para expandir la lechada sobre un área de unos 10 pies cuadrados. Presione la mezcla con la base de la llana para penetrarla sobre las uniones, luego sosténgala en un ángulo de 45° sobre la superficie para quitar los excesos de lechada.

10 Después de haber cubierto el área, limpie los residuos con una esponja mojada. Hágalo suavemente con movimientos circulares —va a limpiar las baldosas y no a remover la lechada—. No intente limpiar la superficie perfectamente la primera vez. En lugar, límpiela varias veces y enjuague la esponja de seguido.

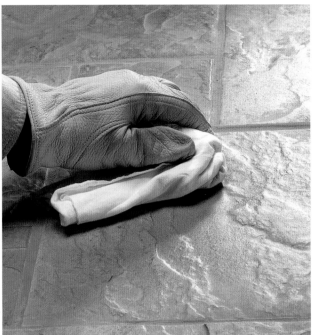

11 Una vez la lechada haya empezado a sentarse, (más o menos en una hora dependiendo de la temperatura y la humedad), limpie una vez más la superficie. Esta vez debe limpiar todo por completo porque es difícil remover los residuos de lechada cuando se ha endurecido. Quite con un trapo la capa delgada que ha sido dejada al final por la mezcla.

Aplicar lechada sobre baldosas porosas:

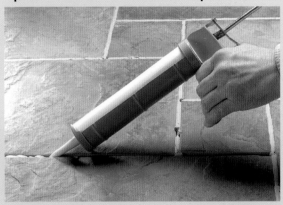

Algunas baldosas, como las de cantera, tienen superficies muy porosas que pueden mancharse demasiado con la lechada. En este caso, aplique la mezcla llenando el interior de un recipiente de silicona vacío (disponible en los depósitos de materiales para construcción) e instale la lechada a las uniones con una pistola. Corte la punta para abrir un hueco apenas lo suficiente grande para presionar la lechada hacia afuera. Pase la punta a lo largo de la unión a medida que la presiona. Quite la lechada que cae sobre la baldosa usando una esponja mojada. Quizás tenga que usar el dedo para presionar la lechada en la unión. Use guantes para proteger las manos si aplica este método.

12 Cubra toda la superficie con plástico y deje secar la lechada según las instrucciones del fabricante. Después que se haya curado, use un cepillo de espuma para aplicar sellador de lechada sólo sobre las uniones y limpiando cualquier derrame sobre el resto de la superficie.

13 Aplique el sellador para baldosa a toda la superficie usando un rodillo de pintar. Cubra el patio con plástico y déjelo secar por completo antes de exponerlo al uso y al clima.

Piedra natural

Trabajar con piedra es un arte que requiere trabajo intensivo. Completar por sí mismo un proyecto de este tipo puede demorar muchos días. Es mejor crear un equipo de trabajo y delegar responsabilidades en forma alternada para mantener a todos ocupados. Cinco o más personas pueden completar muchos de estos proyectos sólo en un fin de semana.

Trabajar con piedra natural

Las mayores dificultades para trabajar con piedra natural es la dificultad de manejar su peso y la falta de uniformidad del tamaño y forma. Esto puede ser superado con suficiente ayuda, con creatividad y determinación. Si nunca ha trabajado con este tipo de material, ensaye con unas cuantas piezas antes de comprometerse con un gran proyecto.

Dependiendo de la piedra que escoja, las piezas individuales pueden ser bastante pesadas. El mejor momento para pedir ayuda y crear elementos que lo ayuden a levantar y mover las piedras, es antes de encontrarse en esa situación. Los centros de distribución de estos materiales tienen disponible con frecuencia herramientas especializadas que puede pedir prestadas o alquilar. Aquellos que no

ofrecen estos servicios sin duda pueden informarle dónde conseguir tales herramientas.

La apariencia única en cada pieza hace necesario cortar, y algunas veces diseñar, piedras en forma individual (ver páginas 210 a 213). A menudo esto involucra cortar bordes imperfectos y partes no deseadas, darle una nueva forma para mejorar la estabilidad dentro de la estructura, o cortar piedras para que quepan en el espacio indicado.

Cuando las piezas están listas para ser colocadas en su posición, la labor se convierte en algo similar a trabajar con otros elementos de albañilería.

Consejos para trabajar con piedras

Utilice un cinturón especial para soportar los músculos del estómago y espalda, y doble las rodillas cada vez que levante una piedra pesada. Si no puede doblar las rodillas, porque la piedra es muy pesada para levantarla por si mismo, busque ayuda o utilice una palanca o cadena para mover la roca.

En promedio, las piedras pesan 165 libras por pie cúbico. Esto puede hacer difícil colocar las piezas correctamente en su lugar. Existen muchas técnicas para mover piedras en forma efectiva y segura. Utilice palancas o elementos simples de levante, como cadenas, para simplificar la tarea cada vez que tenga que mover una piedra pesada.

Cortar las piedras al tamaño indicado es una parte importante de este trabajo. Mantenga a la mano una sierra circular equipada con un disco para cortar concreto, junto con un mazo y un cincel. Algunos especialistas prefieren hacer todos los cortes con el mazo y cincel para evitar cortes rectos no naturales, pero si hay que hacer muchos cortes, quizás pueda hacer que alguien haga el primer corte con la sierra, mientras que otra persona termina el corte a mano.

Organice las piedras según la forma y tamaño antes de iniciar el trabajo. El tiempo dedicado en este proceso le ahorra trabajo y esfuerzo más adelante. Si va a construir una pared, amontone a un lado las piedras largas que servirán como amarre, las piedras de relleno en otro sitio, y el resto de las rocas en otro lugar.

Los centros de distribución o depósitos de materiales tendrán a su disposición los elementos y herramientas para la mayoría de estos trabajos. Muchos ofrecen una gran variedad para simplificar sus proyectos.

Herramientas y materiales

Aún cuando la mayoría del planeta está compuesto de rocas y tierra en diferentes grados de solidez, la piedra natural puede ser increíblemente costosa. Por tal razón es recomendable hacer bien las cuentas cuando haga los cálculos, y utilizar las herramientas correctas para mantener el desperdicio al mínimo.

Si va ha hacer el trabajo por si mismo, no espere encontrar seis toneladas de laja de bloques de piedra rústica de primera calidad en un solo centro de distribución. En este caso necesitará averiguar en diferentes depósitos especializados. En lo posible (si tiene acceso a un vehículo de carga), seleccione y transporte las rocas usted mismo para un mejor control de calidad y ahorro de dinero en el envío.

Arena, gravilla, tierra (capa de 2")	área de la superficie (pies²) ÷ 100 = toneladas necesitadas
Laja de piedra	área de la superficie (pies²) ÷ 100 = toneladas de piedra necesitadas
Bloques de piedra rústica para paredes de 1 pie de ancho	área de la superficie (pies²) ÷ 15 = toneladas de piedra necesitadas
Piedra de relleno para paredes de 1 pie de ancho	área de la superficie (pies²) ÷ 35 = toneladas de piedra necesitadas

Use la tabla anterior para calcular los materiales que necesitará. Debido a que los pesos y tamaños variarán, debe consultar con su distribuidor para información más detallada.

Cómo calcular los materiales necesitados

Los centros de distribución de materiales a menudo ofrecen ayuda en el diseño de su proyecto y lo aconsejarán con la cantidad de materiales necesitados, los códigos de construcción requeridos y las condiciones climatológicas a considerar. Otros ofrecen variedad de servicios como la asesoría para el diseño de los jardines y clases sobre trabajos de albañilería.

Herramientas para trabajar con piedra natural

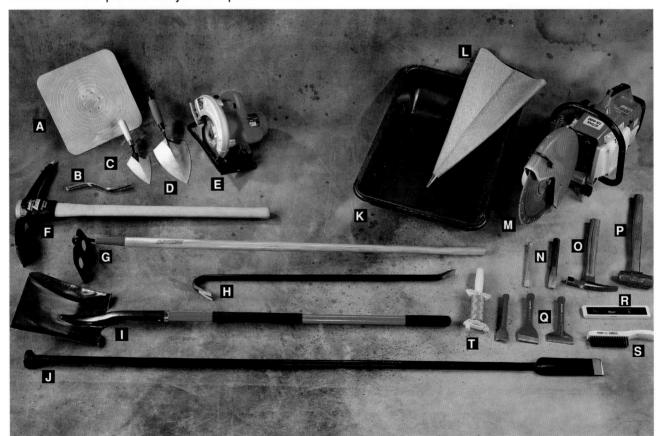

Entre las herramientas para trabajar con la piedra se incluyen: Paleta para el cemento (A); accesorio para suavizar las uniones (B); palustre de punta (C); palustre normal (D); sierra circular con disco para concreto (E); pica (F); azadón para cemento (G); barra de palanca para levantar rocas pequeñas y medianas (H); pala de punta cuadrada (I); barra grande de palanca para levantar rocas grandes (J); caja para mezclar (K); bolsa para aplicar mezcla (L); cortadora de rocas (a gas) alquilada (M); cinceles (N); martillo/pica (O); mazo de mano (P); cinceles anchos (Q); nivel (R); cepillo con cerdas de alambre (S); cuerda de medición (T).

Tipos y formas de piedras

Es importante tener claro qué clase y forma de piedra quiere instalar. Los centros de distribución ofrecen una gran variedad de posibilidades de colores y texturas que le ayudarán en su decisión.

En la página siguiente se muestran los tipos de piedra más comunes en la construcción. Además de su apariencia distintiva, cada tipo de piedra tiene una durabilidad y estructura física única que determina el grado de facilidad para trabajarlas. Si su proyecto requiere de muchos cortes, consulte con el distribuidor para seleccionar una piedra fácil de partir. Si está construyendo un andén, use el material que soporte un tráfico constante. El costo también es un factor importante. Tenga en cuenta que las piedras nativas de su localidad son las más económicas.

Una piedra puede ser definida según su forma y corte. Las formas comunes (a la derecha) incluyen piedra en bloque rústica, adoquín, piedra de relleno, piedra común, laja, y piedra de chapado. Ciertas piedras no se cortan debido a que su forma natural puede ser usada en diferentes tipos de construcción. Las piedras se cortan en capas delgadas para el uso en chapados y cubiertas de paredes. Por lo general cada proyecto determinará la clase de piedra a usar. Por ejemplo, la mayoría de los arcos requiere de piedras con superficie suave y caras cuadradas (como la piedra rústica) que puede ser instalada con capas de cemento bien delgadas.

Después de determinar la clase y forma de la piedra a usar, tendrá a su disposición una extensa variedad de colores y texturas para decidir cuál es la que se acomoda mejor a la apariencia de su patio o jardín.

Nota: Dependiendo de dónde viva, es posible que los términos y nombres usados para describir las piedras sean diferentes. Pida ayuda a su distribuidor.

Piedra caliza—Piedra pesada de corte moderado, de mediana a alta fortaleza, usada en paredes y rocas de jardines, andenes, escalones y patios. En los Estados Unidos se encuentra principalmente en Indiana, Wisconsin, Kansas, y Texas.

Granito—Piedra densa y pesada difícil de cortar. Es usada para pavimentar andenes, escalones de edificaciones y paredes. Es la piedra de mayor uso en la construcción. En los Estados Unidos se encuentra principalmente en: Massachusetts, Georgia, Minnesota, Carolina del Norte, Dakota del Sur y Vermont.

Piedra arenisca—Relativamente de liviano peso disponible en variedades, "suave" y "densa", y en una gran variedad de colores. Es fácil de cortar, pero a su vez tiene poca fortaleza o resistencia. Es usada en paredes de jardines, especialmente en climas sin congelamiento. En los Estados Unidos se encuentra principalmente en: New York, Arizona, Ohio y Pennsylvania.

Piedra granulada—Piedra delicada de peso mediano fácil de cortar pero de poca fortaleza. Es muy vidriosa para la construcción de paredes, pero es popular para los andenes, escalones y patios. Los colores varían dependiendo de la región. En los Estados Unidos se encuentra principalmente en: Pennsylvania, Virginia, Vermont, Maine, New York y Georgia.

Piedra en laja—Losas grandes de piedra de cantera cortadas en pedazos de 3" de espesor. Se utiliza en paredes, escalones y patios. Las piezas de menos de 16" cuadradas son llamadas 'escalones'.

Corte de piedra común

Piedra común—Esta piedra se encuentra en campos, laderas de ríos y colinas. Se usa en la construcción de paredes. Cuando se parte en porciones pequeñas más fáciles de maniobrar, a menudo se usa en proyectos de albañilería. También es llamada 'piedra de río' debido a su lugar de origen.

Piedra de relleno—Son piedras de cantera de diferentes formas por lo general con un lado terminado. Son ampliamente usadas en la construcción de paredes.

Bloques de piedra rústica—Piedra grande de cantera de corte suave en bloques grandes ideal para crear líneas perfectas con uniones delgadas de cemento.

Piedra de chapado—Piezas naturales o manufacturadas, cortadas o moldeadas, para usarse en decoraciones que no llevan carga, como chapados de paredes exteriores o paredes de bloques de concreto independientes.

Piedra de adoquín—Piezas pequeñas de piedra de cantera o de campo usadas en andenes y caminos.

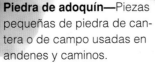

Técnicas básicas

Puede cortar la mayoría de las piedras colocándolas sobre un terreno suave, como grama o arena, que absorba parte del golpe aplicado con el mazo y cincel. Utilice una bolsa de arena para soporte adicional. También puede construir una simple plataforma de corte llamada 'banco' para soportar las piedras sobre una base de arena.

Protéjase al trabajar usando la vestimenta apropiada cuando haga los cortes y use la herramienta adecuada. Un cincel estándar puede ser muy liviano, o un martillo de carpintero puede estar construido con un mango que podría quebrarse fácilmente al golpear la roca con el cincel. Tenga en cuenta que las mejores herramientas son aquellas que han sido diseñadas para realizar los trabajos específicos.

Es recomendable marcar las rocas y cortarlas antes de instalarlas sobre cualquier estructura. Nunca las corte cuando ya han sido colocadas en su lugar, así sea para quitar un pequeño imperfecto. Al hacerlo, está arriesgándose a cortar las piedras adyacentes o a afectar la fortaleza del cemento (si lo está usando).

Lleve a cabo los cortes sobre una base suave al lado de la pared o estructura que está construyendo.

Todo lo que necesita:

Herramientas: Cincel para rocas, puntero, cincel de cabeza ancha, martillo, sierra circular, discos de silicona-carburo para cortar concreto, cable de extensión GFCI.

Materiales: Piedra, arena, un madero de 2 × 2.

Consejos para cortar piedras

La mejor forma de instalar las piedras es cuando todos sus lados (incluyendo la parte de arriba y abajo) son algo cuadradas. Si algún lado tiene una punta muy aguda, córtela con un cincel de cabeza ancha, y quite las protuberancias pequeñas con un puntero (punzón) y una maceta. RECUERDE: La roca debe sentarse sobre la parte de arriba o abajo sin que ocasione mucho vaivén.

Vaya preparando la piedra con un punzón y una maceta para quitar los pedazos y bordes no deseados. Coloque el punzón de unos 30 a 45° de inclinación sobre el trozo de piedra que quiera remover. Golpee suavemente en un principio a lo largo de la marca, y luego hágalo con más fuerza para hacer el corte. Sostenga el cincel con cuidado antes de golpearlo con la maceta.

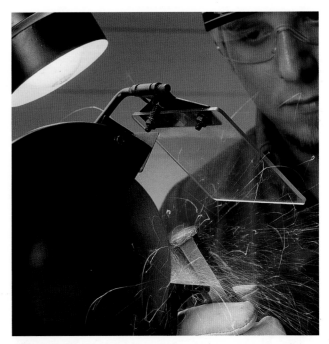

Construya una base si tiene que hacer bastantes cortes. Esta simple caja de arena es fuerte y a su vez absorbe los golpes. Colóquela sobre un par de columnas si desea trabajar parado. Construya el marco con maderos unidos de 2 × 2 entre ambos marcos. Clave todas las partes con tornillos para madera de ¾" entre ambos marcos. Clave todas las partes con tornillos para madera de 3½", y luego llene el marco con arena.

Afile la punta del cincel usando una fresadora cuando aparezcan cortes ondulados. Este tipo de cortes resultan de golpes repetidos con la maceta. Al afilar el cincel, pueden saltar chispas o pequeñas partículas de metal peligrosas. Recuerde: Siempre use gafas protectoras cuando trabaje con herramientas de cortar.

Consejos para cortar piedras con una sierra circular

Una sierra circular le permite hacer el corte inicial de variedad de superficies con más precisión y control que con cualquier cincel. Es una herramienta muy ruidosa, y se recomienda usar tapones para los oídos, junto con gafas protectoras y una máscara contra el polvo. Instale un disco sin dientes en la sierra y cuádrela para hacer un corte a ⅛" de profundidad. Compruebe que el disco esté diseñado para hacer el corte deseado. Algunos discos son diseñados para cortar materiales duros como concreto, mármol y granito, y otros para materiales más suaves como el bloque de concreto, el ladrillo, la caliza o la losa. Antes de hacer el corte, moje la piedra para controlar un poco el polvo. Haga el corte tres veces, y cada vez profundice el disco ⅛". Repita el proceso por el otro lado. Coloque una pieza de madera delgada sobre la piedra para proteger la sierra de superficies ásperas. Recuerde: Siempre use una extensión de cable eléctrica GFCI para uso exterior cuando utilice estas herramientas al aire libre.

Cómo cortar piedra común

1 Coloque la piedra sobre una caja o superficie de arena y señale con un marcador o una tiza el área de corte a su alrededor. En lo posible siga las vetas naturales de la piedra para hacer el corte.

2 Haga cortes a lo largo de la piedra con golpes moderados usando un cincel y una maceta. Luego aplique golpes más fuertes con un cincel de punta ancha para partir la roca. Haga el acabado final con un punzón.

Cómo cortar piedra de laja

1 Intentar cortar una de estas piedras por la mitad puede crear resultados no esperados. Para hacer este tipo de trabajo, corte pequeñas secciones a la vez. Marque la roca con una tiza o crayola a todo lo largo por donde desea hacer el corte. Si la roca tiene una quebradura natural, marque allí la línea porque es posible que se parta en ese lugar.

2 Comience a golpear sobre la marca en el lado de la roca que no va a ser expuesto. Mueva el cincel a medida que lo golpea moderadamente con la maceta. Opción: Si debe hacer muchos cortes, utilice una sierra circular para hacer el corte inicial, y el cincel y la maceta para partir las rocas. En este caso mantenga las rocas mojadas para reducir la cantidad de polvo.

3 Voltee la roca, coloque un tubo de 2 × 4 debajo de la marca, y luego golpee con fuerza usando una maceta el lado que se va a remover.

Opción: Si la roca usada para pavimentar es más grande comparada con las otras rocas que está instalando, instálela en su lugar y golpéela con fuerza en el centro con un mazo. La roca se partirá en varias piezas utilizables.

Instalación de la piedra

Las uniones delgadas son las más fuertes. Las uniones de cemento deben tener entre ½ y 1" de espesor. La función del cemento no es crear separaciones entre las rocas, pero sí llenar los espacios inevitables y fortalecer las uniones entre las mismas. Mueva un poco las rocas una vez estén en posición para acercarlas lo más posible a las piezas adyacentes.

Los métodos para instalar las rocas son tan variados como quienes practican este arte, pero con seguridad todos están de acuerdo con varios principios generales:

- Las uniones delgadas son las más fuertes. Sin importar si está usando o no cemento, mientras más contacto tengan las piedras entre sí, habrá más resistencia a la dislocación de las diferentes piezas.

- El *amarre de las rocas* es esencial en las estructuras verticales, como paredes o columnas. Las rocas grandes se expanden por lo menos dos terceras partes del ancho de la estructura amarrando las piezas pequeñas a su alrededor.

- Al trabajar con cemento, la mayoría de los albañiles entierran las rocas a la mayor profundidad posible debido a razones estéticas. Mientras haya menos cemento expuesto, habrá más roca visible.

- Las uniones verticales largas, o uniones de *cabecera*, son puntos débiles en las paredes. Cierre este tipo de uniones sobreponiéndolas con piedras en la hilera siguiente, similar a la forma como instala ladrillos o bloques en paredes.

- Los lados de las rocas de la pared deben tener una inclinación hacia el interior (declive) para una máxima fortaleza. Esto es aún más importante en paredes construidas sin cemento. Las de cemento necesitan menos declive.

Combine piedras grandes y pequeñas a lo largo de andenes o estructuras verticales para lograr una presentación lo más natural posible. Además de dar una mejor apariencia, las rocas grandes sirven como piezas de amarre en una pared dando mayor fortaleza cuando se unen con rocas más pequeñas.

Coloque las rocas con caras desiguales boca abajo y excave por debajo hasta que la pieza quede a nivel. Use la misma técnica en la hilera inferior de una pared sin cemento. Sólo asegúrese que se inclinan hacia el centro de la trocha.

Consejos para la instalación de la piedra sobre paredes

Pieza de relleno

Las rocas de amarre son piezas grandes que ocupan casi todo el ancho de la pared que ayudan a juntar las rocas más pequeñas y a incrementar la fortaleza de la pared. Como regla general, calcule que el 20 por ciento de las piedras de la estructura deben ser consideradas de amarre.

Una pieza de relleno es lo opuesto a una de amarre —es una roca plana sobre la superficie de la pared que contribuye muy poco a dar fortaleza—. Esta pieza es necesaria cuando no hay otra que llena el lugar. Utilícelas esporádicamente e instale rocas de amarre adyacentes para compensar.

En lo posible, instale las piezas en hileras horizontales. Esta técnica es llamada construcción rústica en bloques. Si es necesario, instale dos o tres rocas delgadas para igualar el espesor de las piezas adyacentes.

En el caso de rocas irregulares, como piezas de relleno o de campo sin cortar, construir una hilera a la vez es complicado. Instale las rocas a medida que se requiera llenar los espacios y sobreponer las uniones verticales.

Use un medidor del declive y un nivel al construir una estructura sin cemento con inclinación hacia el interior. Incline la pared 1" cada 2 pies de altura — menos para paredes de construcción rústica, y dos veces más para paredes con piedras redondas y de retención—.

Es más fácil construir una pared con piedras rústicas que han sido divididas en bloques algo rectangulares. Estas rocas son instaladas con el mismo sistema de hileras usado en la construcción con ladrillos. Cada roca se sobrepone sobre la unión de la hilera anterior. Esta técnica evita largas uniones verticales creando una estructura sólida y visualmente atractiva.

Paredes con piedra y sin cemento

Las paredes construidas con piedras son muy atractivas y durables, y son sorprendentemente fáciles de construir si planea con cuidado. Una pared de baja altura puede ser edificada sin cemento usando un método antiguo llamado *instalación en seco*. Aquí la pared es formada por dos hileras que se inclinan entre sí un poco. La posición y peso de ambas hileras se soportan una a la otra formando una sola pared sólida. La pared puede ser construida a cualquier longitud, pero el ancho debe ser al menos la mitad de la altura.

Puede conseguir este material en depósitos o centros de construcción donde los diferentes tamaños, formas y colores son vendidos por tonelada. Allí también puede conseguir el cemento tipo M necesario para unir las cubiertas instaladas sobre la parte superior de la pared.

La construcción de estas estructuras requiere de paciencia y esfuerzo físico. Las piedras deben ser agrupadas de acuerdo a su tamaño y forma. Es posible que necesite

cortar ciertas piezas para lograr un espacio consistente entre cada una y así lograr el acabado deseado.

Para hacer las marcas de los cortes, use una sierra circular con un disco apropiado. Luego use un cincel y una maceta para golpear la roca sobre la marca hasta lograr el corte. Siempre use gafas protectoras cuando trabaje con herramientas para cortar rocas.

Todo lo que necesita:

Herramientas: Cuerda de medición, sierra circular con un disco para cortar concreto, cincel, palustre.

Materiales: Estacas biseladas de 12", piedra triturada y rústica rectangular, cubiertas de piedra, cemento tipo M.

Cómo construir una pared con piedras y sin cemento

Piedras de relleno

1 Marque el lugar de construcción con estacas y cuerdas de medición. Excave una trocha de 6" de profundidad y de 6" más ancha que todos los lados de la pared. Agregue una sub-base de piedra triturada (gravilla) en una inclinación en forma de "V" hacia el centro de la trocha a unas 2" más profunda que los bordes.

2 Seleccione las piedras apropiadas para crear la primera hilera a ras con los bordes de la trocha e inclinadas hacia el centro de la misma. Use piedras de altura similar. Coloque los lados disparejos hacia abajo. Llene los espacios entre las rocas con piedras pequeñas de relleno.

3 Instale la segunda hilera intercalando las uniones. Use un par de rocas de diferentes longitudes para variar el centro de las uniones. Alterne el largo de las rocas y mantenga la elevación constante (coloque pares de rocas delgadas para mantener la elevación constante, si es necesario). Llene los espacios dejados con piedras de relleno.

Piedras de amarre

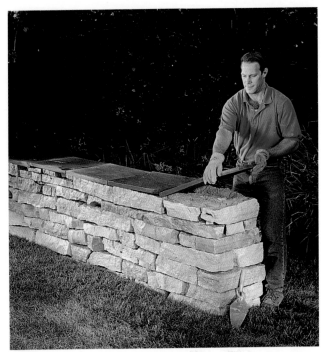

4 Instale una piedra de amarre cada 3 pies, cada hilera de por medio. Quizás deba cortarlas al ancho de la pared. Revise la plomada de la pared a medida que la construye.

5 Aplique cemento a las piedras de la cubierta de la pared manteniendo la mezcla al menos a 6" de los bordes para evitar que se vea. Junte las cubiertas y llene los espacios dejados con cemento. Limpie el exceso de cemento dejado sobre la superficie con una brocha con cerdas duras.

Paredes con piedra y cemento

Una pared construida con piedras y cemento da una apariencia clásica y llamativa a cualquier patio o jardín. Las piedras rústicas rectangulares y las de tonalidad azulada son las más fáciles de trabajar, pero las de campo o de relleno también pueden utilizarse y dan un acabo atractivo a las paredes.

Debido a que el cemento convierte las paredes en una estructura monolítica que puede quebrarse y expandirse con los cambios de clima, se requiere una base de concreto. Para mantener la fortaleza en la pared, seleccione las piedras más pesadas y voluminosas para la base, y las más delgadas y planas para la cubierta.

A medida que construye la pared, instale piedras de amarre —se expanden el ancho de la pared (ver la página 215)— cada 3 pies, intercaladas a lo largo de las hileras (tanto vertical como horizontalmente) en toda la pared.

Use las piedras más cuadradas y planas para construir el inicio o final de la pared, luego llene el centro de las hileras. Deje las uniones de más o menos 1" y asegúrese que no queden alineadas en hileras sucesivas. Siga la siguiente regla: Cubra las uniones debajo con piedras completas arriba; deje las uniones arriba sobre piedras completas abajo.

Construir una pared con piedras y cemento es un trabajo intensivo, pero a su vez es muy satisfactorio. Siempre trabaje con seguridad y no dude en pedir ayuda para levantar los objetos pesados.

Todo lo que necesita:

Herramientas: Cinta métrica, lápiz, cuerda con tiza, escobilla pequeña, herramientas para mezclar el cemento (ver la página 114), maceta, cincel, puntero, palustre, accesorio para emparejar uniones, nivel de cuerda, esponja, manguera.

Materiales: Concreto para el cimiento (ver página 44), piedra rústica rectangular, cemento tipo N ó S, estacas y cuerda para medir, retazos de madera, ácido muriático.

Cómo construir una pared con piedras y cemento

1 Instale el cimiento de concreto y déjelo curar por una semana (ver páginas 44 a 47). Mida y marque el sitio de la pared en el centro de la base. Use la cuerda con tiza para hacer las marcas a lo largo y ancho de la base. Dibuje las esquinas siguiendo el método de ángulo 3-4-5 como se describe en la página 108.

2 Instale toda la primera hilera sin usar cemento. Comenzando con la piedra de amarre en cada extremo, organice las piedras en dos hileras a lo largo de las marcas dejando 1" de distancia en las uniones. Use piedras pequeñas para llenar el centro de la pared, y más grandes y pesadas en las hileras inferiores. Coloque piedras de amarre adicionales cada 3 pies de distancia. Corte las piedras si es necesario.

3 Mezcle una tanda rígida de cemento tipo N siguiendo las instrucciones del fabricante (ver las páginas 114 y 115). Comenzando en una de las esquinas, aliste la piedra y limpie la superficie. Esparza una capa pareja de cemento de 2" de espesor a ½" al interior de la línea de marca (el cemento se rebosará un poco).

4 Presione firmemente la primera piedra de amarre sobre la mezcla dejándola alineada con la marca de tiza y lo más nivelada posible. Golpee la superficie con el mango del palustre para asentarla. Continúe instalando las piedras a lo largo de la línea hasta el lado opuesto de la pared.

(continúa)

Cómo construir una pared con piedras y cemento (continuación)

5 Después de instalar la primera hilera por completo, rellene los espacios del centro de la pared más anchos de 2" con piedras pequeñas. Llene el resto de los vacíos y uniones con cemento usando un palustre.

6 A medida que trabaja, vaya raspando las uniones con un trozo de madera introduciéndolo a ½" de profundidad, lo cual resaltará las piedras en lugar de las uniones. Luego use una escobilla para barrer el cemento sobrante.

VARIACIÓN: También puede trabajar las uniones con algún accesorio para un acabado más ajustado y parejo. Utilizar el dedo puede dejar marcas en el cemento sin removerlo.

7 Clave estacas en cada extremo de la base y cuadre la cuerda de medición a ras con las caras de la pared. Utilice un nivel de cuerda para nivelar la altura de la siguiente hilera. Construya cada extremo de la pared intercalando las uniones entre cada hilera. Revise la plomada correcta de las piedras esquineras con un nivel de 4 pies de largo.

8 Si las piedras pesadas rebosan mucho el cemento, utilice trozos de madera para sostenerlas en su lugar. Una vez el cemento se haya secado, quite los pedazos de madera y llene los espacios con más cemento.

Consejo: Tenga un balde con agua y una esponja listos en caso que el cemento se derrame sobre la cara de las piedras. Límpielo de inmediato antes que se endurezca.

9 Construya el centro de las hileras primero ensayando con piedras sin cemento. Una vez esté listo, aplique la mezcla y coloque las rocas en el lugar escogido. Instale piedras de amarre más o menos cada 3 pies (vertical y horizontalmente), intercalando su posición en cada hilera. Asegúrese que las uniones no queden alineadas.

10 Instale las piedras de cubiertas presionando las piedras planas del mismo ancho de la pared sobre la capa de cemento. No raspe las uniones, pero quite el exceso de cemento con el palustre y limpie las sobras de la superficie con una esponja mojada.

11 Deje secar la estructura por una semana, luego límpiela usando una mezcla de una parte de ácido muriático y 10 partes de agua. Moje la pared con una manguera, aplique la solución y luego lávela de inmediato con plena cantidad de agua limpia. Siempre use gafas protectoras, camisa de mangas y pantalones largos, así como guantes de caucho cuando trabaje con ácidos.

Una pared de retención de piedra bien construida sobrepasará la vida de otras paredes similares hechas con otros materiales, y lucirá mucho mejor.

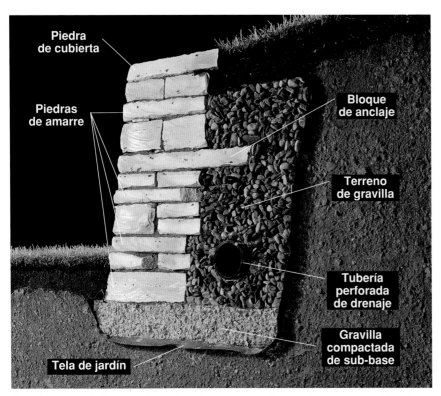

Piedra de cubierta

Piedras de amarre

Bloque de anclaje

Terreno de gravilla

Tubería perforada de drenaje

Gravilla compactada de sub-base

Tela de jardín

La piedra cortada tiene una superficie plana y suave. Para construir una pared de retención estable, alterne las hileras de "piedras de amarre" del ancho de la pared, con hileras de piedras más pequeñas. Instale rocas más largas (bloques de anclaje) que se extienden hasta la parte trasera del terreno de gravilla, separadas cada 4 a 6 pies de distancia.

Paredes de retención de piedra

Las paredes de retención construidas con piedra natural dan una apariencia tradicional a los patios y jardines que perdura a través de los años. Debido a su superficie plana, la piedra cortada es más fácil de utilizar que la piedra común. Deberá tener la suficiente cantidad de piedras anchas para usarlas como amarre, de anclaje o de cubierta. Las paredes sin cemento no requieren de cimientos, pero si usan varias pulgadas de gravilla compactable como base.

La técnica de construcción de paredes de retención de piedra cortada es similar a las de bloques. Aún cuando la piedra es más costosa y requiere de más paciencia al instalarla, ofrece un gran drenaje debido al espacio dejado al interior de la pared.

Antes de construir una pared de este tipo, prepare el terreno (ver las páginas 128 y 129). Coloque las piedras más grandes y pesadas en la base y utilice las más planas y suaves para las esquinas y la hilera final.

Las paredes de piedra natural por lo general son construidas sin cemento, pero las dos últimas hileras pueden ser cementadas para crear una mayor resistencia y fortificación.

Todo lo que necesita:

Herramientas: Carretilla, pala, rastrillo, nivel de cuerda, aplanadora manual y mecánica, maceta pequeña, cincel, gafas protectoras, tapones para los oídos, guantes de trabajo, nivel, cinta métrica, lápiz, un palustre.

Materiales: Estacas, cuerda para medir, tela para jardín, gravilla compactada, tubería perforada de drenaje, material burdo de relleno, caja para mezclar cemento.

Cómo construir una pared de retención con piedra natural

1 Esparza una capa de gravilla compactada de 6" de espesor sobre la base de la trocha. Divida las rocas según el tamaño y forma para facilitar el proceso de instalación. Compruebe que tiene suficientes piedras largas para utilizarlas como amarre, de anclaje, y como cubiertas.

2 Instale hileras de piedras siguiendo las mismas técnicas para el relleno de la parte trasera y el intercalado de las mismas. Incline la pared hacia atrás a medida que la va construyendo colocando las piedras a más o menos ½" hacia el interior de la hilera anterior. Para lograr estabilidad, coloque piedras de amarre y anclaje en intervalos frecuentes.

3 Antes de instalar las piedras de cubierta, haga la mezcla siguiendo las instrucciones del fabricante y aplíquela en una capa gruesa sobre la última hilera. Separe el cemento del borde frontal unas 6". Coloque y presione las cubiertas sobre la mezcla. Termine de llenar la parte trasera de la pared y cubra la parte frontal de la trocha con tierra. Siembre grama u otras plantas si lo desea.

Consejo: Corte piedras irregulares si es necesario para hacerlas caber en forma ajustada en la pared. Siempre use gafas y tapones protectores cuando corte piedra. Haga el corte inicial con una sierra circular y el disco de corte apropiado colocado a ⅛" de profundidad. Use el cincel y la maceta para golpear la roca a lo largo del corte hasta romperla.

Los andenes con lajas de piedra combinan la durabilidad con la belleza, y se acoplan perfectamente en jardines sencillos o sofistica

Andenes con lajas de piedra

La laja natural es un material recomendado para la construcción andenes en los jardines. Es atractivo, durable, y se combina muy bien con diseños simples o elegantes. Aún cuando las estructuras hechas con lajas son por general cementadas, también pueden ser construidas sólo con arena. La instalación con arena es más fácil y rápida que con cemento.

Existe una diversa variedad de rocas sedimentarias, planas y delgadas, apropiadas para este proyecto. Los almacenes especializados a menudo las distribuyen, pero los depósitos de materiales para construcción por lo general tienen una mejor selección.

Algunas son más costosas que otras, pero también las hay muy económicas. Si tiene la oportunidad de escoger usted mismo el material, seleccione variedad de tamaños ya que por lo general vienen con un espesor similar.

El ejemplo a continuación muestra cómo construir un andén derecho con un borde de madera. Si desea construir un andén en curva, seleccione otro tipo de material para el borde, como el ladrillo o la piedra cortada. En lugar de llenar los espacios entre las lajas con arena, puede utilizar tierra o grama, u otro tipo de cubierta para incrustar en las uniones.

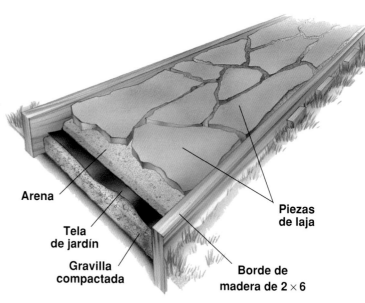

Arena

Tela de jardín

Gravilla compactada

Piezas de laja

Borde de madera de 2 × 6

Todo lo que necesita:

Herramientas: Accesorios básicos, nivel de cuerda, aplanadora manual, sierra circular con disco para cortar concreto, taladro, cincel, mazo, maceta de caucho, cortadora de grama (opcional).

Materiales: Tela para jardín, arena, tornillos galvanizados, madera presurizada de 2 × 6, gravilla compactada, lajas, agua.

Cómo construir un andén con laja

1 Marque, excave y prepare la base de la superficie para el andén. Construya el borde con maderos presurizados de 2 × 6 a lo largo del perímetro. Clave estacas separadas cada 12" hacia el exterior del borde. La punta superior de las estacas debe quedar por debajo del nivel del suelo. Clave el borde a las estacas con tornillos galvanizados.

2 Haga una prueba colocando las piedras sobre la base para diseñar un arreglo atractivo limitando el número de cortes en lo posible. Los espacios entre las rocas deben ser entre $\frac{3}{8}$" y 2" de ancho. Marque los cortes con un lápiz y luego remueva las rocas a un lado colocándolas en el mismo orden. Haga el corte inicial con una sierra circular y un disco instalado a $\frac{1}{8}$" de profundidad. Coloque una pieza de madera debajo de la roca apenas al interior de la línea de corte. Use un cincel y una maceta para golpear la roca a lo largo del corte hasta romperla.

3 Si no va a plantar grama, coloque una tira de plástico sobre el andén y cúbralo con una capa de arena de 2" de espesor. Corte un madero de 2 × 6 y haga muescas del mismo ancho del andén y úselo para emparejar la capa de arena. Agregue más arena si es necesario para nivelar la base.

4 Comience desde una de las esquinas a colocar las lajas sobre la base de arena. Repita el orden que creó en el paso 2 dejando espacios de $\frac{3}{8}$" a 2" entre las rocas. Quite o agregue arena si es necesario para nivelar las lajas, luego asiéntelas golpeándolas con un mazo de caucho o con un madero de 2 × 4.

5 Llene los espacios entre las rocas con arena. Use tierra si va a plantar grama u otra cubierta en los espacios. Presione la arena entre las piezas y luego rocíe con agua todo el andén para ayudar a sentar la arena. Repita la operación hasta que los espacios estén completamente llenos y apretados con arena.

El patio construido con lajas de piedra es un elemento clásico en el diseño de jardines modernos. La laja azulada (arriba) es una de las variedades más populares, pero puede no estar disponible en todas las áreas ya que varía según la región.

Patio con lajas de piedra sobre cemento

Un patio majestuoso de laja puede ser instalado sobre cemento o arena, usando rocas con pocos cortes o piezas naturales con formas irregulares. Si va a instalar sobre arena, lo cual es una buena idea si vive en climas fríos, obtendrá mejores resultados si corta las piedras lo más grandes posible y que tengan bordes derechos. Las piedras pequeñas no suministran mucho soporte cuando descansan sobre arena, pero pueden ser muy efectivas en el diseño si las instala sobre cemento, como lo muestra este ejemplo.

Puede instalar la laja cementada sobre una base de concreto que esté razonablemente en buen estado, o puede construir una nueva base de por lo menos 2" de espesor y con una capa de gravilla compactada debajo para crear drenaje. Si está instalando sobre arena, necesitará una capa gruesa de arena de por lo menos 1 ó 2" de espesor sobre una capa bien compactada de gravilla (ver el proyecto del patio sobre arena al inicio de la página 150 para mayor información).

Todo lo que necesita:

Herramientas: Rodillo para pintar con extensión, lápiz, escobilla pequeña, accesorios para hacer la mezcla (ver la página 114), pala, mazo, cincel, puntero, nivel de 4 pies, palustre, madero de 2 × 4, bolsa de lechada, herramienta para emparejar las uniones, esponja, manguera.

Materiales: Agente adhesivo para el cemento, laja, cemento tipo N ó S.

Cómo construir un patio de laja con cemento

1 Limpie por completo la base de concreto. Aún cuando la base no necesita estar en perfecta condición, debe ser sólida. Arregle las grietas y los huecos. Después que los arreglos se han curado, aplique un agente adhesivo de cemento sobre el patio siguiendo las instrucciones del fabricante.

2 Después que el adhesivo se haya secado, ensaye colocando las rocas sobre la base para crear un diseño atractivo. Trabaje desde el centro hacia afuera y distribuya las piezas grandes y pequeñas equidistantemente, dejando entre ½" y 1" de separación entre cada una.

3 Corte las piezas al tamaño deseado. Haga las marcas con tiza y luego córtelas siguiendo las recomendaciones en la página 213. Corte los lados de las lajas parejos con los bordes para luego instalar los terminados.

VARIACIÓN: Para un acabado más rústico, puede dejar las piezas sobresaliendo del borde de la base. Las más anchas pueden sobresalir hasta 6" con tal que la laja no soporte más de las dos terceras partes del peso de la misma. Las lajas más delgadas no deben sobresalir más de 3". Después que las lajas han sido cementadas en su lugar, llene con tierra debajo del área sobresaliente.

(continúa)

Cómo construir un patio de laja con cemento (continuación)

4 Mezcle una tanda rígida de cemento tipo N ó S siguiendo las instrucciones del fabricante (ver las páginas 114 y 115). Comenzando cerca del centro del patio, coloque a un lado varias piedras manteniendo el diseño establecido. Esparza una capa de cemento de 2" de espesor sobre la placa.

5 Presione con firmeza la primera laja grande sobre el cemento en la misma posición que creó el diseño. Golpéela suavemente con un mazo de caucho o el mango del palustre para asentarla en su lugar. Use un nivel de 4 pies y un madero de 2 × 4 para comprobar el nivel. Haga los ajustes necesarios.

6 Usando la primera piedra como referencia para la altura de la hilera, siga instalando las piedras sobre la mezcla desde el centro hacia los bordes. Manténgalas separadas entre ½" y 1".

7 A medida que trabaja revise el nivel de las piedras con el madero de 2 × 4 y el nivel de 4 pies. Golpee con cuidado las piedras para hacer pequeños ajustes. Al terminar, deje secar el cemento por un par de días antes de caminar sobre él.

8 Use la bolsa de lechada para llenar las uniones con cemento (agregue acrílico fortificante para hacer la mezcla más elástica). No sobrellene las uniones. Introduzca pequeñas rocas en los espacios para conservar cemento y también para fortalecer las uniones. Limpie el cemento de sobra.

9 Cuando la mezcla esté lo suficientemente dura al tacto, raspe las uniones sólo lo suficiente para que el cemento quede a ras con la superficie de la piedra para que el agua no se estanque. Use una escobilla para darle textura al cemento.

10 Deje secar el cemento por unos días, luego limpie el área con agua y un cepillo de cerdas duras. Después que se ha curado por una semana, aplique el sellador para piedra siguiendo las instrucciones del fabricante.

Un jardín con rocas es una atractiva alternativa a los jardines tradicionales con plantas y macetas. Este jardín ha sido plantado con musgo. Una pequeña variedad de plantas alpinas también son una buena solución.

Jardín con rocas

Los jardines con rocas ofrecen una buena solución para los jardines en terrenos difíciles. Las áreas con declive o terrenos arenosos, por ejemplo, no son muy favorables para los jardines tradicionales, pero si lo son para los de rocas. También es una buena respuesta si está buscando una alternativa a las cubiertas vegetales comunes y otro tipo de vegetación. Los jardines de rocas por lo general están compuestos de variedad de plantas alpinas que a menudo requieren de poca agua.

Para construir un jardín con rocas, es necesario excavar el lugar (preferiblemente un terreno inclinado o en forma de terraza), preparar el suelo, colocar las rocas y finalmente plantar. Mover y colocar las rocas es la parte más difícil. Si el jardín es grande, considere contratar un jardinero especialista para realizar el trabajo por usted.

Este tipo de jardines parecerán más naturales si son construidos con rocas de la misma variedad —o al menos sean similares en apariencia—. Las rocas encontradas en los campos de su localidad son una buena solución. Los jardines con variedad de clases de rocas tienen una apariencia visual más dinámica y la posibilidad para darles una llamativa apariencia cuando son arreglados con algo de imaginación.

Lista parcial de plantas usadas en jardines de rocas

Sempervivums (Jovibarbas)
Cerastium (Nieve de verano)
Heuchera (Campanas de coral)
Crassulaceae (Jade)
Dianthus (Clavel chino)
Douglasia (Jasmín de roca)
Brassicaceae (Boechera)
Juniperus Sabina (Enebro enano)
Achillea (Milenrama)

Cómo construir un jardín con rocas

1 El mejor lugar para un jardín con rocas es un terreno inclinado o en forma de terrazas, y expuesto hacia el Sureste. Debe estar completamente libre de yerbas de raíces profundas. Si esto no es posible, construya una base elevada con la luz expuesta en esa dirección. Las plantas alpinas tradicionalmente usadas en estos casos requieren de un terreno no arcilloso y con excelente drenaje. Si el terreno es arcilloso, remueva la superficie y excave el lugar a unas 18" de profundidad. Reemplace la tierra con partes iguales de marga, musgo orgánico carbonizado, y arena burda.

2 Comience colocando las piezas más grandes en la base del lugar. La idea es crear la impresión de formación de rocas subterráneas expuestas al aire libre. Incruste las rocas en la tierra dejando la mejor parte expuesta. Un poco menos de la mitad de la superficie debe ser de roca. Evite espacios iguales entre las filas de rocas. Cuando haya colocado todas las piezas, cubra la tierra con mantillo, con gravilla pea moderna, o con trozos pequeños de roca.

3 Las nuevas rocas necesitarán 'envejecer' antes de que parezcan naturales. Puede acelerar el proceso sembrando musgo y liquen a su alrededor. Combine un manojo de musgo con una copa de yogur o crema de leche en una licuadora. Use la mezcla para pintar las partes expuestas de la roca para promover el crecimiento del musgo.

4 Después que las rocas han estado en su lugar por unos días y la tierra se ha sentado, comience a plantar en el jardín. Al igual que con las rocas, concéntrese en plantas nativas de la región, y siémbrelas en sitios naturales y sin variedad excesiva. Puede plantar varios tamaños, desde árboles pequeños o arbustos, hasta flores alpinas delicadas. Colóquelas en medio de las grietas y muescas entre las rocas permitiendo que se descuelguen sobre la superficie de las piedras.

Una ventana redonda de piedra es casi que el elemento más llamativo que se puede construir en un jardín. En nuestro ejemplo, se usaron piedras rústicas rectangulares cementadas sobre un molde semicircular, pero también puede utilizar ladrillos. Cuando la parte inferior de la ventana se ha sentado, se voltea el molde y se construye la parte superior. La técnica para construir esta forma es la misma usada en la construcción de un arco (ver las páginas 136 a 139).

Ventana redonda de piedra

Puede construir aberturas redondas al interior de paredes de ladrillo o de piedra usando un molde semicircular de madera. Las ventanas redondas pueden ser construidas de cualquier tamaño, pero tenga en cuenta que levantar y sentar las piedras se torna más difícil en proyectos grandes, y crear los círculos con piedras es más problemático cuando son pequeños. Para minimizar el corte y levantamiento de piedras, esta ventana fue construida de 2 pies de diámetro sobre el tope de una pared ya construida. Antes de iniciar, debe consultar con el inspector de construcción local sobre las restricciones de la altura de la pared, los cimientos, y otros aspectos del diseño. Es posible que tenga que modificar las dimensiones para acomodarse a los códigos requeridos.

Debe contar con la ayuda de por lo menos una persona. Este tipo de construcción es físicamente exigente, y los pasos como la instalación de los soportes y el molde (página opuesta) requieren de ayuda.

Todo lo que necesita:

Herramientas: Sierra circular y de vaivén, taladro, cinta métrica, nivel, caja para mezclar, azadón, palustres, accesorio para emparejar uniones, bolsa para la mezcla, cincel, mazo.

Materiales: Madera en contrachapado de $^3/_4$" y $^1/_4$", tornillos para madera de 1 y 2", estacas de punta delgada, maderos de 2 × 4 y 2 × 8, postes de 4 × 4, cemento tipo M (mezcla espesa), piedras rústicas rectangulares.

Cómo construir una ventana redonda de piedra

1 Construya un molde de madera en contrachapado según las instrucciones en la página 136. Use piedras para la parte superior del círculo con lados cuadrados o algo puntiagudos. Ensaye colocando las piedras alrededor del molde separándolas con estacas de más o menos ¼" de grueso y con las puntas delgadas.

2 Numere cada piedra y el sitio de ubicación sobre el marco y luego colóquelas a un lado. Voltee el molde boca arriba y marque la segunda serie de piedras en la parte inferior del círculo. Consejo: Para evitar confusión, use letras para marcar la parte de abajo en lugar de números.

3 Prepare la mezcla espesa con cemento tipo M (ver las páginas 114 y 115) y esparza una capa gruesa de ½" de espesor sobre la parte superior de la pared para la base del círculo. Centre la roca que va a quedar en la base del círculo sobre el cemento.

4 Coloque el molde sobre la pared y sosténgalo con un andamio construido con maderas de 2 × 4 y postes de 4 × 4. Aquí utilizamos pares de maderos de 2 × 4 clavados para crear un soporte largo. Nivele el molde en ambas direcciones y ajuste los soportes si es necesario. Atornille los soportes al molde dejando los bordes al menos a ¼" de distancia del borde del molde.

(continúa)

5 Esparza la mezcla y coloque las piedras. Unte de cemento un lado de cada piedra y ajústelas golpeándolas con el mango del palustre. Mantenga los espacios entre rocas consistentes con los de la pared, pero deje la profundidad de los mismos a más o menos 1" para permitir el emparejo después.

6 Clave las cuerdas de medición en el centro de la parte trasera y delantera del molde y úselas para medir el alineamiento de cada roca.

7 Intercale las uniones a medida que construye hacia arriba y hacia abajo. Coloque rocas grandes y pequeñas para mayor fortaleza y apariencia natural. Pare de vez en cuando para emparejar y suavizar las uniones que se han endurecido lo suficiente para resistir la presión del dedo.

8 Si las rocas con protuberancias interfieren en la construcción, arréglelas lo necesario (ver la página 211) para que los lados queden lo más cuadrados posible.

9 Después de haber instalado las rocas a más o menos ½" abajo del borde superior, quite todo el soporte.

10 Invierta el molde boca abajo sobre la pared para comenzar a instalar la parte superior del círculo. El borde inferior del molde debe ser instalado a más o menos ½" por encima del borde inferior del círculo. Nivele los soportes a lo largo y ancho, ajústelos si es necesario y clávelos de nuevo a los postes.

11 Instale las rocas alrededor del círculo comenzando desde abajo hacia arriba. La piedra superior (o roca principal) debe ser instalada de último. Si la mezcla se sale de las uniones, instale estacas de punta provisionales. Sáquelas después de dos horas y rellene los huecos con cemento.

12 Cuando la piedra principal quede en su sitio, empareje el resto de las uniones. Quite el molde. Deje secar la estructura toda la noche y rocíela varias veces cada día por una semana.

13 Quite cualquier exceso de cemento de las uniones al interior del círculo. Rocíelos un poco y luego rellene todas las uniones con mezcla espesa para dejarlas a igual profundidad.

14 Después que el cemento en las uniones se endurezca un poco, use una herramienta para emparejarlas. Deje endurecer la mezcla toda la noche. Rocíe la pared por cinco días más.

Reparar y mantener

Antes

Después

Una reparación efectiva restaura tanto la apariencia como la funcionalidad de las estructuras de concreto en deterioro. Una labor cuidadosa puede dar un excelente resultado como el mostrado en la foto superior.

Reparar y mantener el concreto

El concreto es uno de los materiales para la construcción más durables que existen, pero de vez en cuando también requiere de un mantenimiento y reparación. El congelamiento y deshielo, las técnicas inapropiadas de acabado, una sub-base inadecuada, o la falta de refuerzo, pueden causar problemas al concreto. Poner atención a los problemas a medida que aparecen, puede prevenir futuros daños más costosos que quizás no pueda corregir.

Entre la gran variedad de reparaciones se contemplan una simple limpieza y sellado, hasta remover y reemplazar secciones completas. Reparar las grietas y los daños de la superficie es de los arreglos más comunes realizados sobre este material.

Otra reparación efectiva involucra la repavimentación (cubrir una vieja capa de concreto con una nueva). Es buena idea detectar pequeñas fisuras, brotes o rajaduras —problemas que afectan la apariencia más que la estructura—. Estos inconvenientes suceden a menudo debido a la inadecuada preparación del terreno o la aplicación de técnicas incorrectas de acabado.

Al igual que con otro tipo de reparaciones, el éxito del trabajo depende en gran parte de la buena preparación y el uso de los mejores productos disponibles. Los productos especiales son creados casi que para cualquier tipo de reparación sobre el concreto. Lea siempre la información de cada producto antes de comprarlo. Algunos son fabricados para ser usados en combinación con otros.

Una buena reparación puede durar más tiempo que la misma estructura, pero si ha ocurrido un daño estructural, la reparación es apenas una solución temporal. Al usar las técnicas y productos correctos, puede hacer reparaciones que mejoren la apariencia de la superficie y previenen que el daño empeore.

Quizás lo más importante para recordar al hacer este tipo de arreglos es que la cura del cemento hace durar la reparación más tiempo. Esto significa cubrir las superficies reparadas con plástico y mantenerlas mojadas por lo menos una semana. En climas cálidos y secos, levante el plástico de vez en cuando y rocíelas con agua.

Productos para reparar el concreto

Entre los productos para reparar el concreto se incluyen: Concreto con refuerzo de vinilo (A) para tapar huecos, brotes y grietas grandes; cemento hidráulico (B) para reparar cimientos, paredes de retención y otras superficies húmedas; cemento de secado rápido (C) para reparar superficies verticales y estructuras poco comunes; cemento para anclar (D) para instalar anclajes sobre concreto; productos de sellado (E); pintura para concreto (F) y para aplicar nuevas capas (G) para crear una superficie nueva sobre concreto viejo; silicona para las uniones (H); sellador para las grietas (I); limpiador de concreto (J); adhesivo (L) para preparar el área de reparación; y arena mezclada con concreto (M) para reparaciones generales y repavimentar.

Consejos para distinguir las reparaciones

Agregue pigmento de concreto, o cemento de color en líquido, al concreto de reparación para crear un tono similar al original. Experimente con diferentes mezclas hasta encontrar el color ideal. Las muestras deben estar secas para lograr los colores correctos.

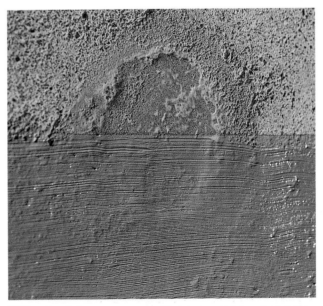

Utilice la pintura para concreto para cubrir las reparaciones sobre el mismo. Puede ser aplicada sobre superficies verticales u horizontales, pero aquellas con mayor uso requerirán de capas más frecuentes.

239

Identificar problemas con el concreto

En general hay dos tipos de fallas en el concreto: falla estructural (causadas por fuerzas externas como el congelamiento del agua), y los daños de la superficie (a menudo causados por técnicas de acabado inapropiadas o mezclas de concreto sin las combinaciones correctas de agua y cemento). Los daños superficiales algunas veces pueden ser reparados permanentemente si se utilizan los productos y técnicas adecuadas. Los daños más significativos pueden ser arreglados para mejorar la apariencia y para contrarrestar daños más profundos, pero la estructura tendrá que ser reemplazada eventualmente.

Problemas comunes con el concreto

El hundimiento del concreto es por lo general causado por la erosión de la sub-base. Algunas estructuras, como los andenes, pueden ser elevadas para reparar la sub-base y pavimentarse de nuevo. Una solución más común (y confiable) es contratar un experto en cimientos para que levante la superficie e inyecte concreto debajo de la misma.

El levantamiento debido al congelamiento es común en climas fríos. El suelo congelado presiona hacia arriba las placas de concreto y algunas secciones pueden brotar. La mejor solución es romper y remover el área afectada, reparar la sub-base, y echar nuevas secciones que son separadas por los maderos aislantes.

La acumulación de humedad ocurre en cimientos y paredes de retención que están en constante contacto con el suelo. Para identificar la causa, pegue una hoja papel de aluminio a la pared. Si la humedad se acumula sobre la superficie externa del papel, puede ser condensación y puede corregirse instalando un extractor de humedad. Si la humedad no es visible sobre el papel, quizás está entrando a través de la pared. Consulte un albañil profesional.

Las manchas pueden dañar la apariencia de la superficie de concreto o estructura. Las manchas pueden removerse con limpiadores de concreto u otra variedad de químicos. Para proteger el concreto contra las manchas, aplique sellador transparente sobre las superficies.

Las grietas esparcidas por toda la superficie, y otras formas de deterioro, son muy difíciles de reparar. Si el daño es extenso, remueva y reemplace toda la estructura.

Las grietas esporádicas ocurren en muchas construcciones de concreto. Repare las grietas pequeñas con silicona para concreto, y arregle las grandes con material de reparación con refuerzo de vinilo.

Las peladuras de concreto pueden ser creadas por congelamiento o presión interna, pero a menudo ocurren porque la superficie fue curada incorrectamente causando que la mezcla se desmorone o caiga. Unas cuantas peladuras no requieren de atención, pero si son grandes y numerosas, puede repararlas como si arreglara huecos.

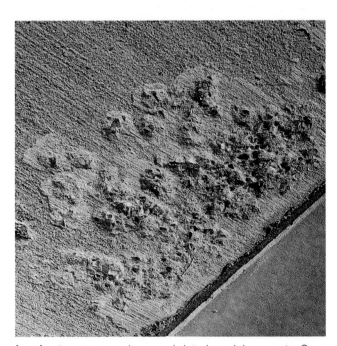

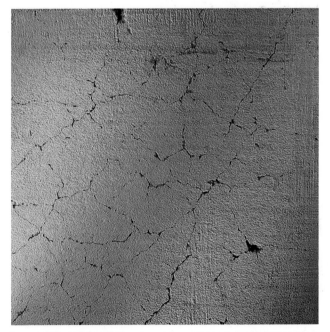

Los brotes son creados por el deterioro del concreto. Son causados por exceso de agua sobre la superficie y debilitan la capa con el tiempo. Cuando esto ocurre, es por lo general sobre toda la superficie y quizás es necesario repavimentar toda la estructura.

Las grietas delgadas esparcidas por lo general son causadas por demasiada agua o por exceso de cemento Portland (común) en el concreto. Limpie y selle la superficie para prevenir grietas futuras. Una solución a largo plazo es repavimentar de nuevo.

Utilice cemento hidráulico o de rápido secado para reparar huecos y desmoronamientos en superficies verticales. Debido a que se secan en pocos minutos, estos productos pueden usarse sin la necesidad de crear moldes. Si la estructura es expuesta a la humedad constante, utilice cemento hidráulico.

Tapar huecos

Al reparar el concreto, los huecos grandes y pequeños son tratados en forma diferente. El mejor producto para reparar los huecos pequeños (menos de $\frac{1}{2}$" de profundidad) es el concreto con refuerzo de vinilo. Estos productos deben ser aplicados sólo en capas de $\frac{1}{2}$" o menos. En el caso de huecos más profundos, use concreto mezclado con arena combinado con un fortificante de acrílico o látex, que puede ser aplicado en capas hasta de 2" de espesor.

Los parches serán más efectivos y duraderos si se hacen cortes en ángulo boca arriba sobre el área afectada (ver página 246). En el caso de daños extensos, utilice una sierra circular con un disco para cortar concreto para marcar los cortes. Luego use un cincel y una maceta para terminar el trabajo.

Todo lo que necesita:

Herramientas: Palustres, taladro con un disco para pulir concreto, sierra circular con disco para concreto, cincel, maceta, brocha de pintar, madero para emparejar, llana.

Materiales: Retazo de madera, aceite vegetal o un agente aceitoso, cemento hidráulico, agente adhesivo de látex, concreto con refuerzo de vinilo, mezcla de arena, concreto fortificante, tira de plástico.

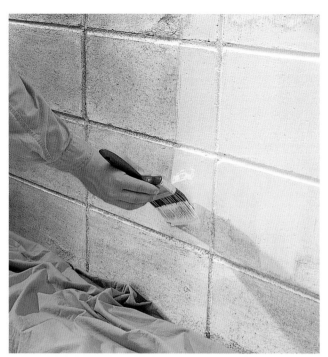

Cómo reparar áreas grandes

Consejo: Puede mejorar la apariencia de las superficies verticales reparadas pintándolas con pintura para concreto a prueba de agua, después que la superficie se haya curado por lo menos una semana. Esta pintura está diseñada para resistir rayones y cristalización.

1 Marque el área afectada con líneas rectas a su alrededor, y haga los cortes con una sierra circular con disco para concreto. Coloque el disco en un ángulo de 15° para hacer un corte oblicuo hacia afuera del daño. Utilice un cincel para remover el resto del daño al interior del área marcada. **Consejo:** Coloque la sierra sobre una base de madera delgada para protegerla del concreto

2 Combine el concreto con arena con el fortificante de acrílico. Llene el área averiada un poco más arriba de la superficie adyacente.

3 Suavice y empareje la superficie con una llana hasta que quede pareja con la superficie de al lado. Aplique el acabado similar a la superficie existente (por ejemplo, usando una escobilla). Cubra la reparación con un plástico y no la utilice por lo menos una semana.

Aplicar silicona sobre los espacios en el concreto

Las grietas entre una pared de concreto y el cimiento pueden crear filtración y a su vez humedad en los sótanos. Arregle estos daños con silicona para reparar concreto.

Aplique silicona alrededor de la cubierta de barro, la placa horizontal de madera donde descansa la casa sobre el cimiento. Esta área debe ser cubierta con silicona periódicamente para evitar escapes de calefacción.

Cómo reparar huecos pequeños

1 Haga un corte alrededor del área averiada usando un taladro con un disco para cortar concreto (o use un martillo y un cincel). Los cortes deben quedar en un ángulo de 15° hacia afuera del daño. Quite las piezas sueltas con un cincel. Siempre use guantes y gafas protectoras.

2 Aplique una capa delgada de adhesivo de látex. El compuesto se pegará a la superficie averiada y servirá como una fuerte base para el concreto de reparación. Espere hasta que el látex se vuelva pegajoso (no más de 30 minutos) antes de continuar con el siguiente paso.

3 Llene el área averiada con el compuesto con refuerzo de vinilo en capas de ¼ a ½". Espere unos 30 minutos entre cada aplicación. Adicione capas del compuesto hasta que quede apenas por encima de la superficie. Suavice y empareje el remiendo, cúbralo con plástico, y protéjalo del uso por lo menos una semana.

Cómo reparar pisos de concreto

1 Limpie el piso con una aspiradora y remueva cualquier pieza de concreto suelta usando un cincel y martillo. Mezcle una tanda de compuesto de vinilo para reparar el piso siguiendo las instrucciones del fabricante. Aplíquelo con una llana suavemente llenando la cavidad. Empareje y suavice el remiendo a nivel con la superficie.

2 Después que la mezcla se ha curado, use una espátula de piso para suavizar las áreas reparadas.

Cómo aplicar nivelador de pisos

1 Remueva cualquier material suelto y limpie la superficie por completo (debe quedar libre de polvo, tierra, aceite o pintura). Aplique una capa pareja de concreto de base a toda la superficie usando un rodillo de mango largo. Déjelo secar por completo.

2 Mezcle el nivelador con agua siguiendo las instrucciones del fabricante. La tanda debe alcanzar para cubrir toda el área al espesor deseado (máximo 1"). Eche el nivelador sobre el piso.

3 Distribúyalo en forma pareja usando un rastrillo. Trabaje rápido porque la mezcla se comenzará a endurecer en 15 minutos. Puede usar un palustre para emparejar los bordes y crear una suave transición con el área no cubierta. Deje secar todo por 24 horas.

Tapar grietas

Los materiales y técnicas usados para este tipo de trabajo dependen de la localización y el tamaño de las grietas. En el caso de grietas pequeñas (menos de $\frac{1}{4}$" de anchas), puede usar silicona para concreto de tonalidad gris para un arreglo rápido. Para soluciones más permanentes, use cementos fortificantes para llenar grietas. Estos son componentes de polímero que incrementan las propiedades de pegamento del cemento y permiten cierta flexibilidad. Para las grietas grandes sobre superficies horizontales, use cemento fortificante mezclado con arena. Para grietas en áreas verticales, use cemento hidráulico de rápido secado. Es esencial la preparación completa de la superficie para crear una base perfecta de pegado.

Todo lo que necesita:

Herramientas: Brocha con cerdas de metal, taladro con acoplamiento de rueda metálica, cincel, maceta, brocha para pintar, palustre.

Materiales: Agente adhesivo de látex, componente con refuerzo de vinilo, silicona para concreto, concreto mezclado con arena, tira de plástico.

Use silicona para reparar concreto para hacer arreglos rápidos de grietas pequeñas. Aunque es conveniente, la silicona se debe considerar sólo como una solución a corto plazo para mejorar la apariencia y prevenir daños posteriores por la filtración de agua.

Consejos para preparar una superficie agrietada para la reparación

Quite el material suelto sobre la grieta con un cepillo con cerdas de metal o un taladro con acoplamiento de rueda metálica. El material suelto o la mugre dejada sobre la superficie crean una adhesión frágil y una reparación mediocre.

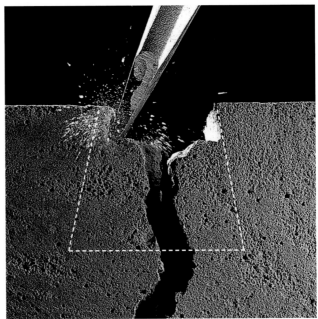

Expanda el tamaño de la grieta en un ángulo exterior (más ancho en la base que en la superficie) con un cincel y martillo. El corte en ángulo previene que el material de reparación se salga de la grieta.

Cómo reparar grietas pequeñas

1 Prepare la grieta para la reparación (página anterior), luego aplique una capa delgada del agente adherente de látex con una brocha sobre la superficie averiada. El látex evita que el material de reparación se despegue o salga de la grieta.

2 Mezcle el componente con refuerzo de vinilo y aplíquelo con un palustre sobre la grieta. Emparéjelo a nivel con la superficie adyacente. Cubra todo con plástico y protéjalo contra el uso por lo menos una semana.

Variaciones para reparar grietas grandes

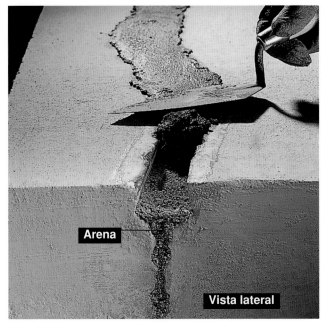

Arena

Vista lateral

Superficies horizontales: Prepare la grieta (página opuesta), luego coloque arena en su interior a ½" de la superficie. Prepare la mezcla de concreto y arena agregando el fortificante. Eche la mezcla sobre la grieta. Use un palustre para emparejarla con el resto de la superficie.

Superficies verticales: Prepare la grieta (página opuesta). Mezcle el concreto reforzado con vinilo o cemento hidráulico, luego aplique una capa de ¼" a ½" de espesor hasta que la grieta quede un poco saturada. Empareje la mezcla hasta que quede a nivel con la superficie y déjela secar. Si la grieta tiene más de ½" de profundidad, aplique capas consecutivas. Deje secar cada capa antes de aplicar la siguiente.

Como sellar grietas sobre paredes de cimiento de concreto

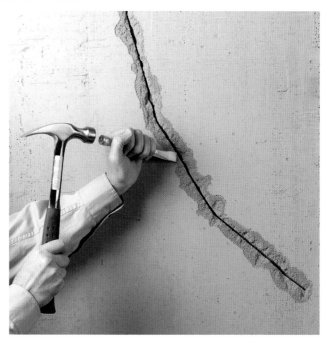

1 Para determinar si la grieta sobre el cimiento es estable, debe monitorearla durante varios meses (en especial en el otoño y primavera). Dibuje líneas en varios puntos a lo largo de la grieta señalando la longitud y el ancho en las más anchas. Si la grieta se mueve más de $1/16$", consulte un ingeniero de construcción o un especialista en cimientos.

2 Para reparar una grieta estable, use un cincel para hacer un corte más profundo al interior de la superficie, y de no más de $1/2$" de profundidad. Limpie toda la grieta con un cepillo con cerdas de metal.

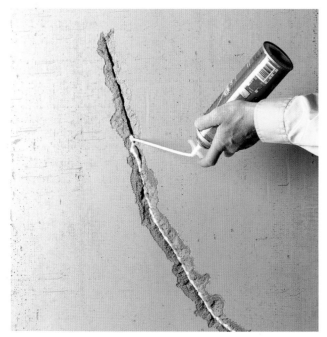

3 Para ayudar a curar la grieta contra la humedad, llénela con espuma expandible comenzando desde abajo hacia arriba.

4 Mezcle el cemento hidráulico siguiendo las instrucciones del fabricante, y luego aplíquelo sobre la grieta con un palustre desde abajo hacia arriba. Aplique la mezcla en capas no más de $1/2$" de espesor hasta que el parche quede un poco más arriba de la superficie adyacente. Alise la mezcla con el palustre hasta que quede todo a nivel. Déjela secar por completo.

Los escalones averiados son una forma desagradable e insegura de dar la bienvenida a visitantes en su residencia. Reparar los daños a medida que aparecen no sólo mantiene los escalones seguros y presentables, también prolongan su vida.

Los daños ocasionales sobre los escalones, como el deterioro profundo reparado en la foto superior, puede renovar la estructura. Si el daño es muy extenso, quizás tenga que reemplazar todos los escalones.

Reparar escalones

Los escalones requieren de más mantenimiento y reparación que cualquier otra estructura de concreto alrededor de la vivienda porque su uso frecuente los hace más propensos a los daños. Las superficies horizontales de los escalones pueden ser tratadas con los mismos productos y técnicas usadas en otras superficies de concreto. Use cemento de secado rápido para arreglar las superficies verticales.

Todo lo que necesita:

Herramientas: Palustre, brocha con cerdas de metal, brocha para pintar, sierra circular con disco para concreto, cincel, llana normal y de borde redondo.

Materiales: Retazo de madera, aceite vegetal o un agente aceitoso, agente adhesivo de látex, componente con refuerzo de vinilo, cemento de secado rápido, tira de plástico.

Cómo volver a colocar la esquina de un escalón

1 Quite la esquina averiada y luego limpie su superficie con un cepillo de cerdas de metal. Aplique adhesivo de látex en ambas superficies. Si no tiene la pieza rota, puede reconstruir la esquina con un componente de remiendo (ver abajo).

2 Esparza una capa espesa de componente fortificante sobre ambas superficies a pegar y luego presione la pieza rota en su posición. Coloque un ladrillo o bloque pesado sobre el remiendo hasta que el pegamento se haya secado (unos 30 minutos). Cubra el parche con plástico y protéjalo del uso por lo menos una semana.

Cómo remendar la esquina de un escalón

1 Limpie el área averiada con un cepillo de cerdas de metal. Unte el remiendo con adhesivo de látex usando una brocha.

2 Mezcle el componente para el remiendo con el látex siguiendo las instrucciones del fabricante. Aplique la mezcla sobre el sitio a reparar y luego empareje, suavice, y redondee los bordes, si es necesario, con un cuchillo flexible o un palustre.

3 Sujete pedazos de madera con cinta de tela sobre el remiendo en forma de molde. Unte el interior con aceite vegetal u otro agente aceitoso para que el parche no se adhiera a la madera. Quite el soporte cuando el remiendo esté seco. Cúbralo con plástico y protéjalo del uso por lo menos una semana.

Cómo remendar las contrahuellas del escalón

1 Haga un corte sobre la contrahuella un poco afuera del área averiada usando una sierra circular con disco para cortar concreto. Haga el corte inclinado hacia el interior de la contrahuella. Haga un corte vertical sobre la elevación debajo del daño y termine el corte total con un cincel.

2 Corte una pieza de madera de la misma elevación del escalón. Unte un lado de la madera con aceite vegetal u otro elemento aceitoso para evitar que se pegue al remiendo, luego presiónelo contra la elevación del escalón averiado. Sostenga la madera con bloques pesados. La parte superior debe quedar a ras con la elevación del escalón.

3 Aplique látex adhesivo para reparar el área usando una brocha limpia para pintar. Espere hasta que el látex se vuelva pegajoso (no más de 30 minutos), luego presione la mezcla espesa de cemento de secado rápido sobre el daño usando un palustre.

4 Empareje y suavice el concreto con una llana y déjelo secar por unos minutos. Redondee el borde frontal con una llana especial. Use el palustre para cortar los lados del parche para que queden a ras con la altura del escalón. Cubra la reparación con plástico y espere una semana antes de caminar sobre el área reparada.

Varias reparaciones de concreto

Existen muchos problemas con el concreto alrededor de la vivienda que no se especifican claramente en manuales de reparación. Este tipo de reparaciones incluyen tareas como arreglar objetos de concreto y chapados instalados alrededor del cimiento de la casa. En general puede aplicar técnicas básicas para hacer casi que cualquier reparación de este tipo. No olvide mojar las superficies de concreto antes de remendarlas para que la humedad de los agentes y elementos de reparo no sean absorbidos por la superficie ya existente. También siempre debe seguir las instrucciones del fabricante incluidas en todos los productos que utilice.

Las placas de concreto que se inclinan hacia la vivienda pueden averiar los cimientos y causar humedad en los sótanos. Aún una placa nivelada cerca al cimiento también puede causar problemas. Considere consultar un experto en concreto para levantar la placa y forzarla a elevarse cerca del cimiento.

Todo lo que necesita:

Herramientas: Espátula, palustre, maceta, cincel, cepillo con cerdas de metal, tijeras para cortar latón, taladro, brocha con cerdas suaves.

Materiales: Cemento de secado rápido, lija, malla de metal, anclajes, concreto con refuerzo de vinilo, mezcla de arena.

Cómo reparar concreto moldeado

1 Quite todo el material suelto del área averiada y luego límpiela con agua. Mezcle el cemento de secado rápido y aplíquelo sobre el daño con un palustre. Debe trabajar rápido porque sólo tiene pocos minutos antes que el concreto se seque.

2 Use un palustre o una espátula para moldear el cemento a la forma deseada. Suavícelo tan pronto se seque, luego líjelo con papel de lija para quitar las asperezas después que se seque el parche.

Cómo reparar chapados de concreto

1 deteriorada de la pared de chapado usando un cincel y maceta. Quite el daño hasta que encuentre una superficie sólida y en buena condición. Hágalo con cuidado para evitar dañar la pared interior. Limpie el área con un cepillo con cerdas de metal.

Malla de metal antigua

Malla de metal nueva

2 Limpie la malla sobre el área de reparación si está en buena condición. De lo contrario, córtela con tijeras para cortar latón. Instale una nueva malla donde sea necesario usando anclajes de metal para sostenerla sobre la pared.

3 Mezcle el concreto con mezcla de arena fortificada (o el concreto especial para reparación de paredes). Aplíquelo sobre la malla hasta que quede parejo con la superficie al contorno.

4 Aplique la misma técnica para recrear la superficie adyacente. En este proyecto se usó un cepillo de cerdas suaves con ese objetivo. Agregue tintura a la mezcla de arena para igualar el color, o pinte toda la superficie después que esté seca.

Superficie nueva

Superficie antigua

Vista lateral

Repavimente el concreto que aparece deteriorado (con muescas o brotes). Debido a que la nueva placa será apenas de 1 a 2" de diámetro, utilice concreto mezclado con arena. Si va a ordenar concreto listo para aplicar, no utilice agregado en la mezcla superior a ½".

Repavimentar un andén de concreto

El concreto con una superficie deteriorada, pero que todavía conserva una sólida estructura, puede ser repavimentado —aplicar una capa delgada de concreto sobre la vieja superficie—. Si la superficie original tiene grietas profundas o daño intensivo, el repavimentado sólo solucionará el problema parcialmente. Debido a que el nuevo concreto se adherirá mejor si es presionado, utilice una mezcla seca y fuerte que pueda ser compactada con una pala.

Todo lo que necesita:

Herramientas: Pala, llana de madera (para formar bordes de unión y los bordes redondos), escoba, sierra circular, mazo, taladro, brocha para pintar, rodillo y platón, carretilla, madero para emparejar, manguera, palustre, accesorio para suavizar uniones, maceta de caucho, nivel, bolsa para cemento.

Materiales: Estacas de madera de 2 × 4, aceite vegetal o agente aceitoso, tornillos para madera de 4", concreto con arena, adhesivo, tiras de plástico, ladrillos, cemento tipo N.

Cómo repavimentar con concreto fresco

1 Limpie la superficie por completo. Si tiene concreto suelto, ráspelo con el borde de la pala para remover lo máximo posible, luego limpie la superficie de nuevo.

2 Excave una trocha de 6" de ancho alrededor del anden para dar campo para los moldes de 2 × 4.

3 Coloque los moldes de 2 × 4 contra los lados de las placas de concreto a 1 ó 2" sobre el nivel del piso (deben quedar a igual altura). Clave las estacas cada 3 pies de distancia y en cada unión de los moldes. Marque el lugar de las uniones de control en la parte exterior de los moldes exactamente en las uniones existentes. Unte el interior de los moldes con aceite para facilitar el despegue.

4 Aplique una capa delgada de adhesivo sobre toda la superficie. Siga con cuidado las direcciones del fabricante. Las instrucciones para productos similares pueden variar un poco.

5 Mezcle el concreto con la arena. Haga la mezcla un poco fuerte (más seca) que el concreto normal. Espárzalo y presiónelo con la pala o con un madero de 2 × 4 al interior de los moldes. Suavice la superficie con un madero largo y derecho.

6 Esparza el concreto con una llana de madera y luego use la llana con borde redondo para cortar las uniones de control (ver la página 52) sobre las marcas originales. Reproduzca el terminado de la superficie (como el de escoba) usado en la placa original. Deje secar todo por una semana, cúbralo con plástico, y luego selle el concreto.

Sellar pisos interiores de concreto

El concreto es un material muy versátil para muchos tipos de construcción. La mayoría de la gente lo considera como un elemento práctico y económico, pero también puede imitar una gran variedad de clases de pisos, y puede crear una bella adición a cualquier habitación.

Sin importar si el piso de concreto es una solución práctica para el garaje, o una obra artística en el piso del comedor, debe ser tratado con una capa de sellador. El concreto es fuerte y durable, pero también es poroso. Por tal razón, este tipo de pisos pueden mancharse.

Muchas manchas pueden ser removidas con los limpiadores apropiados, pero el sellador y la pintura evitan que penetre el aceite, la grasa, y otros elementos, y puede facilitar también la limpieza.

Prepare el concreto para aplicar el sellador cubriéndolo con ácido. El ácido abre los poros de la superficie para facilitar la penetración del sellador. Todas las superficies lisas o densas de concreto, como los pisos de garajes, deben ser cubiertos de ácido antes de aplicar el sellador. La superficie debe sentirse arenosa (como la de un papel de lija #120) para que penetre el agua.

Si no está seguro si los pisos deben cubrirse con ácido, hágalo de todos modos. Si no lo hace cuando se necesita, tendrá que remover el residuo de sellador antes de intentarlo una vez más.

Todo lo que necesita:

Herramientas: Manguera o agua a presión (sólo para los garajes o uso exterior), escoba de cerdas duras, balde y atomizador (o bomba) resistente al ácido, brocha para pintura de 4" de ancha con cerdas duras, balde para pintura, rodillo suave con cubierta de $\frac{1}{2}$", extensión para el rodillo, aspiradora para polvo y líquido.

Materiales: Pantalones y camisa de manga larga, botas y guantes de caucho, gafas de seguridad, respirador de cloro, ácido para el piso, neutralizador con base alcalina (amoníaco, cal de jardín, bicarbonato de soda, o solución de limpieza "Simple Green"), sellador para concreto.

Consejos para aplicar ácido sobre pisos de concreto

Existe una variedad de ácidos para este propósito: El ácido cítrico es biodegradable y no produce gases de cloro. Es el más seguro y fácil de usar pero puede no ser lo suficientemente fuerte para pisos lisos. El ácido sulfámico es menos fuerte que el fosfórico o muriático y quizás el mejor término medio entre fortaleza y seguridad. El ácido fosfórico es muy fuerte y más nocivo que los dos anteriores, pero es considerado menos peligroso que el muriático. Es actualmente el más popular. El ácido muriático (ácido clorhídrico) es extremadamente peligroso, reacciona con rapidez y crea gases muy fuertes. Debe usarse sólo como último recurso. Sólo debe ser usado por profesionales o personas con vasta experiencia. Nunca agregue agua a los ácidos —sólo ácido al agua—.

Cualquier clase de ácido es peligroso. Tenga cuidado al usarlos. Es muy importante tener la ventilación adecuada y usar la vestimenta protectora: gafas de seguridad, guantes y botas de caucho, pantalones y camisa de manga larga. También utilice un respirador contra cloro —la reacción de cualquier base y un ácido puede emitir cloro o gas hidrógeno—.

Aún después de remover la grasa del piso, residuos de aceites o grasas pueden crear problemas en la adherencia de pinturas o selladores. Para comprobar que la superficie ha sido limpiada adecuadamente, vierta un vaso con agua sobre el piso. Si está listo para aplicar el sellador, el agua penetrará en forma rápida y pareja. De lo contrario, limpie el piso de nuevo.

Cómo aplicar ácido sobre pisos de concreto

1 Barra primero la superficie para quitar todo la mugre. Remueva el barro, cera y grasa. Finalmente remueva las capas de pintura existentes.

2 Rocíe bastante agua sobre la superficie. Ésta debe estar mojada antes de aplicar el ácido. Aquí podrá notar dónde el agua queda flotando sobre la superficie. Si este es el caso, todavía hay contaminantes que necesitan ser removidos con un químico o herramienta apropiada.

3 Pruebe el atomizador a prueba de ácidos con agua para comprobar que emite un chorro ancho y consistente. Luego, lea las instrucciones del fabricante para aplicar la solución y llene el atomizador con la cantidad de agua recomendada.

2 Agregue el ácido al agua al interior del atomizador (o recipiente) a prueba de ácidos. Siga las instrucciones (y proporciones de la mezcla) especificadas por el fabricante. Tenga mucho cuidado.

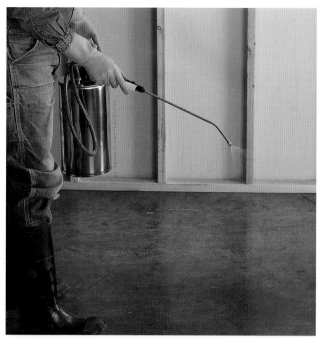

5 Aplique la solución con el atomizador o recipiente a prueba de ácidos. Esparza el químico diluido a lo largo de todo el piso de concreto. No deje que el ácido se seque en ningún momento durante la aplicación y la limpieza. Aplíquelo en áreas pequeñas de 10 × 10 pies o menos a la vez. Comience en la parte baja del declive y continúe hacia arriba.

6 Use una escoba con cerdas duras o un cepillo para esparcir el ácido sobre el piso. Déjelo sentar de 5 a 10 minutos, o como lo indique las instrucciones del fabricante. Una leve capa de espuma aparecerá indicando que el producto está funcionando. Si no aparecen burbujas, detenga el proceso y limpie la superficie por completo de nuevo.

7 Apenas desaparezcan las burbujas, el ácido ha dejado de reaccionar con la superficie alcalina de concreto. Neutralice el ácido restante agregando un galón de agua en un balde con capacidad para 5 galones, y luego revuelva un neutralizador con base alcalina (puede ser 1 taza de amoníaco, 4 tazas de cal de jardín, una caja completa de bicarbonato de soda, o 4 onzas de solución de limpieza "Simple Green").

8 Use una escoba con cerdas duras para distribuir la solución neutralizadora sobre todo el piso. Continúe aplicando agua hasta que se detengan las burbujas. Luego rocíe la superficie con una manguera.

(continúa)

Cómo aplicar ácido sobre pisos de concreto (continuación)

9 Use una aspiradora para absorber polvo o líquido para remover el agua. Aún cuando el ácido es neutralizado, consulte con las autoridades locales para la eliminación adecuada de tales residuos.

10 Después que el piso se ha secado utilice un trapo negro para restregar un área pequeña. Si aparece un residuo blanco sobre el trapo, siga enjuagando el piso. Revise una vez más. Un ácido removido incorrectamente es peor que no aplicar ácido del todo cuando llegue el momento de agregar el sellador.

11 Si tiene ácido sobrante en el atomizador, puede eliminarlo con seguridad en el sistema de alcantarillado agregando más solución alcalina en un balde con capacidad de 5 galones. Eche el ácido en el balde con cuidado hasta que las burbujas desaparezcan.

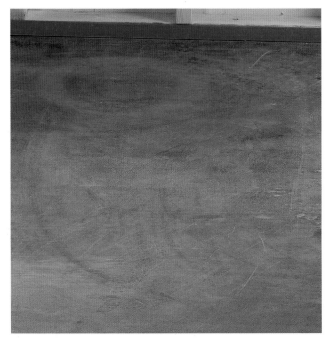

12 Deje secar el concreto por lo menos un día y luego bárralo por completo. El concreto ahora debe tener la textura de un papel de lija #120 y está listo para aplicar el sellador. Cubra con cinta para enmascarar todas las bases expuestas o molduras antes de aplicar el sellador.

Cómo sellar un piso de concreto

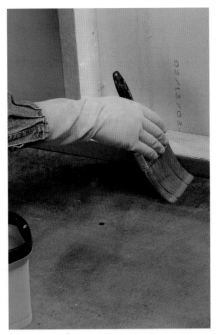

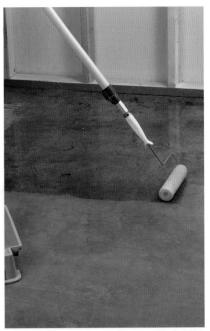

1 Aplique el ácido, limpie y seque el concreto. Mezcle el sellador en un balde. Forme un cuadrado con cinta para pintura sobre el piso para hacer una prueba. Aplique el sellador y déjelo secar para lograr el tono deseado. NOTA: Debido a que los selladores pueden crear una superficie resbalosa cuando están mojados, agregue un aditivo anti-resbaloso para lograr tracción, especialmente sobre las escaleras.

2 Utilice cinta ancha para pintura para proteger las paredes. Luego pinte el perímetro con sellador usando una buena brocha de 4" de ancha con cerdas sintéticas.

3 Use un rodillo con mango largo y espuma de ½" para aplicar una capa pareja sobre el resto de la superficie. Trabaje en secciones pequeñas a la vez (de 2 × 3 pies). Hágalo en una dirección y evite dejar marcas manteniendo el borde del rodillo siempre mojado. No trabaje sobre un área cuando el sellador se ha secado parcialmente, esto puede causar que se despegue de la superficie. Deje secar todo según las instrucciones del fabricante (de 8 a 12 horas).

4 Aplique una segunda capa en una orientación de 90° de la primera, después que ésta se haya secado.

5 Limpie todas las herramientas siguiendo las instrucciones de los fabricantes.

Capas de resina epóxica

Una capa de resina epóxica aplicada sobre un piso de concreto, crea una superficie atractiva y durable que ayuda a protegerla contra quebraduras, corrosión, manchas de gasolina, aceite y el agua. También hace la limpieza más fácil. Es disponible en muchos colores, y la mayoría de los paquetes contienen escamas de pintura para crear terminados decorativos.

La preparación de la superficie es muy importante para la adhesión de la resina. Repare cualquier hueco, grieta o raja (ver páginas 238 a 253), y luego limpie la superficie por completo con el limpiador incluido en el paquete, o siguiendo las instrucciones de la página 254. Nota: No hay necesidad de aplicar ácido sobre la superficie para instalar capas de resina epóxica).

No aplique la resina si el concreto ya tiene sellador (haga la prueba de agua sobre la superficie, página 257), o si el contenido de humedad es alto (ver la prueba de humedad en la página 277). Si el piso está pintado, haga una prueba de adherencia cortando una "X" sobre la superficie, luego cúbrala con cinta de tela y despéguela con rapidez. Si remueve más del 25% de la pintura, debe lijar y quitar la pintura antes de aplicar la resina. Los pisos nuevos de concreto deben curarse por lo menos 30 días. Lea las instrucciones del fabricante para otras recomendaciones en la instalación.

Todo lo que necesita:

Herramientas: Cuchilla para cortar, cinta de tela, brocha de 4" con cerdas sintéticas, bandeja para la pintura, rodillo de mango largo y con espuma de $^1/_2$", pantalones y camisa de manga larga, gafas protectoras.

Materiales: Limpiador de concreto, equipo para cubrir el concreto con resina epóxica (contiene parte de resina y escamas para la pintura).

Cómo aplicar la resina epóxica

1 Después de limpiar el piso por completo, mezcle la resina colocando toda la parte A en la B. Revuélvala por unos minutos. Deje sentar la mezcla por 30 minutos en temperaturas normales (60 a 70°). Lea las recomendaciones del fabricante para otras temperaturas. Nota: No agregue las escamas de pintura decorativas a la mezcla.

2 Después de los 30 minutos, comience a pintar alrededor del perímetro usando la brocha con cerdas sintéticas de 4". Trabaje rápido. La resina debe ser aplicada según el tiempo recomendado por el fabricante (por lo general 2 horas bajo condiciones normales).

3 Al terminar el perímetro, comience a aplicar una capa pareja sobre el piso usando el rodillo con una extensión y una espuma de ½". Trabaje en secciones de 4 × 4 pies a la vez. Mantenga mojado el borde de la espuma en cada sección para evitar marcas sobrepuestas.

4 Después de terminar una sección, esparza las escamas decorativas en forma pareja sobre la capa de resina. La resina puede ser aplicada sobre las escamas sueltas que hayan caído fuera de la sección mojada.

5 Siga aplicando la resina en secciones de 4 × 4 pies y esparciendo las escamas a medida que trabaja. Después de terminar por completo, deje secar todo por 24 horas antes de caminar sobre la superficie, y por lo menos 7 días antes de manejar sobre ella. Limpie todas las herramientas con agua tibia y detergente suave.

Escoja los mejores materiales y técnicas para reparar problemas en estructuras de bloques o ladrillos. Un simple roto o quebradura, como el mostrado en la foto, puede ser arreglado fácilmente cubriendo el área con cemento fortificante de látex. Los problemas más extensos requieren de soluciones más complejas.

Reparar ladrillos y bloques

Los ladrillos, bloques y concreto son materiales muy durables en la construcción, pero cuando son combinados en una estructura permanente, el uso y las fuerzas de la naturaleza pueden originar daños que requieren de atención. Los ejemplos comunes de los problemas de este tipo incluyen paredes con desmoronamiento de cemento en las uniones, ladrillos quebrados o caídos y superficies gastadas o descoloridas.

Muchos de estos problemas pueden ser corregidos por medio de simples reparaciones. Aquí se requieren sólo unas cuantas herramientas básicas de albañilería (página opuesta), y una mínima inversión de tiempo y dinero. El trabajo final resultará en una notable mejora de la apariencia

y fortificación de la estructura. Un mantenimiento y limpieza darán a las estructuras reparadas muchos más años de vida y servicio.

Los ladrillos y bloques son usados con frecuencia en la construcción de los cimientos de paredes normales, de retención, y otras estructuras que sostienen peso. Los arreglos sencillos como las grietas, pueden ser hechos con mínimo riesgo. Siempre consulte un profesional en el ramo cuando intente hacer reparaciones mayores sobre edificaciones de bloque y ladrillo. Revise las técnicas básicas para trabajar con estos materiales antes de iniciar cualquier proyecto.

Herramientas para reparar estructuras de bloque o ladrillo

Entre las herramientas básicas para reparar ladrillos o bloques se incluyen: un cincel para concreto (A) para cortar ladrillos o bloques nuevos, cincel para piedra (B) para romper y reparar estructuras de concreto, herramienta para limpiar el cemento de las uniones (C), palustre (D) para apli- car el cemento, palustre de punta (E) para aplicar cemento sobre ladrillos y bloques y para suavizar reparaciones frescas, martillo de albañil (F), accesorios para instalar cemento en las uniones de ½" (G) y ⅜" (H) de anchos, y uno para terminar las uniones (I).

Consejos para trabajar con cemento

Adicione concreto fortificante al cemento para hacer reparaciones. El fortificante, por lo general con base de acrílico o látex, aumenta la fortaleza del cemento y su habilidad para adherirse.

Adicione tintura al cemento para que armonice con el resto de la estructura. Puede ensayar varios ejemplos hasta encontrar el color deseado.

Problemas con ladrillos y bloques

Inspeccione con cuidado el daño en los ladrillos o bloques de la estructura antes de iniciar la reparación. Identificar el origen del daño es un paso importante antes de escoger la mejor solución para el problema.

Busque las señales obvias, como raíces de árboles muy crecidas, o canales averiadas que dejan filtrar el agua sobre las estructuras de concreto. También revise el declive del terreno adyacente; puede necesitar reparación para canalizar el agua lejos de las estructuras.

Las reparaciones fallan cuando no se identifica y elimina la causa antes de hacer el arreglo. Cuando un parche de concreto se separa, indica que las fuerzas que crean el daño sobre la estructura todavía no han sido eliminadas. Identifique la causa correcta (a menudo una sub-base deteriorada o daños por el congelamiento y deshielo), y haga la reparación de nuevo.

Tipos de problemas con ladrillos y bloques

Las uniones deterioradas entre los bloques son comunes en este tipo de estructuras —el cemento es más frágil que los bloques y ladrillos y más propenso al daño—. Ya que el deterioro no es siempre visible, revise las uniones a los alrededores con un punzón para comprobar que están sólidas.

Un daño estructural grave, como la pared de esta estructura, por lo general requiere de remover toda la edificación, mejorar la sub-base, y la reconstrucción general. Este tipo de proyectos sólo deben ser llevados a cabo por albañiles profesionales.

Los daños de bloques por lo general son el resultado del continuo congelamiento y deshielo de la humedad atrapada al interior, o en los bloques mismos. En lugar de reemplazar toda la pieza, remueva la superficie de la pieza averiada y repárela con concreto del mismo espesor de la cara del bloque (ver páginas 272 y 273).

El desmoronamiento en fragmentos ocurre cuando el agua congelada u otras fuerzas presionan el bloque hasta averiarlo. La mejor solución es reemplazar toda la pieza (ver páginas 270 y 271) mientras se elimina la causa del problema, si es posible. Consejo: Corte un pedazo de la pieza averiada para usarla como referencia para empatar el color original.

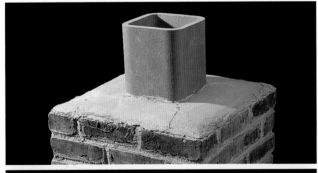

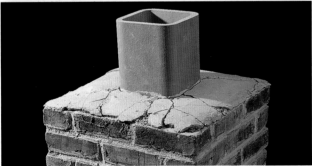

Las cubiertas de cemento deterioradas sobre las salidas de chimeneas dejan entrar agua al interior de la casa, y pueden dañar la chimenea al interior y las paredes. Los daños pequeños (arriba) pueden ser reparados con una capa de silicona a prueba de fuego. Si es extenso (abajo), repare o reemplace toda la cubierta (ver página 278).

Las manchas y la decoloración pueden ser causadas por fuerzas externas o por minerales que brotan a la superficie del ladrillo o bloque (llamado eflorescencia). Si las manchas no desaparecen fácilmente con agua, use una solución para limpieza.

Antes

Después

Haga las reparaciones a tiempo en las estructuras de bloque o ladrillo. Arreglar los puntos deteriorados en las uniones de cemento es común. Al igual que otro tipo de arreglos, mejoran la presentación y apariencia de la estructura y previene daños posteriores.

Reparar paredes de ladrillo y bloque

La reparación más común en paredes de ladrillos y bloques es el arreglo de las uniones de cemento (reemplazo de viejo cemento por nuevo). Este proceso es una técnica muy práctica para tener en cuenta. Puede ser usada para reparar paredes, chimeneas, chapados, o cualquier otra estructura donde los bloques o ladrillos son instalados con mezcla de cemento.

Los arreglos pequeños pueden ser llevados a cabo sobre cualquier pared, desde paredes individuales en jardines, hasta bloques utilizados en cimientos. La reparación de grietas con silicona o cemento, o remendar huecos y peladuras, son buenos ejemplos de pequeñas reparaciones. Si se trata de una estructura mayor, consulte un especialista antes de intentar cualquier arreglo (como reemplazar ladrillos o bloques, o reconstruir una estructura que acarrea algún peso).

Las paredes de los sótanos son con frecuencia áreas problemáticas en la vivienda. La presión y humedad constante pueden causar filtraciones, quebraduras o caída de la pintura. Las goteras y rotos pequeños pueden repararse con cemento hidráulico. Los productos de cemento a prueba de agua pueden aplicarse en paredes deterioradas para darles una nueva apariencia. Los problemas que persisten son por lo general causados por la pobre preparación del terreno alrededor del cimiento, o el mal funcionamiento de los sistemas de desagüe.

Nota: Las reparaciones en esta sección muestran paredes de ladrillos y bloques. Las mismas técnicas pueden ser aplicadas en estructuras construidas con estos materiales.

Todo lo que necesita:

Herramientas: Rastrillo, paleta para el cemento, utensilios para trabajar sobre las uniones, martillo, palustre normal y de punta, cincel, taladro con disco y broca para concreto, cepillo de cerdas duras.

Materiales: Cemento, gravilla, trozo o lámina de metal, concreto fortificante, ladrillos o bloques para utilizar de reemplazo.

268

Cómo reparar las uniones de cemento

1 Remueva el cemento deteriorado a una profundidad de ¼" a ¾". Primero use una herramienta para remover el cemento (arriba), y luego un cincel y martillo (abajo) si el cemento está muy duro. Remueva toda la mugre y cemento suelto y lave toda la superficie antes de aplicar la nueva mezcla.

2 Haga la mezcla agregando cemento fortificante. Agregue tintura si es necesario. Coloque la mezcla sobre una paleta y luego aplíquela sobre las uniones horizontales en capas de ¼". Deje secar cada capa 30 minutos antes de aplicar la siguiente. Llene todas las uniones horizontales hasta que el cemento quede a ras con la cara de los ladrillos o bloques.

En la imagen: Herramienta para aplicar el cemento. Paleta para el cemento.

3 Aplique la primera capa de cemento sobre las uniones verticales. Presiónelas con la herramienta indicada. Trabaje de arriba hacia abajo.

4 Después que haya aplicado la última capa de cemento, suavice todas las uniones con una herramienta de tamaño igual a las uniones antiguas. Deje secar la mezcla hasta que se desmigaje con facilidad, luego quite el exceso con un cepillo de cerdas duras.

Cómo reemplazar un ladrillo averiado

1 Haga el corte inicial del ladrillo averiado para removerlo más fácilmente. Use un taladro con disco para concreto para hacer el corte alrededor del ladrillo y sobre las uniones de cemento que rodean el mismo.

2 Use un cincel y martillo para romper la pieza a lo largo del corte. Golpee con fuerza el ladrillo pero sin averiar las piezas adjuntas. Consejo: Use algún fragmento como referencia para empatar el color del ladrillo cuando vaya a conseguir el reemplazo.

3 Corte el cemento restante en la cavidad, luego limpie toda la superficie con un cepillo o brocha de cerdas duras para dar cabida al nuevo ladrillo. Lave el área con agua.

4 Prepare la mezcla para la reparación y luego agregue cemento fortificante (y la tintura si es necesario para empatar el color). Use un palustre de punta para echar la mezcla de 1" de espesor en la parte inferior y a los lados de la cavidad.

5 Moje un poco la pieza de reemplazo, y luego aplique mezcla sobre la parte superior y lados del ladrillo. Introduzca la pieza y golpéela con el mango del palustre hasta que la cara quede a ras con los ladrillos adyacentes. Si es necesario, coloque más cemento en las uniones usando la herramienta correcta.

6 Quite los sobrantes de cemento con el palustre y luego suavice las uniones con la herramienta correcta hasta que queden iguales a las otras uniones de ladrillos. Deje secar la mezcla hasta que se desmigaje con facilidad, luego quite el exceso con un cepillo de cerdas duras.

Consejos para remover y reparar varios ladrillos

En el caso de paredes con un extenso daño, quite los ladrillos de arriba hacia abajo, una fila a la vez, hasta remover toda el área afectada. Reemplace los ladrillos con la técnica mostrada arriba y en la sección de construir con ladrillos y bloques. PRECAUCIÓN: No desmantele estructuras que sostienen peso, como paredes de cimientos. Consulte un profesional en estos casos.

En las paredes con daños internos, quite sólo la sección averiada dejando las hileras superiores intactas si están en buen estado. No quite más de cuatro ladrillos adyacentes en un área. Si el daño es más grande, requerirá de soporte provisional, el cual es un trabajo para un profesional.

Cómo reparar la cara frontal de un bloque averiado

Núcleos (hueco vacío)

1 Perfore varios agujeros sobre la cara del bloque averiado en los núcleos (huecos vacíos) usando un taladro con broca para concreto. Use gafas protectoras cuando haga este tipo de trabajo.

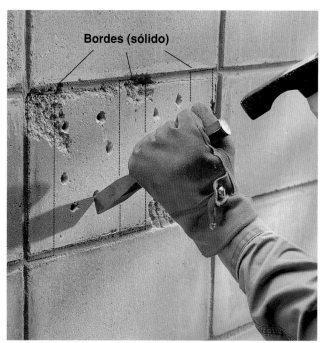

Bordes (sólido)

2 Usando los agujeros como punto de inicio rompa la cara del bloque en las áreas vacías con un cincel y martillo. Tenga cuidado de no dañar los bloques contiguos y trate de dejar la cara del bloque intacta sobre las partes sólidas.

3 Use un cincel para cortar un espacio de 2" de material sobre las áreas sólidas. Marque y corte 2" hacia el interior de la cara del bloque. Evite cortar más de 2" de material porque el área restante del borde ayudará a sostener la superficie de concreto que se utilizará para reemplazar la cara del bloque averiado.

4 Haga la mezcla (ver la página 114). Aplique una capa de 1" de espesor sobre los lados y parte interior de la abertura, en los bordes sólidos, el borde superior y el lugar del borde en la placa de remiendo (use una placa de 8 × 16" igual a los bloques estándar). Presione la placa sobre la cavidad a ras con los bloques de al lado. Agregue más cemento si es necesario. Apoye un madero 2 × 4 contra la placa hasta que se asiente el cemento. Termine las uniones con la herramienta correcta.

Cómo reforzar una sección de la cara del bloque reemplazado

1 Refuerce las áreas reparadas rellenando dos o más caras de bloques adyacentes. Perfore unos agujeros en un área pequeña sobre el núcleo del bloque ubicado arriba del área reparada. Corte la cara en medio de los agujeros usando un cincel.

2 Prepare una mezcla de cemento delgado con una parte de gravilla y dos de cemento seco. Agregue agua. Debe quedar bien delgada para introducirla, pero no debe quedar aguada. NOTA: Agregar pequeñas cantidades de gravilla incrementa la fortaleza del cemento y hace también rendir la mezcla.

3 Eche la mezcla al interior del hueco sobre el área reparada usando un trozo de lámina de metal como embudo. Continúe mezclando y vertiendo en el hueco hasta llenarlo. La mezcla se secará y formará una columna de refuerzo adherida a las paredes traseras y de la placa usada para reemplazar la cara del bloque.

4 Aplique un parche sobre el hueco usando cemento común y un palustre de punta. Suavice la superficie. Cuando resista a la presión del dedo, termine la unión en la parte inferior del parche con la herramienta correcta.

Limpiar y pintar ladrillos y bloques

Use agua a presión para limpiar grandes estructuras de bloque o ladrillo. Las máquinas para aplicar el agua pueden alquilarse en centros de construcción. Siempre pida las instrucciones de operación y seguridad en el momento de alquilar.

Revise las superficies de ladrillo y bloque cada año y limpie las manchas y decoloración. La mayoría de los problemas son fáciles de resolver si se atienden a tiempo. Un mantenimiento periódico ayudará a este tipo de estructuras a permanecer atractivas y durables por mucho tiempo. Lea la siguiente información sobre consejos de limpieza y cómo quitar ciertas manchas específicas.

Las estructuras pintadas pueden ser renovadas si se les aplica una nueva capa de pintura. Al igual que con otros trabajos de pintura, la preparación correcta de la superficie y la aplicación de una base de muy buena calidad, son esenciales para poder lograr buenos resultados.

Muchas de las manchas pueden ser removidas fácilmente usando un detergente para ladrillos y bloques disponible en centros de materiales para construcción. Tenga en cuenta:

Soluciones y solventes para manchas de ladrillos y bloques

- **Aceite:** Aplique una pasta hecha de aguas minerales y un material inerte como el aserrín.
- **Crecimiento de plantas:** Use un exterminador de maleza siguiendo las instrucciones del fabricante.
- **Eflorescencia:** Barra la superficie con un cepillo de cerdas duras. Use una solución casera de limpieza para superficies con fuerte acumulación.
- **Hiedra:** Corte las ramas de la superficie (no las saque del fondo). Deje secar las ramas restantes, luego sáquelas con un cepillo de cerdas duras y una solución de limpieza casera.
- **Humo:** Cepille la superficie con un limpiador casero que contenga blanqueador, o use una mezcla de amoníaco y agua.
- **Manchas de hierro:** Use un atomizador o una brocha para aplicar directamente sobre la mancha cristales de ácido oxálico disueltos en agua siguiendo las instrucciones del fabricante.
- **Manchas de huevo:** Disuelva cristales de ácido oxálico en agua en un recipiente no metálico siguiendo las instrucciones del fabricante. Luego aplíquelo con un cepillo.
- **Pintura:** Limpie la pintura nueva con una solución de fosfato de tri-sodio (TSP) y agua siguiendo las instrucciones del fabricante. La pintura vieja por lo general puede ser removida con una fuerte cepillada o chorros de arena a presión.

- Siempre pruebe los limpiadores en áreas pequeñas de la superficie y luego evalúe los resultados.

- Algunos químicos y gases son peligrosos. Siempre debe seguir las instrucciones del fabricante, y siempre use ropa protectora.

- Moje la superficie a limpiar con agua antes de aplicar cualquier solución. Esto impide que las soluciones penetren muy rápido. Limpie la superficie por completo después de la limpieza para remover cualquier residuo de la solución aplicada.

Consejos para limpiar superficies de ladrillo y bloque

  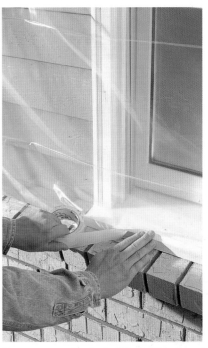

Mezcle la pasta hecha de solventes limpios (ver la tabla anterior) con talco o harina. Aplique la pasta sobre la mancha y déjela secar. Luego remuévala con una espátula de plástico.

Utilice un raspador de nylon o un trozo delgado de madera para remover el cemento salpicado que se ha endurecido. No use raspadores de metal porque puede dañar las superficies.

Enmascare alrededor de las ventanas, molduras, piezas decorativas, u otra superficie expuesta que no sea de cemento, antes de limpiar el ladrillo o bloque. Tenga cuidado al enmascarar si va a usar químicos limpiadores como el ácido muriático.

Consejos para pintar sobre cemento

Limpie las uniones de cemento con un taladro acondicionado con una rueda de metal antes de aplicar la pintura. Use un cepillo para remover cualquier pintura suelta, mugre, moho, o depósitos de minerales para que la nueva pintura se adhiera mejor.

Aplique el cemento de base antes de repintar las paredes. La base ayuda a eliminar las manchas y evita problemas como la eflorescencia.

El 95% de los problemas de humedad en los sótanos ocurre debido a acumulaciones de agua cerca del cimiento. La causa por lo general es debida a canales de desagüe en mal estado, bajantes, o un terreno preparado incorrectamente. El terreno alrededor de la casa debe tener una inclinación hacia el exterior del cimiento en una proporción de ¾" por pie. Antes de reparar este tipo de problemas, es importante reparar los problemas de humedad y lo que los causa.

Proteger las paredes de los sótanos

Las canales de desagüe en mal estado, las tuberías rotas, la condensación y los escapes o filtración, son las causas más comunes que causan la humedad en los sótanos. Hay muchas formas efectivas de sellar y proteger las paredes. Si la condensación es la causa del daño, confirme que la secadora de ropa tiene la ventilación apropiada, e instale un extractor de humedad. Si el agua se filtra a través de grietas o huecos en las paredes, repare las canales y las tuberías averiadas, y revise la inclinación del terreno alrededor del cimiento.

Una vez ha identificado la razón del problema, instale un sellador a prueba de agua sobre las aberturas de las paredes. Para detener las filtraciones esporádicas, cubra las paredes con sellador de cemento. En el caso de filtraciones más frecuentes, selle las goteras y cubra la superficie con una capa de cemento resistente al agua. Las capas espesas, como la superficie de cemento (ver la página opuesta), es la mejor solución para paredes con humedad excesiva. También puede aplicar capas más delgadas. Si enfrenta filtraciones extremas, pida a un albañil que instale un sistema de canales y secado de piso.

RECUERDE: Para evitar daños graves, es necesario identificar la causa de la humedad, y hacer las reparaciones necesarias al interior y exterior de la vivienda para que no penetre en las paredes del cimiento.

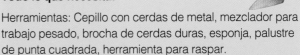

Todo lo que necesita:

Herramientas: Cepillo con cerdas de metal, mezclador para trabajo pesado, brocha de cerdas duras, esponja, palustre de punta cuadrada, herramienta para raspar.

Materiales: Limpiador casero, sellador de cemento a prueba de agua, capa de cemento resistente al agua, papel de aluminio, cinta de tela.

Consejos para inspeccionar y sellar las paredes del sótano

La pintura que se pela de las paredes por lo general indica que hay filtración de agua desde el exterior atrapada entre la pared y la pintura.

Pegue una hoja de papel de aluminio a la pared con cinta de tela para identificar niveles altos de humedad. Revise después de 24 horas. Gotas de agua sobre el papel indica alta humedad en la habitación. Gotas al interior sugiere filtración de agua desde afuera a través de la pared.

Para controlar filtraciones pequeñas a través de los poros del cemento, cubra las paredes con sellador para cemento. Limpie las paredes y prepare el sellador según las indicaciones del fabricante. Aplique el sellador a toda la pared, incluyendo las uniones.

Cómo proteger las paredes de concreto contra la humedad

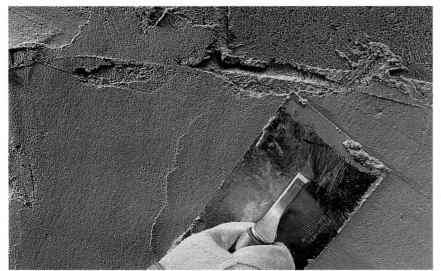

1 Cubra de nuevo la superficie de paredes con grietas muy pronunciadas usando cemento resistente al agua. Limpie y prepare las paredes según las indicaciones del fabricante, luego cubra las grietas y huecos con la mezcla. Al final aplique una capa de ¼" de espesor sobre las paredes usando un palustre de punta cuadrada. Aplique cemento con fórmula especial en el caso de condiciones de humedad extrema.

2 Deje sentar la capa por varias horas y luego raspe la superficie con una brocha para pintar o alguna herramienta casera para raspar. Aplique una segunda capa suave en 24 horas. Rocíe la pared dos veces al día por tres días a medida que se cura el cemento.

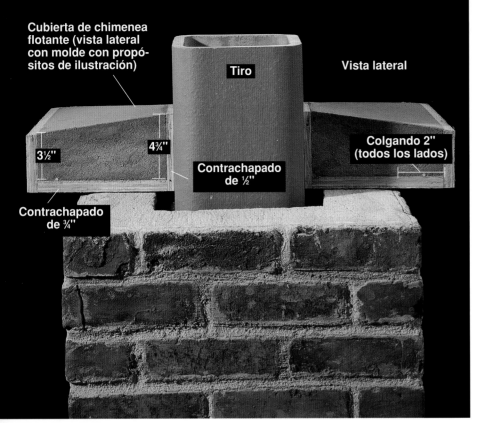

Cubierta de chimenea flotante (vista lateral con molde con propósitos de ilustración)

Tiro

Vista lateral

3½"

4¾"

Contrachapado de ½"

Colgando 2" (todos los lados)

Contrachapado de ¾"

Reparar y cambiar cubiertas de chimeneas

Las cubiertas de chimeneas son expuestas a presiones debido al cambio dramático de temperatura de la cubierta y el tiro de la chimenea. Utilice silicona a prueba de fuego para reparar daños pequeños. En el caso de reparaciones más grandes, aplique cemento fresco sobre la cubierta, o reemplace toda la pieza para una solución permanente.

Todo lo que necesita:

Herramientas: Martillo, cincel, cepillo con cerdas de metal, taladro, llana, palustre de punta, cinta métrica, pistola para silicona.

Materiales: Cemento, concreto fortificante, contrachapado de ½" y ¾", vara de madera de ¼", tornillos para madera de 1½", aceite vegetal o agente aceitoso, silicona y lazo a prueba de fuego o lana mineral.

Las cubiertas de las chimeneas se expanden y contraen a medida que cambia la temperatura al interior y exterior de la misma. Esto crea grietas y viajes anuales al techo para hacer reparaciones. Una cubierta flotante (arriba) es creada al interior de un molde usando cemento y arena mezclada con concreto, y luego colocándola sobre la parte superior de la chimenea (página opuesta). Puede reparar el daño removiendo la parte afectada y agregando cemento fresco (abajo).

Cómo reparar la cubierta de una chimenea

1 Remueva con cuidado todas las partes deterioradas de la cubierta usando un martillo y cincel. Sea bien cuidadoso cuando trabaje alrededor del tiro.

2 Mezcle una tanda de cemento fortificado con látex. Aplique una capa pareja alrededor de toda la cubierta siguiendo el declive existente. El cemento debe cubrir los bordes externos de los ladrillos de la chimenea hasta el tiro creando el mismo declive existente. Inspeccione el cemento anualmente.

Cómo crear e instalar la cubierta de reemplazo de la chimenea

1 Mida el tamaño de la cubierta y el tirón de la chimenea. Construya un molde de contrachapado de ½" y ¾" (siga las dimensiones de la página opuesta, arriba). Clave el molde a la base de contrachapado con tornillos para madera de 1½". Pegue las varas de madera de ⅜" a la base 1" al interior de la misma. Las varas crearán drenaje al interior de la cubierta. Unte el interior del molde con aceite vegetal u otro agente aceitoso.

2 Prepare una mezcla fuerte (seca) de cemento para fabricar la cubierta. Dos bolsas de 60 libras de mezcla seca son suficientes para cubiertas de tamaño estándar. Vierta la mezcla en el molde. Pase una llana de madera sobre los bordes para suavizar la mezcla. Mantenga los ángulos correctos en las esquinas. Deje secar la cubierta por lo menos una semana y luego desensamble con cuidado el molde.

3 Remueva por completo la cubierta antigua y limpie el área con un cepillo de cerdas de metal. Pida ayuda para mover la nueva cubierta sobre la chimenea, y céntrela para que sobresalga en partes iguales en todos lo lados. Para que la nueva pieza funcione correctamente, no la pegue sobre la chimenea o el tiro.

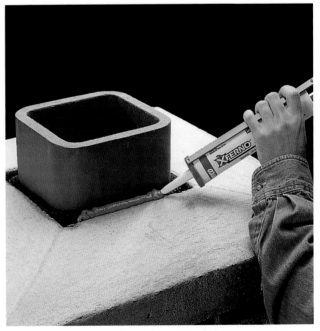

4 Mueva la cubierta para dejar un espacio igual en todos los lados alrededor del tiro. Llene el espacio con lazo a prueba de fuego o lana mineral. Aplique una capa bien espesa de silicona a prueba de fuego sobre ese material. También aplique silicona debajo de la cubierta. Inspeccione la silicona cada año de por medio y refrésquela si es necesario.

Una chimenea construida con piedra es un elemento admirado en muchos hogares. Muchas chimeneas son hechas de diferentes materiales: dos o más tipos de ladrillos y cemento, concreto, bloques de concreto, metal y arcilla a prueba de calor. El mantenimiento regular es esencial para la eficiencia y longevidad de la chimenea, además de la seguridad de la vivienda.

Reparar el hogar de la chimenea

Las chimeneas son construidas de acuerdo a las especificaciones estrictas designadas para maximizar el calor producido, la salida del humo, y por encima de todo, la seguridad de los ocupantes de la vivienda. La cavidad interna donde se produce la combustión, llamada "hogar", es hecha de ladrillo resistente al fuego y un cemento especial que puede resistir temperaturas altas extremas. Para agregar más resistencia al calor, las uniones de los ladrillos son más delgadas que otro tipo de ladrillo, por lo general de $1/16$" a $1/4$" de espesor.

El hogar de la chimenea refleja el calor dentro de la habitación y aísla la estructura a su alrededor de las altas temperaturas que pueden ocasionar daños. Por lo tanto, fuera de inspeccionar y limpiar regularmente la chimenea, es importante revisar al interior del hogar si hay desmoronamiento del cemento, o ladrillos sueltos, quebrados o con grietas.

Las señales de daño o deterioro en el hogar pueden indicar problemas serios en el resto de la chimenea y debe ser reportado a un especialista. Es posible corregir problemas menores en la medida que utilice los materiales fabricados con ese propósito. Algunos cementos refractarios son vendidos pre-mezclados y no es necesario agregar agua. Sin importar el producto que utilice, asegúrese que se pueda usar con ladrillos a prueba de fuego.

Todo lo que necesita:

Herramientas: Lámpara de trabajo, espejo, linterna, cepillo con cerdas duras, esponja, destornillador, cincel, palustre, herramienta para suavizar uniones.

Materiales: Limpiador de chimeneas, ladrillo a prueba de fuego, cemento refractario.

Cómo inspeccionar y reparar el hogar de una chimenea

1 Limpie la chimenea por completo. Si no puede ver los ladrillos y el cemento con claridad, use un limpiador para chimeneas y un cepillo de cerdas duras para remover el hollín y la creosota acumulados. Use una lámpara de trabajo y un espejo para inspeccionar las partes elevadas y la palanca para abrir la placa que regula la entrada de aire a la chimenea.

2 Inspeccione los ladrillos y el cemento alumbrando con una linterna. Revise el cemento suelto tocándolo suavemente con un destornillador. También inspecciones grietas o ladrillos sueltos.

3 Remueva los ladrillos sueltos y raspe el cemento viejo con un cincel. Limpie los bordes de los ladrillos con un cepillo de cerdas duras. Si necesita reemplazar ladrillos, use uno de ellos para comprar uno de la misma clase para que empate perfectamente.

4 Aplique el cemento refractario a los nuevos ladrillos siguiendo las instrucciones del fabricante. Colóquelos en su posición con cuidado hasta que queden a ras con el resto de los ladrillos. Quite el exceso de cemento con un palustre. Empareje las uniones con la herramienta apropiada.

Reparar pavimentos sobre arena

Los ciclos sucesivos de congelamiento y deshielo pueden causar movimientos en el terreno y el levantamiento de los ladrillos en un patio. Si este es el caso, necesitará remover las piezas afectadas y crear una superficie nivelada debajo. Estos mismos pasos se tienen en cuenta para reparar ladrillos en andenes o cambiar los averiados.

Después de colocar todos los ladrillos en su posición, llene las uniones con arena. Esparza la arena sobre toda la superficie reparada presionándola al interior de las uniones. Distribuya la arena y luego rocíe con agua el área para asentarla al interior de las uniones. Si es necesario esparza más arena hasta que todas las uniones queden bien compactadas.

Todo lo que necesita:

Herramientas: Barra de palanca, azadón, aplanadora manual, maceta de caucho, nivel de 4 pies de largo, escoba.

Materiales: Ladrillos para pavimentar de reemplazo (si es necesario), arena.

Cómo reemplazar un ladrillo de pavimento

1 Quite todos los ladrillos que han sido dislocados, movidos o rotos, usando una barra como palanca.

2 Agregue o quite arena para igualar la base con el contorno. Esparza la arena con un azadón. Rocíela por completo y luego presiónela con una aplanadora manual. Reinstale los ladrillos dejándolos bien ajustados los unos con los otros.

3 Para asentar los ladrillos, golpéelos con la maceta de caucho. Use un nivel largo para comprobar que quedan nivelados con las piezas adyacentes. Haga los ajustes necesarios agregando o removiendo arena de la base o incrustando los ladrillos a más profundidad en la arena. Finalmente ajuste a presión las uniones con arena.

Mantenimiento de un patio de cerámica

Al igual que los patios interiores de cerámica, los exteriores son extremadamente durables, pero requieren de un mantenimiento periódico. Aún cuando romper o quebrar una baldosa instalada es difícil, puede suceder con un fuerte impacto. Las baldosas rotas o la pérdida de la lechada pueden exponer la base a la humedad lo cual destruiría el piso con el tiempo.

Las grietas pronunciadas en las uniones indican que el movimiento de la sub-base ha causado el deterioro del pegamento debajo de las losas. En este caso, debe ser reemplazado el adhesivo junto con la lechada para crear un arreglo permanente.

Quizás el mayor problema en este tipo de reparaciones es encontrar el mismo color de la lechada. Si está aplicando nueva lechada a todo un patio, use un color que juegue con la cerámica. Si sólo está reemplazando una pieza, debe mezclar la nueva lechada con la vieja. Un buen distribuidor de cerámica puede crear el mejor color que encaje.

Cada vez que quite una losa, revise la sub-base. Si no está suave, sólida y nivelada, reemplace, repare o arregle la superficie antes de cambiar la losa. Si la sub-base tiene grietas, instale un sistema de membrana aislante con base líquida —aplique simplemente el líquido adhesivo, coloque la membrana sobre la grieta, aplique la capa final encima, y déjela secar por completo—.

Proteja la baldosa no vidriosa de las manchas y agua aplicando periódicamente una capa de sellador. Evite la acumulación de polvo en las uniones sellándolas cada uno o dos años.

Todo lo que necesita:

Herramientas: Herramienta rotatoria, navaja o sierra para cortar lechada, martillo, cincel, gafas protectoras, destornillador pequeño, espátula, esponja, brocha, cepillo con cerdas duras, balde, llana de caucho para lechada.

Materiales: Lechada, guantes de caucho, trapo suave, sellador de lechada, losa de reemplazo (si es necesario).

Cómo aplicar de nuevo lechada sobre la cerámica del patio

1 Remueva por completo la lechada vieja con una herramienta rotativa o con sierra especial. Esparza la nueva lechada sobre toda la cerámica con una llana de caucho. Presione la mezcla sobre las uniones colocando la llana casi plana sobre la superficie, y luego muévala sobre las uniones en forma diagonal inclinándola 45°. CONSEJO: Adicione un aditivo fortificante de látex para facilitar remover el exceso de lechada.

2 Utilice la llana para quitar el exceso de lechada. Hágalo en forma diagonal inclinando la llana casi que en posición vertical. La baldosa de patio absorberá la lechada en forma rápida y permanente, por lo que es importante remover el sobrante antes que se asiente. NOTA: Pida ayuda cuando trabaje en áreas grandes.

3 Después que la lechada se ha secado por unas cuatro horas, tóquela con una puntilla para comprobar que se ha endurecido. Use un trapo para limpiar la superficie hasta que la película de lechada desaparezca. Si pulir con el trapo no quita la película, use un trapo más burdo, o un removedor de manchas fuertes. Aplique sellador sobre la lechada después que se haya curado por completo.

Cómo reemplazar una cerámica del patio

1 Remueva la lechada alrededor de la losa averiada usando una herramienta rotatoria, una navaja (y bastantes cuchillas), o una sierra para cortar lechada. Corte con cuidado la losa con un cincel y martillo.

2 Quite el cemento viejo con una espátula. Deje la subbase completamente suave y plana.

3 Use una llana con muescas para cubrir toda la superficie trasera de la nueva losa con una capa pareja de cemento en seco.

4 Coloque la pieza en su posición y presiónela con firmeza para crear un buen contacto. Si es necesario, use un madero de 2 × 4 cubierto con un trozo de tapete, y golpéelo con una maceta de caucho hasta que quede a ras con las otras baldosas.

5 Use un destornillador pequeño para quitar el cemento que se haya incrustado en las uniones, luego limpie el cemento de la superficie. Después que el cemento se haya secado por completo, aplique la lechada en los bordes.

6 Mezcle la lechada adecuada según las instrucciones del fabricante y llene los espacios alrededor con una llana para lechada. Limpie con cuidado el exceso antes que se seque.

Sellador para la lechada:

Al igual que la baldosa al interior de la vivienda, la losa exterior debe estar a prueba de agua. Todas las uniones de lechada deben quedar bien presionadas, sólidas, y sin grietas o quebraduras. Cualquier problema puede resultar en el daño de la sub-base, y posiblemente de todo el piso.

Aplique sellador de lechada sobre todas las uniones cada uno o dos años para protegerla contra el agua, del uso y las manchas. Use una esponja para esparcir el sellador y manténgalo lejos de las baldosas. Si unta las losas, límpielas de inmediato. Deje secar la nueva lechada por completo antes de cubrirla con sellador.

Reparar el estuco

Aún cuando el estuco es muy durable, puede averiarse y con el tiempo desmoronarse o quebrarse. Las direcciones dadas a continuación son recomendables para reparar áreas pequeñas de menos de 2 pies cuadrados. En el caso de daños más intensivos, la reparación es hecha en capas, como lo muestra la página siguiente.

Todo lo que necesita:

Herramientas: Pistola para silicona, brocha desechable, espátula, palustre normal y de punta cuadrada, martillo, escobilla, cepillo de cerdas de metal, cincel, tijeras para cortar latón, barra, taladro con broca para concreto, herramienta para raspar.

Materiales: Base para metal, mezcla para reparar estuco, adhesivo, alcohol desnaturalizado, mezcla de estuco, pintura para cemento, puntillas para techo de 1½", papel de construcción #15, malla de metal de auto-expansión, silicona, tintura, molde de metal para el marco de ventana.

Llene las grietas en las paredes de estuco con silicona para cemento. Aplique suficiente silicona y luego emparéjela hasta que quede a ras con el estuco. Deje asentar la silicona, luego píntela con el mismo color del estuco. La silicona de cemento permanece semi-flexible para prevenir grietas posteriores.

Cómo reparar áreas pequeñas

1 Remueva el material suelto del área a reparar usando un cepillo con cerdas de metal. Use una brocha para limpiar el polvo y exponer la malla de metal. Aplique una capa de base para metal sobre la malla.

2 Aplique el estuco pre-mezclado para reparar el área. Use una espátula o un palustre para llenar el área un poco más arriba de la superficie. Siga las instrucciones del fabricante porque los tiempos de secado pueden variar.

3 Suavice la superficie con una espátula o palustre sobre los bordes para imitar la superficie contigua. Use una escobilla o un palustre para duplicar la textura original de la pared. Deje secar el remiendo por varios días y finalice el acabado con pintura para cemento.

Cómo reparar áreas grandes

Consejo:

El estuco pre-mezclado funciona bien en trabajos pequeños. En los grandes, es más económico preparar la mezcla.

1 Perfore un agujero de inicio con un taladro y broca para concreto, luego use un cincel y martillo para remover todo el estuco del área afectada. Nota: Use gafas protectoras y máscara contra el polvo cuando corte el estuco. Corte la malla de metal al tamaño correcto y adhiérelo sobre la existente clavándola con puntillas para techo. Sobreponga las piezas 2". Si el parche se extiende hasta la base de la pared, instale un molde de metal en la parte inferior.

2 Para mezclar el estuco combine tres partes de arena, dos de cemento común Portland, y una parte de cemento tipo N. Agregue apenas el agua suficiente para que la mezcla mantenga su forma cuando la aprieta (foto anexa). Mezcle sólo lo que puede usar en una hora.

3 Instale una capa espesa de estuco de ⅜" sobre la malla de metal. Presione la mezcla hasta que llene y penetre en los orificios de la malla hasta el interior de la pared. Aplique estrías horizontales sobre la superficie mojada con una herramienta para raspar. Deje secar el estuco por dos días rociándolo con agua cada dos a cuatro horas.

4 Aplique una segunda capa suave de estuco. Déjelo de ¼" de espesor de la superficie original. Deje secar el parche por dos días rociándolo con agua cada dos a cuatro horas.

5 Combine la mezcla para el terminado final con agua suficiente para que mantenga su forma. Moje el área reparada y aplique la capa final para empatar con la superficie original. Moje el remiendo de vez en cuando por una semana. Déjelo secar por varios días antes de pintarlo.

Reparar las paredes de piedra

Los daños sobre las estructuras de piedra por lo general son causados por el congelamiento del terreno, erosión o deterioro del cemento, o piedras que se han desprendido de la pared. Las paredes sin cemento son más propensas a la erosión y separación. Las cementadas crean grietas que acumulan agua, y al congelarse, causa más daño.

Inspeccione las estructuras de piedra una vez al año y busque señales de deterioro. Reemplazar una piedra o remendar el cemento caído, puede ahorrarle mucho trabajo a largo plazo.

Una columna de piedra o una pared inclinada quizás sean afectadas por la erosión o por problemas en los cimientos, y puede ser muy peligroso si se descuida. Si tiene tiempo, puede tumbar y volver a construir estructuras sin cemento, pero las cementadas con inclinación excesiva necesitan de asistencia profesional.

Todo lo que necesita:

Herramientas: Mazo, cincel, cámara, pala, aplanadora manual, nivel, medidor de declive, cepillo de cerdas duras, palustres, bolsa de cemento, cinceles.

Materiales: Estacas de madera, madero de 2 × 4 cubierto con tapete, tiza, gravilla compactable, piedras substitutas, cemento tipo M, tintura para cemento.

Las piedras de una pared pueden desprenderse debido a movimientos del terreno, erosión, o ciclos estacionales de calentamiento y deshielo. Haga las reparaciones necesarias antes que el daño se expanda a otras áreas.

Consejos para reparar piedras salidas

Regrese la piedra a su posición original. Si otras piedras se han movido en ese lugar, clave estacas en las piedras adyacentes para hacer campo para la piedra salida. Tenga cuidado de no acuñar muy profundo.

Utilice un madero de 2 × 4 cubierto con tapete para evitar dañar las piedras cuando las martille en su posición. Después de golpearlas, revise que no ha causado ningún daño a las piedras contiguas.

Cómo reparar una sección de una pared de piedras sin cemento

1 Antes de empezar, examine la pared y determine cuánto necesita ser reconstruido. Desmantele la pared en forma de "V", centrándose en el área averiada. Numere cada piedra y marque su dirección con tiza para mantener el diseño original en el momento de la reconstrucción. CONSEJO: Tome una foto de la pared manteniendo las marcas visibles.

2 Las cubiertas por lo general son instaladas sobre una capa de cemento sobre la última hilera. Quizás tenga que martillar el cemento con un cincel para removerlo. Remueva las piedras marcadas con cuidado revisando la estabilidad de toda la estructura a medida que trabaja.

3 Reconstruya la pared una hilera a la vez y sólo reemplace las piedras cuando sea necesario. Comience cada hilera en las puntas y trabaje hacia el centro. En paredes gruesas, instale primero las piedras frontales y rellene el centro con piedras pequeñas. Revise el trabajo con un nivel y use un medidor de declive para mantener la pared inclinada en el ángulo correcto. Si las piedras de la cubierta estaban cementadas, colóquelas con nueva mezcla. Limpie la tiza con agua y un cepillo.

CONSEJO: Si está reconstruyendo debido a la erosión, excave una trocha de al menos 6" de profundidad debajo del área averiada y llénela con gravilla compactada. Presiónela con una aplanadora manual. Esto mejora el drenaje y evita que el agua erosione la tierra debajo de la pared.

Consejos para paredes de piedra cementadas

Aplique tintura al nuevo cemento para emparejarlo con el viejo. Haga varias mezclas de diferentes tonos y déjelas secar por completo. Compare cada resultado con el cemento existente y escoja la mezcla que más se parezca.

Use una bolsa para cemento para restaurar el cemento erosionado o averiado sobre las uniones en toda la estructura. Quite el cemento suelto (ver abajo) y limpie la superficie con un cepillo de cerdas duras y agua. Moje las uniones antes de aplicar la mezcla, y cúbralas suavizándolas y limpiándolas con una brocha si es necesario.

Cómo reparar las uniones de cemento

1 Remueva cuidadosamente el cemento suelto y quebrado. No quite el cemento sólido. Quite todos los restos con un cepillo de cerdas duras. Consejo: Quite el cemento de las uniones con un cincel y una maceta, o fabrique su propia herramienta de raspado con un viejo destornillador con la punta doblada unos 45°.

2 Mezcle cemento tipo M, y moje toda la superficie a reparar con agua limpia. Trabajando desde arriba hacia abajo, aplique cemento en todas las ranuras con un palustre de punta. Suavice el cemento cuando se haya asentado lo suficiente para resistir la presión del dedo. Quite el exceso de cemento con un cepillo de cerdas duras.

Cómo reemplazar una piedra en una pared de cemento

1 Quite la piedra averiada cortando el cemento que la rodea con un cincel o un destornillador modificado (ver página anterior). Dirija el cincel sobre la piedra averiada evitando dañar las piedras adjuntas. Una vez quite la piedra, raspe las superficies al interior de la cavidad lo mejor posible.

2 Cepille toda la cavidad para remover cemento suelto y sobrantes. Revise el cemento alrededor y quite cualquier pedazo de cemento que no esté bien pegado.

3 Ensaye colocando la piedra dentro de la cavidad. Debe quedar estable y debe combinarse con el resto de la pared. Marque la piedra con tiza y haga el corte adecuado (ver página 211). El exceso de corte puede resultar en un remiendo regular.

4 Moje un poco la piedra y la cavidad, luego aplique cemento tipo M con un palustre al interior de la misma. Compruebe el ángulo de inclinación en todos los lados de la nueva roca. Insértela y muévala con fuerza para remover burbujas de aire. Utilice un palustre de punta para echar cemento alrededor de la piedra. Suavice la superficie cuando se haya asentado.

Lavar a presión concreto, ladrillo y piedra

Para limpiar este tipo de estructuras alrededor de la vivienda, no hay nada más rápido y efectivo que utilizar el agua a presión. Una unidad de lavado para residencias puede ser casi cincuenta veces más potente que una manguera común, y a su vez utiliza 80% menos agua.

Una máquina para lavado a presión comprime el motor generando la fuerza necesaria para empujar y acelerar el agua que entra a través de una manguera, para salir luego del sistema a alta presión. El resultado obtenido es un chorro de agua expulsada a una presión de 500 a 4.000 libras por pulgada cuadrada (PSI).

Pero las libras por pulgada cuadrada (PSI) no es responsable por la fuerza de limpieza de estas máquinas. Los galones por minuto (GPM) dictan la habilidad del compresor para limpiar el área de mugre y cualquier otros desechos acumulados sobre la superficie. Una de estas máquinas con alta capacidad de GPM limpia más rápido que las unidades de bajo flujo. En general, un compresor de 2.500 PSI y 2.5 GPM, es más que suficiente para limpiar el área alrededor de la casa.

Lavar a presión es un trabajo muy simple. Sostenga la vara del rociador con ambas manos, luego presione la palanca de encendido, y mueva el rociador sobre el área que desea limpiar. Aún cuando ciertas superficies requieren de diferentes formas de rociar e intensidad de presión, no es difícil determinar la forma apropiada de limpieza en cada proyecto. El rociador es ajustable —desde baja presión y amplio rocío para un limpiado general y enjuagado, hasta un chorro angosto e intenso para manchas más fuertes—.

La mejor manera de controlar la limpieza es simplemente ajustar la distancia entre el rociador y la superficie; muévalo a una mayor distancia para reducir la presión, y acérquelo para intensificarla.

Siga los siguientes pasos para obtener buenos resultados en la limpieza de estas estructuras:

- Cuando limpie una superficie nueva, comience trabajando en un área discreta, abriendo el rociador a unos 4 ó 5 pies de distancia de la superficie. Acerque el rociador hasta lograr el efecto deseado.

- Mantenga el rociador siempre en movimiento y a una velocidad constante, con rociadas parejas para lograr resultados iguales.

- Mantenga una distancia constante entre el rociador y la superficie a limpiar.

- Cuando limpie superficies con manchas muy fuertes, use detergentes formulados para máquinas de este tipo. Siempre enjuague las superficies antes de aplicar el detergente. En estructuras verticales, aplique el detergente de abajo hacia arriba y enjuague de arriba hacia abajo. Siempre siga las instrucciones del fabricante.

- Después de lavar a presión, siempre cubra la superficie con el sellador adecuado (por ejemplo, sellador para concreto para garajes de cemento). Siga las instrucciones del fabricante.

Consejos de seguridad al lavar a presión:

- Siempre use gafas protectoras.

- No use zapatos de punta abierta.

- La unidad de lavado debe estar sobre una superficie estable. El área a limpiar debe tener el declive apropiado para evitar estancamiento del agua.

- Asuma una posición rígida y sostenga el rociador con ambas manos para evitar accidentes en caso que la presión de la vara de rocío lo empuje hacia atrás.

- Siempre mantenga la manguera de alta presión conectada a la máquina y al rociador mientras que el sistema está presurizado.

- Nunca apunte el rociador a personas o animales, la alta presión del agua puede causar serios daños.

Consejos para lavar a presión estructuras de concreto, ladrillo y piedra

Siempre mantenga el rociador en movimiento aplicando el agua a velocidad constante y con rociadas largas y parejas. Haga varias pasadas sobre áreas con manchas fuertes. No deje el rociador en un solo lugar por largo tiempo, especialmente cuando esté aplicando un chorro delgado de alta presión.

Sostenga la vara de rocío para que la punta del rociador distribuya el agua en forma pareja. Si sostiene la vara muy baja o en ángulo, puede crear una limpieza irregular dejando marcas como de "cebra" sobre la superficie. También mantenga una distancia constante entre el rociador y la superficie para lograr resultados consistentes y parejos.

Trabaje a lo largo de diferentes secciones, como en las áreas de expansión de las uniones de concreto. Si está lavando sobre una superficie con declive, comience desde arriba para empujar la mugre y los desechos hacia abajo. Moje toda la superficie para prevenir rayones.

Para evitar rayones en superficies verticales, siempre comience a aplicar el detergente o el agua desde la parte inferior, luego trabaje hacia arriba. Al enjuagar, comience desde arriba hacia abajo —la gravedad ayudará al agua limpia a remover la tierra, los desperdicios y los residuos del detergente—.

Glosario

A plomo — Parado completamente en forma vertical.

Acabado — Los últimos toques de textura en los trabajos de albañilería, incluyendo nivelar, bordeado y suavizar uniones.

Adobe — Ladrillos secados al Sol comúnmente utilizados en el Suroeste de los Estados Unidos.

Adoquín — Cortes pequeños de piedra con frecuencia usadas en andenes y caminos.

Agente aceitoso — Sustancia aplicada en los moldes para evitar que se peguen al concreto recién vertido a medida que se endurece.

Agente adhesivo — Capa diseñada para facilitar la adherencia entre el cemento y la superficie existente.

Agregado — Materiales como la arena, gravilla o piedra triturada usados para agregar fortaleza al concreto o cemento, o para mayor tracción en superficies de concreto.

Agua sobrante — Capa delgada de agua que aparece en ciertas mezclas de concreto después de haber sido instalado. Debe dejarse secar antes de usar la superficie.

Amarre de pared — Pieza de metal corrugado usado para conectar piezas adyacentes en una estructura. También usado para asegurar chapados contra las paredes.

Ancho de una pieza — Sección de una pared correspondiente al ancho de una unidad de albañilería.

Aplanar con una llana — Técnica usada para suavizar, nivelar y emparejar concreto recién vertido.

Argamasa — Mezcla de cemento. Por lo general contiene cemento Portland y arena, aplicado con un palustre. Al endurecer crea adhesión entre unidades de albañilería.

Arreglar piedras — Proceso de remover puntas o protuberancias de la cara frontal de una roca por medio de un cincel y maceta.

Bloques de piedra rústica — Piedras simétricas usadas para construir paredes, columnas y otras estructuras verticales. También se refiere a patrones que utilizan este tipo de piedra.

Caja para cemento — Caja de plástico o madera usada para crear la mezcla.

Cara — Parte expuesta de una piedra en una estructura.

Cemento — (ver Cemento Portland).

Cemento con arcilla para el calor — Cemento con este tipo de arcilla adicionada. Ahora ha sido reemplazado por cemento refractario con menos posibilidad de desintegro cuando se expone a altas temperaturas.

Cemento para adherir a superficies — Cemento delgado a prueba de agua diseñado para cubrir ladrillos o bloques para proteger estructuras o chapados contra la humedad.

Cemento Portland — Combinación de silicio, cal, hierro y óxido de aluminio que ha sido calentado, enfriado y pulverizado para formar un polvo fino para fabricar concreto, cemento y otros productos similares.

Cemento refractario — Cemento capaz de resistir temperaturas altas extremas. Usado en áreas de calor como chimeneas, tiros y asadores.

Chapado — Material similar al ladrillo o piedra natural, o también manufacturado, instalado en las paredes exteriores o que no acarrean peso con propósitos de decoración.

Ciclos de congelamiento y deshielo — Cambios en la temperatura estacional que crea el movimiento de estructuras de concreto.

Cimiento — Concreto vertido debajo de una estructura de concreto diseñado para soportar y resistir movimiento de la estructura.

Clave — Superficie cóncava o en contorno en una superficie fresca de concreto para crear una unión con capas posteriores de concreto.

Concreto — Resulta de la combinación de arena y gravilla, o piedra triturada, con cemento y agua.

Congelamiento del terreno — Daños al concreto y a otros materiales de pavimentación debido a cambios de temperatura en el terreno (*Ver* ciclos de congelamiento y deshielo).

Crear burbujas — Agregar ingredientes para crear burbujas en concreto o cemento mojado para mejorar su manejo y resistencia al congelamiento.

Cubierta — La piedra superior o hileras de piedras sobre una pared, columna u otra estructura vertical.

Echar cemento — Acción de usar un palustre para aplicar cemento en un ladrillo u otro elemento de piedra antes de instalarlo.

Eflorescente — Depósitos o sales que se forman después de salir a la superficie en las estructuras de concreto o de cemento.

Emparejar — Técnica de esparcir tierra, arena, piedra compactada, concreto fresco, u otros materiales en forma pareja sobre el lugar de construcción para lograr una superficie suave y nivelada.

Emparejar uniones — Técnica para terminar o reparar las uniones de cemento agregando mezcla más espesa una vez se ha secado la primera capa. En reparaciones, primero se remueve el cemento suelto o viejo antes de aplicar la nueva capa.

Escombro — Piezas de piedra común de diferentes tamaños, por lo general con una cara partida o terminada, usadas ampliamente en construcción. Son llamadas rocas de contención cuando son usadas para evitar erosión.

Estuco — Cemento delgado, también llamado "Cemento Portland", usado para crear una barrera resistente al clima sobre mallas de metal u otras superficies de concreto.

Fieltro bituminoso — Tiras de fibras saturadas con asfalto usadas para crear uniones de expansión en placas de concreto para patios, andenes o entradas a garajes.

Hueco de drenaje — Ubicado por lo general en la base o parte inferior de una estructura de cemento para suministrar el drenaje para el agua acumulada detrás de la estructura.

Inclinación de la pared — Declive hacia el interior de la cara frontal de una estructura, también es llamado grado de declive.

Ladrillo contra el fuego — Ladrillo hecho con arcilla resistente al calor para ser utilizado en chimeneas, asadores, y otras estructuras expuestas a altas temperaturas.

Llana — Herramienta grande y plana hecha de aluminio, magnesio o madera usada para suavizar placas grandes de concreto fresco.

Llana con borde cortante — Usada para cortar uniones de control localizadas sobre el concreto y otras superficies de cemento.

Llana de borde redondo — Es una herramienta de mano para crear bordes suaves en placas de concreto.

Llana larga — Utilizada para nivelar y emparejar concreto fresco que acaba de ser instalado.

Llenar vacíos en cimientos — Acción de introducir concreto fresco debajo de una placa u otra estructura que se ha movido debido a efectos climatológicos, erosión, u otros factores.

Madero para emparejar — Utilizado para emparejar las superficies de concreto fresco.

Medidor de declive — Instrumento de madera (hecho a mano) para medir el ángulo de declive de una estructura vertical (ver inclinación de la pared).

Mezcla seca — Cualquier mezcla empaquetada (vendida en bolsas) que puede combinarse con agua para crear concreto, cemento estuco o material para reparaciones.

Mezcla trasera — Técnica de aplicar una capa de cemento en la parte trasera de los ladrillos o piedras para maximizar el contacto con la superficie a la cual van a ser adheridos.

Molde — Marco de metal o madera usado para crear los bordes de un proyecto de albañilería (usualmente verter concreto), y para contener el concreto vertido.

Muesca o "Kerf" — Una de las series de ranuras cortadas en una pieza de madera para permitir que se doble y así crear una estructura en curva.

Paleta para cemento — Plataforma manual usada para sostener cemento durante la instalación de ladrillos o bloques en proyectos de construcción.

Papel de construcción — Papel impregnado de asfalto usado como una barrera contra vapores entre la madera y otra superficie exterior como chapados de ladrillo o piedra.

Piedra común — Piedra recolectada en campos, laderas de ríos y colinas, tiene a menudo con apariencia gastada debido al clima. Usada con mínimos cortes en albañilería. A menudo se refiere a piedra de cantera con apariencia similar.

Piedra de amarre — Una piedra larga instalada sobre una pared o estructura para crear más fortaleza ensanchando el espesor o ancho de la edificación.

Piedra en laja — Losas grandes de piedra de cantera cortadas en pedazos de 3" de espesor. Se utiliza en paredes, escalones y patios. Las piezas de menos de 16" cuadradas son llamadas 'escalones'.

Piezas de borde — Cualquier unidad de albañilería instalada en un borde.

Plomada — Elemento construido con un material pesado puntiagudo con una cuerda en un extremo para determinar si la estructura está a plomo.

Polietileno — Tipo de plástico utilizado en rollos (por lo general de 4 a 6mm de espesor). Es usado como barrera de vapor sobre placas de concreto y otras aplicaciones.

PVC — Material de plástico rígido (cloruro de polivinilo) altamente resistente al calor y a químicos. La tubería PVC es usada a veces para mantener la distancia entre unidades de albañilería.

Relleno — Tierra o escombros usados para llenar el espacio detrás de las paredes de contención.

Soportar cargas — Soporta un gran peso o resistente a la presión de paredes internas.

Tela para jardín — Tela para contener tierra u otro tipo de material suelto, y que permite la filtración del agua. También es una barrera contra el crecimiento de plantas.

Unidad de albañilería — Un ladrillo, pavimento, bloque o piedra diseñado para el uso en la construcción de diferentes estructuras.

Unión de amarre — Unión horizontal en una estructura de concreto.

Unión de construcción — Borde en contorno agregado a una porción de una placa de concreto diseñado para facilitar adherencia cuando se interrumpe el vertido de concreto.

Unión de control — Unión construida sobre una placa de concreto fresco por una herramienta diseñado para regular las grietas.

Unión de expansión — Conocido también como unión aislante. Tira de material bituminoso para separar secciones de una placa de concreto, o entre concreto viejo y nuevo, para permitir movimiento durante ciclos de congelamiento y deshielo.

Vara para medir — Vara de madera marcada en intervalos iguales para indicar la posición de una pieza de albañilería, y para medir el grosor de las uniones de cemento entre las piezas.

Conversiones de medidas

Para convertir:	En:	Multiplique por:
Pulgadas	Milímetros	25.4
Pulgadas	Centímetros	2.54
Pies	Metros	0.305
Yardas	Metros	0.914
Pulgadas cuadradas	Centímetros cuadrados	6.45
Pies cuadrados	Metros cuadrados	0.093
Yardas cuadradas	Metros cuadrados	0.836
Pulgadas cúbicas	Centímetros cúbicos	16.4
Pies cúbicos	Metros cúbicos	0.0283
Yardas cúbicas	Metros cúbicos	0.765
Onzas	Mililitros	30.0
Pintas (U.S.A.)	Litros	0.473 (Imp. 0.568)
Cuartos (U.S.A.)	Litros	0.946 (Imp. 1.136)
Galones (U.S.A.)	Litros	3.785 (Imp. 4.546)
Onzas	Gramos	28.4
Libras	Kilogramos	0.454

Para convertir:	En:	Multiplique por:
Milímetros	Pulgadas	0.039
Centímetros	Pulgadas	0.394
Metros	Pies	3.28
Metros	Yardas	1.09
Centímetros cuadrados	Pulgadas cuadradas	0.155
Metros cuadrados	Pies cuadrados	10.8
Metros cuadrados	Yardas cuadradas	1.2
Centímetros cúbicos	Pulgadas cúbicas	0.061
Metros cúbicos	Pies cúbicos	35.3
Metros cúbicos	Yardas cúbicas	1.31
Mililitros	Onzas	.033
Litros	Pintas (U.S.A.)	2.114 (Imp. 1.76)
Litros	Cuartos (U.S.A.)	1.057 (Imp. 0.88)
Litros	Galones (U.S.A.)	0.264 (Imp. 0.22)
Gramos	Onzas	0.035
Kilogramos	Libras	2.2

Dimensiones de los maderos

Nominal - U.S.A	Actual - U.S.A.	Métrico
1 × 2	¾ × 1½"	19 × 38 mm
1 × 3	¾ × 2½"	19 × 64 mm
1 × 4	¾ × 3½"	19 × 89 mm
1 × 5	¾ × 4½"	19 × 114 mm
1 × 6	¾ × 5½"	19 × 140 mm
1 × 7	¾ × 6¼"	19 × 159 mm
1 × 8	¾ × 7¼"	19 × 184 mm
1 × 10	¾ × 9¼"	19 × 235 mm
1 × 12	¾ × 11¼"	19 × 286 mm
1¼ × 4	1 × 3½"	25 × 89 mm
1¼ × 6	1 × 5½"	25 × 140 mm
1¼ × 8	1 × 7¼"	25 × 184 mm
1¼ × 10	1 × 9¼"	25 × 235 mm
1¼ × 12	1 × 11¼"	25 × 286 mm
1½ × 4	1¼ × 3½"	32 × 89 mm
1½ × 6	1¼ × 5½"	32 × 140 mm
1½ × 8	1¼ × 7¼"	32 × 184 mm
1½ × 10	1¼ × 9¼"	32 × 235 mm
1½ × 12	1¼ × 11¼"	32 × 286 mm
2 × 4	1½ × 3½"	38 × 89 mm
2 × 6	1½ × 5½"	38 × 140 mm
2 × 8	1½ × 7¼"	38 × 184 mm
2 × 10	1½ × 9¼"	38 × 235 mm
2 × 12	1½ × 11¼"	38 × 286 mm
3 × 6	2½ × 5½"	64 × 140 mm
4 × 4	3½ × 3½"	89 × 89 mm
4 × 6	3½ × 5½"	89 × 140 mm

Medidas equivalentes de líquidos

1 Pinta	= 16 Onzas líquidas	= 2 Tazas
1 Cuarto	= 32 Onzas líquidas	= 2 Pintas
1 Galón	= 128 Onzas líquidas	= 4 Cuartos

Convertir temperaturas

Convierta grados Farenheit (F) a grados Centígrados (C) siguiendo esta simple fórmula: Reste 32 de la temperatura Farenheit. Luego multiplique ese número por 5/9. Por ejemplo, 77°F – 32 = 45. 45 x 5/9 = 25°C.

Para convertir grados Centígrados en grados Farenheit, multiplique la temperatura en Centígrados por 9/5, luego adicione 32. Por ejemplo, 25°C x 9/5 = 45. 45 + 32 = 77°F.

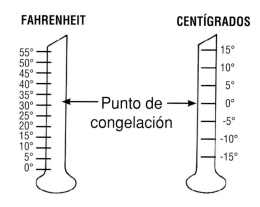

Contribuidores

Anchor Wall Systems páginas 6 (abajo), 222
877-295-5415
www.anchorwall.com

Belgard Pavers páginas 9 (arriba), 10 (ambas), 173 (ambas)
800-899-8455
www.belgardpavers.com

Cultured Stone Corporation páginas 169, 179 (arriba a la derecha), 184
800-255-1727
www.culturedstone.com

Kemiko Concrete Floor Stain páginas 73 (arriba), 154
903-587-3708
www.kemiko.com

La Habra Stucco páginas 6 (arriba), 168
877-547-8822
www.lahabrastucco.com

NovaBrik página 188
866-678-BRIK (2745)
www.novabrik.com

Vermont Castings página 172
800-525-1898
www.vermontcastings.com

Fotógrafos

Derek Fell's Horticultural Library: página 6 (abajo).

John Gregor/ColdSnap Photography: página 4.

Karen Melvin: página 8 (arriba).

Jerry Pavia: página 7 (arriba).

The Photolibrary Group, Ltd./The Garden Picture Library-Botanica: páginas 7 (centro), 8 (abajo), 9 (abajo a la derecha), 11 (abajo).

The Photolibrary Group, Ltd./The Garden Picture Library-Andrew Lord: página 9 (abajo a la izquierda).

The Photolibrary Group, Ltd./The Garden Picture Library-Allan Pollok-Morris: página 11 (arriba a la izquierda).

The Photolibrary Group, Ltd./The Garden Picture Library-Brigitte & Philippe Perdereau: página 11 (arriba a la derecha).

The Photolibrary Group, Ltd./The Garden Picture Library-Janet Seaton: página 14.

The Photolibrary Group, Ltd./The Garden Picture Library-Juliette Wade: página 100.

Índice

(continúa)

(continúa)

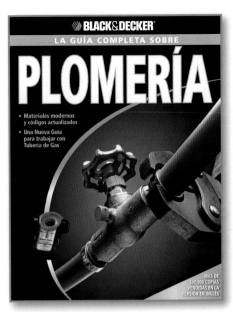

Disponibles en Inglés

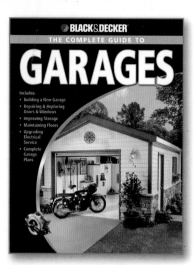

ISBN-13: 978-1-58923-457-4

ISBN-13: 978-1-58923-452-9

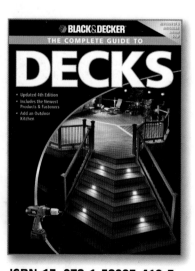

ISBN-13: 978-1-58923-412-3

Complete Guide to A Green Home
Complete Guide to Attics & Basements
Complete Guide to Basic Woodworking
Complete Guide: Build Your Kids a Treehouse
Complete Guide to Contemporary Sheds
Complete Guide to Creative Landscaping
Complete Guide to Custom Shelves & Built-Ins
Complete Guide to Decorating with Ceramic Tile
Complete Guide to Decks
Complete Guide to Dream Bathrooms
Complete Guide to Dream Kitchens
Complete Guide to Finishing Walls & Ceilings
Complete Guide to Floor Décor
Complete Guide to Gazebos & Arbors
Complete Guide to Home Carpentry
Complete Guide to Landscape Construction
Complete Guide to Maintain Your Pool & Spa
Complete Guide to Masonry & Stonework
Complete Guide to Outdoor Wood Projects
Complete Guide to Painting & Decorating
Complete Guide to Patios
Complete Guide to Plumbing
Complete Guide to Roofing & Siding
Complete Guide to Trim & Finish Carpentry
Complete Guide to Windows & Entryways
Complete Guide to Wiring
Complete Guide to Wood Storage Projects
Complete Guide to Yard & Garden Features
Complete Outdoor Builder
Complete Photo Guide to Home Repair
Complete Photo Guide to Home Improvement
Complete Photo Guide to Homeowner Basics
Complete Photo Guide to Home Decorating Projects

QUAYSIDE
PUBLISHING GROUP

Creative Publishing
international

400 First Avenue North • Minneapolis, MN 55401 • www.creativepub.com • www.quaysidepublishinggroup.com